ÉLOGES

HISTORIQUES

ÉLOGES
HISTORIQUES

TH. JOUFFROY
BARON DE GÉRANDO — LAROMIGUIÈRE — LAKANAL
SCHELLING — COMTE PORTALIS — HALLAM
LORD MACAULAY

PAR M. MIGNET

DE L'ACADÉMIE FRANÇAISE
SECRÉTAIRE PERPÉTUEL DE L'ACADÉMIE DES SCIENCES MORALES
ET POLITIQUES

PARIS
LIBRAIRIE ACADÉMIQUE
DIDIER ET Cⁱᵉ, LIBRAIRES-ÉDITEURS
53, QUAI DES GRANDS-AUGUSTINS, 53

1864

AVERTISSEMENT

Les éloges historiques réunis ici en volume ont
tous été prononcés séparément dans les séances
annuelles et publiques de l'Académie des sciences
morales et politiques. Ils sont destinés à honorer
des vies généreuses et de grands travaux, à célébrer de savants amis du bien, d'utiles serviteurs
de l'esprit humain. Ceux auxquels ils sont consacrés appartiennent à l'histoire par ce qu'ils ont
fait, à la science par ce qu'ils ont écrit. L'Académie, dont ils étaient des membres considérables et des associés illustres, a entendu avec
approbation leurs éloges écoutés avec faveur par

un public qui n'était insensible ni aux souvenirs intéressants de leur vie, ni aux mérites élevés de leurs œuvres. Peut-être seront-ils, hors de l'enceinte de l'Institut, aussi favorablement reçus qu'ils l'ont été au dedans.

L'accueil fait aux volumes qui ont été précédemment publiés [1] et qui forment une galerie déjà nombreuse de grands portraits contemporains, m'enhardit à publier ce volume nouveau qui sera la suite et comme le complément des deux autres. A Sieyès, à Rœderer, à Livingston, à Talleyrand, à Broussais, à Merlin, à Destutt de Tracy, à Daunou, à Siméon, à Simonde de Sismondi, à Charles Comte, à Ancillon, à Bignon, à Rossi, à Cabanis, à Droz, à Franklin, j'ajoute donc aujourd'hui Jouffroy, Laromiguière, de Gerando, Lakanal, Schelling, Portalis, Hallam, Macaulay.

Je disais au sujet des premiers : « En parlant de tous ces importants personnages, j'ai eu l'occasion de passer en revue la Révolution et ses crises, l'Empire et ses établissements, la Restauration et ses luttes, la monarchie de Juillet et ses libres institutions, de rattacher les événements

---

[1] *Notices et Portraits*, 2 vol. in-8° et in-12.

publics à des biographies particulières et de montrer le mouvement général des idées dans les œuvres de ceux qui ont tant contribué à leur développement. En effet, la plupart d'entre eux ont été
membres de nos mémorables assemblées et ont
figuré parmi les fondateurs du système social inau-
guré en 1789. Ils ont concouru à la destruction de
tout un ancien ordre de choses et à l'établissement
d'un nouveau. La fusion des diverses classes de
la vieille monarchie en une seule nation; la
division des provinces en départements; l'abolition du régime féodal privé, lequel avait survécu au régime féodal politique; l'organisation
de l'impôt sous la Constituante; la création des
écoles publiques et de l'Institut national sous la
Convention; la forme donnée à l'administration moderne sous le Consulat; la fondation de
la loi et de la jurisprudence civile sous l'Empire; le noble développement des droits politiques sous la royauté constitutionnelle; la marche des sciences sociales et philosophiques,
rappellent le souvenir des hommes que je me
suis efforcé de faire connaître en peignant leur
caractère et en signalant la part qu'ils ont prise

aux grands actes de l'histoire contemporaine. Tous du reste, quels qu'aient été leur pays et leur rôle, qu'ils soient philosophes, moralistes, jurisconsultes, économistes, historiens, politiques, appartiennent à la grande cause du progrès intellectuel et de la liberté publique, qui peut bien être exposée à des revers passagers, mais dont le triomphe est certain, car il est l'inévitable loi de la civilisation du monde. »

Ce qui alors était dit des uns peut en grande partie être appliqué maintenant aux autres. Ils ont été mêlés aux événements et aux idées de leur temps. Ils ont cultivé avec grandeur ou appliqué avec art les belles sciences qui ont pour objet non la matière mais l'intelligence, non la nature mais l'humanité. Toutes ces vies, par leur ensemble et dans leur variété, composeront un recueil qui, je l'espère, ne sera pas sans intérêt pour l'histoire, ni sans utilité pour la science.

ÉLOGES
HISTORIQUES

TH. JOUFFROY

NOTICE

LUE DANS LA SÉANCE PUBLIQUE ANNUELLE DU 25 JUIN 1855

Messieurs,

Tous les temps ne sont pas également favorables aux travaux de la pensée. Il en est où la philosophie, qui fait la force de l'esprit humain, est en honneur et porte dans tous les sens ses pénétrantes recherches. Alors les méthodes se perfectionnent, les vérités se multiplient, les rapports de la vie s'étendent, et les mystères de l'univers s'éclairent à des profondeurs toujours plus éloignées. A chaque grand mouvement de l'esprit humain, la connaissance humaine fait un pas et la condition humaine s'améliore d'un degré. Les règles civiles des sociétés, les productions des arts, les découvertes des sciences se rattachent par une dépendance étroite aux croyances intellectuelles des peuples qui ne sont, n'agissent, ne se développent qu'en vertu de ce qu'ils pensent. Là où il n'y a pas de philosophie, il n'y a pas de civilisation ; là où il n'y a plus de philosophie, la civilisation dépérit et l'humanité s'affaisse. Il ne faut pas même supposer que le mouvement de la science puisse de beaucoup survivre à l'ardeur de la pensée. La pensée est la séve qui vivifie le grand arbre de l'esprit humain. Si elle cesse de monter de ses racines à ses rameaux, la branche de la science s'y dessèche bientôt elle-même, elle ne garde pas longtemps les fruits qu'elle avait portés, et elle attend le retour de la séve philosophique pour en produire d'autres. C'est là, messieurs, ce que la réflexion nous apprend et ce que l'histoire nous atteste.

Si l'on touchait à un de ces moments où l'intelligence fatiguée tombe dans l'inaction, où l'humanité énervée n'aspire qu'à se reposer et à jouir, où la science, passant surtout des théories aux applications, s'expose à perdre sa force inventive en laissant éteindre le souffle spirituel qui la lui avait donnée, où les systèmes faux

ont compromis les idées vraies, où, pour avoir voulu
des droits excessifs, on abandonne les droits nécessaires, où la philosophie et la liberté sont comme tombées
en disgrâce, il est cependant un lieu qui devrait rester
inaccessible à de semblables lassitudes et où il faudrait
conserver le culte persévérant de la pensée. Ce lieu est
l'enceinte de l'Institut, qui est comme le sanctuaire de
l'esprit humain. Aussi ne sera-t-il peut-être pas sans
à-propos de vous entretenir aujourd'hui d'un philosophe qui a consacré sa forte intelligence et sa vie trop
courte à l'étude de l'âme ; d'un observateur ingénieux
de la nature morale ; d'un démonstrateur puissant des
vérités invisibles, qui, avec un talent rare et dans un
beau langage, accordant ensemble les plus hautes conceptions de la métaphysique et les notions impérissables du sens commun, s'est rendu l'un des interprètes
philosophiques de l'humanité et le théoricien religieux
de l'ordre universel.

Théodore-Simon Jouffroy naquit, le 6 juillet 1796,
au village des Pontets, dans la partie la plus haute des
montagnes du Jura. Ce village, situé non loin de la
source du Doubs, et auquel on n'arrivait alors que par
des sentiers étroits et sinueux, était habité depuis
des temps fort reculés par sa famille, qui y menait

une existence patriarcale. Le père du jeune Jouffroy
dirigeait la culture de ses champs en même temps qu'il
était percepteur de la commune, dont son oncle était
le notaire. Laissant entre eux les propriétés indivises,
les deux frères et les deux familles vivaient dans la
communauté des biens et l'union des cœurs. Théodore
Jouffroy eut dans son oncle un autre père qui, avec le
curé du village, donna les premiers soins à son esprit.
Il montra une intelligence précoce et sérieuse. Dès l'âge
de cinq ans, l'*Histoire romaine* de Rollin étant tombée
entre ses mains, il y trouva son plus vif amusement. Ce
livre le passionna à tel point, qu'il ne pouvait pas s'en
séparer, et qu'au déclin même du jour il allait en poursuivre la lecture aux lueurs vacillantes du foyer paternel. Il se plaisait déjà aux récits animés de la vie
humaine, dont il suivait alors le drame et dont il devait
pénétrer plus tard la signification. Il jouissait aussi de
la vue des grands spectacles que la nature avait mis
sous ses yeux. Il se rendait souvent sur un plateau
élevé d'où il apercevait la vaste chaîne des Alpes qui se
déroulait devant lui avec ses vallées profondes et ses
pics élancés, et la chaîne plus humble mais plus riante
du Jura, dont les flancs couverts de bois de sapins et
coupés d'agréables vallées descendaient en amphithéâtre jusqu'aux plaines fécondes de la Bourgogne. Ces
lieux qu'il fallut quitter pour aller puiser dans les

villes l'instruction qu'il ne pouvait pas recevoir au
village, il y revint toujours avec la fidélité du monta-
gnard et l'émotion du poëte. Il en aimait l'air libre, les
horizons lointains, les neiges éclatantes, les forêts
vertes, et il y puisa ces belles et fortes teintes qui lui
servirent à revêtir ensuite d'un langage naturel et co-
loré des idées étendues et profondes.

Mis en pension à Nozeroi en 1805, le jeune Jouffroy
fut envoyé de 1807 à 1811 au collége de Lons-le-Sau-
nier, où l'un de ses oncles, l'abbé Jouffroy, était professeur, et il alla achever ses études classiques au lycée
de Dijon. Partout il se distingua par l'ardeur de sa
curiosité, la facilité de son esprit, la constance de ses
succès. Ses parents le destinèrent à l'enseignement
public, seul moyen laissé aux jeunes gens pourvus de
mérite plus que de fortune, d'échapper à la loi dévo-
rante alors de la conscription militaire. Examiné en
1813 par l'inspecteur général de l'université, M. Ro-
ger, Théodore Jouffroy conquit avec éclat sa place à
l'École normale et fut envoyé à Paris à l'âge de dix-
sept ans.

Il y avait peu de temps que cette grande institution
était fondée. L'École normale de l'empire était un vrai
séminaire laïque où les élèves les plus distingués des
divers lycées venaient apprendre à devenir des maîtres
dans l'enseignement inséparable des lettres et des

sciences. L'entreprenant politique qui, à cette époque, gouvernait la France était un incomparable organisateur, et il portait dans ses établissements civils le bon sens libéral et prévoyant qu'on n'apercevait pas toujours dans ses autres entreprises. C'est ainsi qu'il avait habilement résolu le grave et difficile problème de l'instruction donnée par l'État à tous ses membres, sans distinction de condition ni de culte. A une société dans laquelle l'esprit avait été sécularisé et l'égalité de droit introduite, il fallait un enseignement général qui fût distribué au nom de tous à chacun, par une corporation civile et une sorte de sacerdoce intellectuel. Cette œuvre, que la révolution avait conçue et tentée, l'empire la réalisa. Une grande université laïque, avec son savant conseil d'administrateurs et de juges, son École normale de professeurs, ses lycées où se donnait l'instruction commune, ses facultés où se puisait l'instruction spéciale, ses inspecteurs qui y surveillaient à la fois les études et les mœurs, devint l'institutrice opportune d'une société aspirant depuis 1789 à se diriger par la raison et à ne vivre que sous la loi. Lorsque M. Jouffroy fut admis à l'École normale, d'où sont sortis tant de solides talents et d'éclatantes renommées, il y trouva des hommes qui ont contribué, comme lui, à l'illustration de France.

Il s'y plaça bien vite au premier rang. Aimant les

grandes œuvres de l'esprit et recherchant les sûres explications de la science, entraîné par un penchant également vif vers ce qui était fait avec art et ce qui était conçu avec profondeur, il pouvait se consacrer indifféremment à l'enseignement de la littérature ou de la philosophie. La philosophie l'emporta. Deux causes décidèrent de la vocation de M. Jouffroy, l'as- cendant d'un homme et le besoin d'une croyance rai- sonnée.

Le mouvement philosophique, longtemps inter- rompu, venait de recommencer presque sans bruit dans l'intérieur des écoles. Deux hommes rares, par l'esprit et divers par la doctrine, enseignaient la phi- losophie dans les salles de la Sorbonne. Fidèle aux traditions du dix-huitième siècle, Laromiguière repro- duisait, en un langage admirable de clarté et d'élégance, les théories métaphysiques de Condillac, qu'il avait ingénieusement réformées. Non loin de lui, M. Royer- Collard, avec une ferme intelligence et une incompa- rable logique, portait des coups mortels au système encore dominant de la sensation, et il exposait à quel- ques auditeurs distingués les théories pleines de bon sens et de sagesse de l'école écossaise.

Un jeune disciple de ces deux maîtres, préférant la doctrine la plus vaste à la plus bornée, la théorie rajeunie de la raison à la théorie épuisée de la sensation, avait transporté à son tour cet enseignement à l'École normale, dans une conférence qui lui avait été confiée. Il y professait à un âge où d'ordinaire on apprend encore. Doué d'une intelligence puissante et étendue, animé d'une curiosité universelle, érudit avec discernement, dogmatique avec choix, éloquent avec familiarité, M. Cousin, que nous avons vu pendant plus de trente années historien infatigable des idées, critique sans égal des systèmes, parcourir toutes les théories sans se contenter d'aucune, demander la vérité à tous les temps, suivre ainsi l'œuvre de l'humanité dans le travail de tous les grands hommes, et avec les débris épars des constructions des philosophes élever l'édifice même de la philosophie; M. Cousin, alors penseur déjà éminent et professeur persuasif, ayant le double don de produire des idées et de susciter des esprits, communiqua à M. Jouffroy l'ardeur qu'il ressentait lui-même, et l'enrôla dans cette armée entreprenante qu'il mit au service de la raison et de l'histoire, où M. Jouffroy combattit glorieusement à ses côtés, sous la bannière relevée du spiritualisme, pour la défense des grandes vérités de l'ordre moral.

M. Jouffroy ne chercha pas seulement dans la philosophie *l'origine des idées* et *les facultés de l'entendement humain*; il lui demanda sur Dieu et ses œuvres, sur l'univers et ses fins, sur l'homme et sa destination, sur la vie et son but, sur la mort et ses suites, les grandes solutions sans lesquelles la pensée erre dans le vague, l'âme reste dans le trouble, la conduite est dénuée de règle, l'existence est dépourvue d'avenir. Introduit dans les voies profondes et sûres de la psychologie, il parcourut peu à peu, en les éclairant, les vastes espaces de l'univers moral. Il avait tout ce qu'il fallait pour cela. Son intelligence était pénétrante et étendue. Elle avait peut-être moins d'élan que de persévérance, arrivant jusqu'au bout des choses, non d'un seul bond, mais pas à pas. Il possédait à un degré éminent deux qualités qui ne se rencontrent pas toujours ensemble, la finesse de l'observation et la vigueur du raisonnement, ce qui le rendait tout à la fois capable d'analyser avec discernement et de conclure avec sûreté. Il ne manquait pas non plus de cette forte imagination qui, aussi utile dans la science que nécessaire dans l'art, a provoqué peut-être autant de découvertes qu'elle a enfanté de chefs-d'œuvre, entraînant la raison où souvent la raison ne serait point parvenue toute seule, et la conduisant à vérifier ce qu'elle-même ne pouvait qu'entrevoir. Mais il avait par-dessus tout une puissance extraordinaire de réflexion et d'induction qui lui permettait de s'absorber, des journées entières, dans la poursuite des vérités invisibles et de les unir par leurs rapports nécessaires. Alliant la logique au

bon sens, dans les effets trouvant les causes, par les
moyens assignant les fins, il devait aller du principe
spirituel qui anime l'homme aux destinées immortelles
qui l'attendent, des conditions de sa nature aux règles
de sa conduite, des faits de son histoire aux progrès de
son développement, et remonter jusqu'au divin auteur
des choses, jusqu'au père bienfaisant des êtres, jusqu'à
Dieu, partout inaccessible et partout présent, voilé
dans son essence, mais visible dans ses desseins, dont
les phénomènes du monde expriment les idées, et qui,
après avoir tout créé par un acte de sa volonté, dirige
tout par les lois de sa providence.

M. Jouffroy entra dans la carrière de la philosophie
et des lettres au moment où l'empire venait de finir,
et où cette carrière s'ouvrait sous des auspices nouveaux. Pendant bien des années, un homme que son
génie et ses armes avaient rendu le maître de la France
et le dominateur de l'Europe avait en quelque sorte
pensé, voulu, agi pour le monde entier. Fils favorisé
d'une révolution produite elle-même par l'esprit humain, il avait imposé silence à l'esprit humain. Après
avoir fondé sur la lassitude publique son absolue autorité, n'entendant plus la contradiction étouffée des
hommes, et ne rencontrant pas encore la résistance
cachée des choses, il s'était abandonné, ainsi qu'il
arrive, aux ardeurs de sa vaste imagination et à la

fougue de ses volontés. Comme la révolution avait
espéré changer par ses idées la forme intérieure des
sociétés, lui avait cru renouveler par ses victoires la
face extérieure du monde. Mais il luttait contre la
vérité des choses et le besoin des temps; aussi, malgré les prodiges de son génie et par les excès mêmes
de sa force, ayant sacrifié la liberté, outré la grandeur,
usé la gloire, fatigué même l'ambition, il tomba encore
plus rapidement qu'il ne s'était élevé.

Dans notre pays, qui change si souvent de pensées,
le dégoût des choses en suit presque toujours l'usage,
parce que l'usage se sépare rarement de l'abus. Aussi,
après l'empire, passa-t-on soudainement de la soumission silencieuse à la liberté éloquente. Un esprit
nouveau s'éleva de toutes parts. La plus vaste communication entre les peuples amena le plus merveilleux
rapprochement entre les idées. Le contact des nations
fut suivi du contact des siècles. Les systèmes furent
confrontés comme les temps. Il s'établit un immense
éclectisme. La recherche du vrai dans toutes les
théories, le goût du beau sous toutes les formes, la
jouissance du droit conquis par la raison publique et
consacré par la loi commune, l'application rapide de
toutes les découvertes utiles et l'échange des productions multipliées de l'univers, devinrent en philosophie, en littérature, en politique, en industrie, le

travail, l'ambition, le partage de l'heureuse génération à laquelle appartenait M. Jouffroy.

Ce fut sous ces influences qu'acheva de se former le jeune et libre philosophe. La plupart des idées qu'il développa plus tard, il les entrevit alors. Il les poursuivait avec une obstination singulière. Après avoir donné, soit à l'École normale, où d'élève il était devenu maître, soit au collége Bourbon, où il avait été nommé professeur, ses leçons qui roulaient sur la psychologie, sur la morale et sur les méthodes, dont il se servait déjà avec une extrême habileté, il restait des journées et des nuits entières livré à ses recherches philosophiques, et s'y plongeait à tel point, qu'il y perdait tout sentiment des choses du dehors. « Quand j'y revenais, dit-il, pour boire et manger, il me semblait que je sortais du monde des réalités et passais dans celui des illusions et des fantômes. » Il acquit un empire extraordinaire sur son intelligence, dont il disposait à son gré ; mais, à force de penser, il se rendit presque incapable de vivre. Atteint d'une maladie nerveuse et frappé par une grande affliction, la mort de son père, il alla chercher le repos de l'esprit et les consolations de la famille dans ses montagnes du Jura. Il y passa deux années, et c'est là qu'abordant les grands problèmes des existences et des destinées, il devint un hardi métaphysicien et un grave

moraliste. « Ces deux années de retraite, dit-il, ont
été les plus fécondes et les plus heureuses de ma vie
philosophique, quelques souffrances physiques et
morales qui les aient remplies. Débarrassé de tout
devoir et de toute contrainte, ma pensée put s'attacher
librement aux choses qui la troublaient depuis si
longtemps, et, avec toute la force et l'expérience
qu'elle avait acquises, s'en rendre un compte net, et
autant qu'il était possible les éclaircir. »

Lorsqu'il revint à Paris vers la fin de 1822, il avait
perdu la chaire du collége Bourbon, et le gouvernement de la restauration venait de dissoudre l'École
normale. M. Jouffroy, rejeté avec plusieurs de ses
habiles compagnons d'étude de la carrière où il était
entré sous la garantie même de l'État, alla, comme
eux, grossir l'armée de l'opposition libérale. Il écrivit
dans les journaux, et, ne pouvant plus professer en
public, il ouvrit chez lui des cours particuliers.

Cet enseignement ne fut ni sans éclat, ni surtout
sans effet. Dans une petite chambre presque nue de
la rue du Four Saint-Honoré, M. Jouffroy exposa pour
la première fois ses doctrines en présence de quelques auditeurs choisis, pas trop nombreux, de peur
qu'en vertu des articles 191 et 192 du Code pénal,
un cours de philosophie ne fût assimilé à un complot
contre le gouvernement. Lorsque les vingt assistants

légaux, car il n'en fallait pas vingt et un, étaient arrivés
et que la porte s'était fermée pour ne plus s'ouvrir,
on se rangeait en cercle autour du jeune maître. Lui,
debout et adossé à la cheminée, commençait les leçons
qui, conservées par des mémoires fidèles, et trans-
crites par des mains habiles, ont toutes passé sous
mes yeux. Rien n'est plus difficile que de parler bien
et longtemps en présence de quelques personnes
d'une intelligence cultivée et d'un goût délicat, qui
comprennent sans qu'on développe, et semblent tout
à la fois exclure par la sévérité de leur esprit les ap-
prêts de l'art, et se refuser par leur petit nombre
aux pures émotions de la pensée. M. Jouffroy triompha de ces difficultés du lieu et de l'auditoire.

Un de ceux qui l'ont entendu à cette époque avec
ravissement, son condisciple à l'École normale, son
collaborateur dans la presse, plus tard son collègue à
la Chambre des députés et dans le conseil royal de l'Université, et jusqu'au dernier jour son tendre ami et son
vif admirateur, le noble, le spirituel M. Dubois, me le
représentait après trente ans, et non sans en être encore ému, à cette époque féconde pour le génie philosophique de M. Jouffroy, et décisive pour son talent
littéraire. Rappelez-vous, me disait-il, ce mélancolique
jeune homme, dont la figure grave et belle avait des
expressions si douces et si fières, si sereines et si

tristes, dont les yeux d'un bleu pâle et d'une lenteur
réfléchie ne se laissaient pas détourner des contem-
plations intérieures, et dont les joues amaigries
étaient creusées par le mal qui consumait déjà une
vie destinée à finir si vite. Dominant de sa haute taille
l'auditoire assis, la tête un peu inclinée, le regard
calme et profond, il parlait d'abord d'une voix lente
et légèrement accentuée. Puisant en lui-même l'inspiration qu'il ne pouvait pas recevoir des autres, il
exposait dans leur enchaînement suivi, et avec une
merveilleuse limpidité, ses idées, qui naissaient et se
développaient pour ainsi dire sous les yeux avides
et intelligents de ses auditeurs charmés. Peu à peu, la
parole s'élevait, un souffle éloquent en animait et en
variait les inflexions ; quelquefois même le regard
s'illuminait, la lèvre tremblait, la pensée se produisait
avec grandeur, et dans ce petit auditoire couraient
des frissons comme il en descendait autrefois de la
tribune politique dans la vaste assemblée où s'entretenait l'intelligence et où battait le cœur du pays.

Ceux auxquels M. Jouffroy adressait son enseignement philosophique se sont distingués presque tous
depuis dans les lettres et la politique. Beaucoup d'entre
eux, après avoir fait partie des grands corps de l'État
sous la monarchie constitutionnelle, être entrés même
dans les conseils de la couronne, siégent aujourd'hui

à l'Institut. Ils achevèrent de former leur esprit à cette école libre mais sage où M. Jouffroy, les entretenant de l'âme, du devoir, de l'art, de Dieu, leur exposa, durant quatre années, les résultats philosophiques auxquels il était parvenu, et qui, bien que modifiés ou agrandis plus tard sur quelques points, composèrent le fond de son système.

Ce système, quel était-il? Si on lui trouve quelque analogie avec des théories antérieures ou contemporaines, il ne faut l'attribuer à aucune imitation. Ce que M. Jouffroy semblerait avoir emprunté à d'autres, il l'a découvert lui-même; car il n'a jamais bien su ce qu'il avait déjà appris qu'en l'inventant de nouveau, et en l'inventant il y ajoutait.

M. Jouffroy distingue soigneusement dans l'homme le principe spirituel du principe vital, qui sont l'objet de deux sciences diverses, la psychologie et la physiologie. Tout en reconnaissant l'union temporaire de ces deux principes et les points de contact de ces deux sciences, il les sépare fortement, et détruit par des observations certaines et des raisonnements invincibles les prétentions des physiologistes disposés à les confondre. Il établit la simplicité de l'être spirituel au milieu des éléments multiples de la matière, son identité persévérante parmi les changements de l'organisation corporelle. Il fait de la sensation, à laquelle

l'école de Condillac avait tout ramené en philosophie,
le lien des deux natures de l'homme. Transmise par
les sens et perçue par l'esprit, communiquant à l'âme
les impressions et les besoins du corps, portant au
corps les pensées et les volontés de l'âme, elle nous
met en rapport avec le monde extérieur des phénomènes, et elle nous introduit dans le monde intérieur
de la conscience.

Ce dernier monde est celui que M. Jouffroy a le
plus habité et le mieux connu. Contemplateur assidu
de l'âme humaine, il signale et détermine, d'après
une analyse délicate et puissante, ses tendances et
ses facultés, les besoins divers de sa nature et les fins
laborieuses de sa destinée. Il trouve en elle la sensibilité, qui établit ses rapports avec le reste de l'univers ; l'intelligence, qui lui sert à saisir les vérités
contingentes par l'observation et les vérités nécessaires
par la raison ; la volonté, à l'aide de laquelle son
action s'exerce, soit sur les choses, soit sur les êtres
animés ; enfin la puissance motrice, qui lui permet de
disposer du corps, devenu le serviteur adroit de ses
désirs et le docile instrument de ses œuvres.

M. Jouffroy est pleinement spiritualiste ; il l'est
même quelquefois trop. Ne se bornant point à rétablir
contre les physiologistes l'indépendance de l'âme, il
l'exagère, comme le prouve l'explication originale

mais outrée qu'il a donnée de son action pendant le
sommeil. Cet état, tout à la fois si ordinaire et si
étrange, durant lequel, la vie extérieure étant suspendue, commence une vie imaginaire qui présente
des souvenirs sans rapport et des événements sans
suite, qui fait perdre l'appréciation des temps, le sentiment des distances, le discernement des impossibi-
lités ; où la mémoire rappelle tout et ne distingue
rien, et où l'esprit, ne sachant plus ni combiner ni
vouloir, se laisse entraîner par des impressions qui se
succèdent dans des situations qui se contredisent, sans
s'étonner de la succession invraisemblable des unes,
sans être arrêté par la contradiction choquante des
autres, M. Jouffroy le décrit fort ingénieusement, et
le considère, avec Bacon, comme le retour de l'esprit
vivant en lui-même. Tandis que les physiologistes
font servir le sommeil au triomphe du corps, lui y
voit la domination exclusive de l'âme. C'est elle qui
veille pendant que son serviteur se délasse ; c'est elle
qui, toujours attentive à ce qui se passe extérieure-
ment, se montre insensible à un grand bruit qu'elle
connaît, mais se trouble à un bruit dont elle n'a pas
l'habitude, et réveille le corps pour vérifier le danger
et au besoin s'en garantir ; c'est elle qui mesure le
temps pendant la nuit, et quelquefois interrompt le
sommeil au moment précis fixé dans les projets de la

veille ; c'est elle enfin qui, par un effort senti au dedans avant de parvenir au dehors, rappelle les sens à leurs fonctions lorsqu'ils ont réparé leurs forces épuisées. Son action ne cesse donc jamais ; elle se transforme. Sa fatigue venant de la pensée, elle prend son repos dans le rêve. Ce genre de repos, elle ne se le donne pas seulement dans la nuit, mais dans le jour, et alors le rêve s'appelle rêverie. L'esprit, entraîné par l'apparition irréfléchie des objets ou par le souvenir non combiné des impressions et des sentiments, se laisse aller au courant mobile de ses libres et fantastiques imaginations aussi bien dans la rêverie qui est le songe du jour, que dans le songe qui est la rêverie de la nuit.

Si M. Jouffroy s'égare un peu à la recherche trop ardente et trop subtile de l'âme pendant le sommeil, il la retrouve avec ses délicats et vrais sentiments dans la théorie qu'il a donnée de l'art et les grandes règles qu'il a assignées à la vie. Comme tous les philosophes, il a composé des traités sur le bien et sur le beau, il a laissé une morale et une esthétique. Nulle part il n'a été aussi éminent que dans la première, aussi original que dans la seconde.

La morale de M. Jouffroy est, pour l'homme, la loi de sa conduite tirée des fins mêmes de sa nature. Tout être créé a une fin à laquelle il tend invinciblement.

Mais, entre les créatures inintelligentes et les créatures intelligentes et libres, il y a cette différence
fondamentale, que les unes y vont sous l'impulsion
fatale d'un instinct aveugle, tandis que les autres y
marchent à la lumière de la raison et par un choix
délibéré. La fin de l'homme, quelle est-elle? De connaître en cherchant le vrai, d'aimer en aspirant au
beau, d'agir en accomplissant le bien, de s'éclairer
par le développement de plus en plus étendu de son
intelligence, de se perfectionner par l'effort de mieux
en mieux réglé de sa volonté. Une tendance primitive
et irrésistible le pousse d'abord à suivre les impétueux mobiles de ses aveugles désirs. Mais il s'aperçoit bientôt que ses instincts trop écoutés sont
trompeurs, que ses facultés mal employées l'exposent
à des périls, que ses connaissances imparfaitement
acquises l'entraînent dans des fautes, que ses sentiments inhabilement dirigés lui apportent des douleurs. Il apprend ainsi à éviter tout ce dont il a
souffert. A l'état naturel en succède un autre dont le
calcul est le caractère, et qui place les satisfactions
humaines dans l'intérêt bien entendu.

Savamment appropriée à son utilité personnelle, la
conduite de l'homme devient plus habile; mais la
pratique de l'intérêt ne saurait être pour lui la règle
de la morale, et le calcul de l'égoïsme ne fonde pas la

loi du devoir. Ce n'est qu'à l'aide d'une raison plus haute, et par une compréhension à la fois plus vaste et plus désintéressée du bien, que l'homme parvient à l'état vraiment moral, qu'il participe à la connaissance de la vérité et à la pratique de la vertu par l'intelligence et l'observation de l'ordre divin. Ne pas séparer son bien du bien universel, ne rien faire pour soi qui puisse nuire à autrui, suivre, dans ses intentions comme dans ses actes, la grande et belle loi de l'ordre qui est l'expression de la pensée de Dieu et la règle des êtres, l'observer pour soi comme pour les autres, en vue de la justice et non de l'intérêt, et au besoin jusqu'au sacrifice, c'est arriver à l'état moral, c'est être élevé d'intelligence, capable de vertu, digne de récompense. En comprenant que ce monde est un lieu d'épreuve où il se développe par les obstacles et se forme par les efforts qu'il met à les surmonter, en réalisant ses lois après les avoir comprises, l'homme se prépare à un autre monde ; il remplit la destination passagère qui le dispose à sa destination éternelle, il conquiert par son perfectionnement sa béatitude.

Cet autre monde, M. Jouffroy n'en fonde pas seulement l'existence sur l'immortalité de l'âme déduite de sa spiritualité ; il n'y croit pas seulement d'après le désir de tous les peuples et l'affirmation de tous les temps qui en font une notion nécessaire de l'humanité,

et par cela même le droit immanquable de l'homme,
car, s'il en était autrement, il y aurait une idée générale sans objet et un besoin universel sans réalisation,
ce à quoi s'opposent et la véracité de Dieu et l'ordre
du monde ; mais il y arrive encore, comme Kant, par
la voie sûre et ferme de l'obligation morale. Après
avoir établi la règle selon laquelle doit se conduire
l'homme, il indique l'avenir auquel l'homme est réservé par suite des dons si rares qu'il a reçus, des
besoins si variés et si hauts qui lui ont été donnés. De
l'impuissance où il est d'exercer complétement les
uns et de satisfaire absolument les autres pendant le
cours de la vie actuelle, M. Jouffroy, avec autant de
sagacité que de force, conclut l'existence d'une vie future. Possédé du désir de savoir, entraîné par le besoin
d'aimer, l'homme ne goûte aucune affection dans sa
plénitude, ne parvient à aucune connaissance dans
toute sa réalité et dans toute son étendue. Les
bornes que rencontre son intelligence, les déceptions
qu'éprouve sa sensibilité, la vérité qu'il poursuit sans
l'atteindre, le bonheur qu'il demande sans l'obtenir,
l'ordre qu'il entrevoit sans le réaliser, la justice dont
il a la notion et dont il n'a pas toujours la pratique,
tout prouve que cette vie est un début et n'est pas
une fin, sert d'épreuve et non de terme à l'homme.
Son esprit s'y forme, son âme s'y perfectionne pour

qu'il se rende digne de posséder plus tard tout ce
qu'il désire à présent. Le drame de l'existence humaine, qui serait incomplet s'il s'achevait sur cette
terre, a son exposition ici et son dénoûment ailleurs.

Telle est la morale que M. Jouffroy établit à l'aide
de sa psychologie. Après avoir tiré de l'âme l'idée
qu'il se fait du bien, il en tire également l'idée qu'il
se forme du beau. D'après la théorie de M. Jouffroy,
la beauté, c'est l'essence spirituelle des choses apparaissant dans la matière qu'elle anime, s'y déployant
avec plénitude, s'y exerçant avec aisance, et lui communiquant graduellement le caractère de sa propre
perfection. C'est ce que l'âme humaine fait dans le
corps ; c'est ce que les diverses forces qui président aux
arrangements de la matière font dans la nature. Les
formes des objets ou des êtres sont les manifestations
de ces forces innombrables qui, s'élevant de règne en
règne, s'enrichissent, à chaque degré de l'échelle vivante, d'attributs plus hauts, plus riches, plus variés,
et par lesquelles l'univers entier devient un symbole
animé que l'âme humaine interprète. Attiré par tout
ce qui reproduit à ses yeux quelques-uns des traits
qui le constituent lui-même, l'homme sent en lui
naître l'intérêt, s'éveiller la sympathie, éclater l'amour
en présence de tout ce qui vit ; il les sent s'accroître
à mesure qu'au dehors il peut reconnaître plus dis-

tincte par sa forme, plus libre dans son action, plus
accomplie dans son développement, cette force, qui,
départie à tous les êtres à des degrés différents, arrive
en nous à sa plus haute puissance et à sa dernière
expression.

L'agréable, le beau, le sublime, ces sentiments divers
que la nature éveille indistinctement en nous tous, il
est des hommes qu'ils émeuvent plus profondément,
et qui, tandis que les autres en laissent s'affaiblir et
bientôt disparaître en eux l'impression, la retiennent
fidèlement, l'accroissent par l'ardeur même avec laquelle ils la ressentent, et fixent pour des siècles
l'émotion fugitive, qui a rempli un moment de leur
éphémère existence. Telle est l'œuvre des artistes et
des poëtes, qui vont poursuivant et adorant partout
les reflets épars de l'éternelle beauté. Mais ils ne se
contentent pas de la représenter comme elle leur apparaît dans ces symboles obscurs, qui la voilent en même
temps qu'ils la manifestent. Repoussant une imitation
servile, ils la reproduisent, en lui donnant ce je ne sais
quoi d'achevé que suggèrent les règles secrètes de
l'idéal, cette loi souveraine de l'art. C'est par là qu'ils
atteignent tous les ordres de beauté qui peuvent nous
toucher : et la beauté physique, qui présente dans leur
splendeur les manifestations de la vie, et la beauté de
sentiment, qui exprime les mouvements du cœur, et la

beauté intellectuelle, où éclate le triomphe de l'esprit sur la matière, et enfin la beauté morale, qui offre à notre admiration la force d'une âme maîtresse d'elle-même, sachant immoler l'intérêt et la passion au devoir, et déployer l'héroïsme du sacrifice.

M. Jouffroy voyait dans le beau le côté religieux du bien, comme dans la justice et la sympathie il en voyait le côté moral. Par tous les points de son système, il aboutissait à Dieu créateur de l'ordre universel ; car, selon ses fortes expressions, le vrai, c'est l'ordre pensé ; le bien, c'est l'ordre réalisé ; le beau, c'est l'ordre exprimé. Ses idées à cet égard, déjà arrêtées en 1825, ont été exposées surtout dans son *Cours de droit naturel* [1] et dans son *Esthétique* [2]. Ces deux ouvrages ont conservé la forme de leçons, qui n'est pas toujours la meilleure pour composer des livres. Ils n'en sont pas moins l'un et l'autre ingénieux, savants et profonds. Le premier a été publié presque en entier par M. Jouffroy lui-même. et peut être regardé comme la plus importante de ses œuvres. Dans le second,

[1] Cet ouvrage se compose de trois volumes in-8°, dont les deux premiers ont été publiés par M. Jouffroy lui-même et dont le troisième l'a été par M. Damiron, de 1834 à 1842. M. Damiron en a donné, en 1843, une seconde édition, en deux forts volumes in-8°.

[2] *Cours d'Esthétique*, 1 volume in-8°, publié en 1843, par M. Damiron.

M. Jouffroy développe, à travers des aperçus délicats et
de fermes jugements, sa doctrine, à laquelle il n'a
manqué que de recevoir de lui une forme plus éclatante pour devenir un monument aussi parfait qu'original. Ce précieux volume, tiré d'une rédaction
ancienne, a été, après la mort de M. Jouffroy, publié
avec d'autres ouvrages, par le savant philosophe et
l'ami fidèle, qui durant sa vie a été placé si près de
son cœur, a pénétré si avant dans son esprit, par
M. Damiron, devenu, pour ainsi dire, le légataire aussi
soigneux qu'éclairé de sa mémoire, et chargé de présider aujourd'hui votre séance, comme pour mieux
consacrer un éloge auquel se mêle si naturellement le
sien.

M. Jouffroy n'était pas seulement un grand penseur;
il était un habile et brillant écrivain. Fortement attaché aux conquêtes de la raison et aux droits de la
liberté, il travaillait dans les journaux à les soutenir
et à les étendre. Dans notre pays, où il y avait toujours
eu de l'esprit, il y avait de plus alors de l'esprit public.
Tout ne s'y réduisait pas au bien-être; gagner et jouir
n'y étaient pas l'unique affaire d'une société civilisée.
On y avait des désirs plus hauts : on y recherchait de
plus nobles satisfactions : on y honorait la pensée, on
y aimait la liberté, on y tenait au droit. Ces beaux
sentiments, qui animaient à peu près toute la jeunesse

française, ce fut pour les faire prévaloir, en ce qu'ils
avaient de plus élevé et de plus généreux, qu'avec un
grand nombre de ses amis, la plupart exclus de l'Université et réfugiés dans la presse, M. Jouffroy coopéra
vers cette époque à un journal qui devint rapidement
célèbre, *le Globe*. Ce journal occupe une place considérable dans l'histoire intellectuelle de la restauration.
Il fut l'œuvre de jeunes gens pleins d'esprit, de savoir,
de talent, de confiance, qui, libéraux dans les lettres
comme dans la politique, admirant le beau sans pré-
jugé d'école, croyant au droit sans exagération de parti,
eurent l'ambition de concilier les doctrines littéraires
en ce qu'elles contenaient de vrai, d'unir les principes
sociaux en ce qu'ils avaient de nécessaire, d'être justes
envers tous les pays sans rester moins attaché au leur,
et d'avoir les idées de leur temps, tout en comprenant
celles des autres. Ils s'y montrèrent novateurs avec
retenue, érudits avec élégance, critiques avec verve,
politiques avec élévation. Ils y poursuivirent les plus
nobles buts, dans ces jours de conviction et d'espérance, de lutte mesurée et d'honnêteté enthousiaste,
où la presse, contenue par la loi, était libre sans être
subversive, éclairait l'opinion publique et ne l'égarait
point, servait d'instruction aux uns et de frein aux
autres, rendait tant de mauvaises choses impossibles
et tant de bonnes obligatoires, ne laissait pas arriver

au mépris de l'honnête ni persister dans la résistance à l'utile, et où l'on croyait avec bonheur que, la France s'éclairant de plus en plus, les progrès constants de ses idées assureraient des succès durables à ses institutions.

Ce remarquable journal, qui a compté depuis dans les diverses académies de l'Institut presque autant de membres qn'il avait alors de rédacteurs, dut à **M. Jouffroy** des articles très-spirituels. Les principaux de ces articles furent d'admirables petits traités sur des questions philosophiques, et des morceaux achevés d'histoire générale qui ont mérité de survivre au moment où ils avaient été écrits, et d'être conservés dans les volumes de ses *Mélanges*[1] comme des modèles de forte pensée et du plus beau langage. Le *Globe* fut en quelque sorte une vaste chaire du haut de laquelle M. Jouffroy prit le public même pour élève. Il lui adressa, vers ce temps, la traduction de la *Philosophie morale*[2] de Dugald Stewart, précédée de la célèbre préface où parurent les grandes qualités de son esprit et les tranquilles éclats de son talent.

[1] *Mélanges philosophiques*, 1 volume in-8°, 1853. — Outre ce premier volume de Mélanges, M. Damiron en a fait paraître en 1842 un second, qui contient le Mémoire de M. Jouffroy sur l'*Organisation des sciences philosophiques* et son Mémoire sur la *Légitimité de la distinction de la psychologie et de la physiologie*.

[2] *Esquisses de philosophie morale, de Dugald Stewart*, 1 volume in-8°, 1826.

Peu de temps après la publication de ce livre,
M. Jouffroy fut rendu à l'enseignement auquel on
n'aurait jamais dû l'enlever. En 1827 le pays, qu'on
avait voulu ramener en arrière, se porta soudain en
avant. Une majorité libérale sortit des élections. La
France signifia ses vœux par ses choix. Elle adopta
pour en être le représentant principal, le noble philosophe, le généreux et sage politique qui, ami fidèle
de la dynastie, défenseur persévérant de la liberté,
avait soutenu le droit en toute rencontre, repoussé
l'arbitraire sous toutes les formes et montré, dans
un langage devenu presque populaire quoique magnifique, l'inviolable force de l'égalité civile. Lorsque
M. Royer-Collard fut appelé à présider la chambre
dont sept colléges électoraux l'avaient nommé membre ; lorsque le ministère réparateur de M. de Martignac rétablit les droits politiques dans leur sincérité,
et s'attacha à faire vivre en un affectueux accord
l'ancienne royauté et la nation nouvelle ramenées au
respect commun de la charte, l'esprit ne fut plus
traité en suspect. Il reprit les positions qu'il avait
perdues. Ses sanctuaires fermés se rouvrirent; de
grands talents furent entendus de nouveau dans ces
chaires éloquentes d'où, retraçant la marche des
théories philosophiques, l'histoire de la civilisation
moderne, les destinées de la littérature nationale,

MM. Cousin, Guizot et Villemain répandirent tant
d'idées avec tant d'éclat. Tous les exilés de l'université y rentrèrent et M. Jouffroy parut comme professeur suppléant dans la vaste enceinte de la Sorbonne.

De ce moment il ne quitta plus l'instruction publique, où il obtint de solides et brillants succès. Devenu,
après 1830, maître de conférences à l'École normale
et nommé adjoint de M. Royer-Collard à la chaire
d'histoire de la philosophie moderne, il parvint de
plus, en 1832, par droit de mérite et par voie d'élection, à la chaire de la philosophie ancienne au collége
de France. C'est dans la première, qu'il donna sur le
droit naturel ces savantes et belles leçons qui, réunies
aujourd'hui en un grand ouvrage, contiennent sous sa
dernière forme la théorie morale de M. Jouffroy. C'est
dans la seconde, qu'à l'occasion de la philosophie ancienne, il fit un vrai cours d'histoire générale, dont les
vues fortes et vastes mériteraient, sous bien des rapports, d'être publiées.

M. Jouffroy avait le talent de l'historien, mais il avait
surtout l'esprit de l'histoire. Attiré par les grands
spectacles que donnent les peuples sur la vaste scène
du monde, où se déroule l'action longue et suivie
dans laquelle chacun d'eux prend tour à tour son
rôle, il en avait recherché le plan, étudié le théâtre,
observé et jugé les acteurs. Aussi ce drame de l'huma-

nité a-t-il essayé d'en expliquer la marche et la
signification.

De puissants ou d'ingénieux devanciers l'avaient
précédé en cette voie. Bossuet, du point de vue catholique, avait été, au dix-septième siècle, l'admirable
interprète de la Providence, dont il a cherché, en son
Histoire universelle, les desseins dans la succession des
événements, la grandeur et la chute des empires. Cent
cinquante ans plus tôt, Machiavel, observateur attentif
de la formation des souverainetés et du développement
des républiques, dans son livre effrayant du *Prince*, et
dans son ouvrage immortel des *Décades*, avait tiré de
certains faits de l'histoire des règles pour la politique,
en se rendant le théoricien trop peu moral de la conduite humaine. A une époque plus rapprochée de la
nôtre, Vico, embrassant d'une pensée hardie, mais
avec une connaissance insuffisante, la civilisation du
genre humain, lui avait assigné, par des procédés
hasardeux, des phases arbitraires. Presque en même
temps Montesquieu, habile historien des lois, savant
appréciateur des gouvernements et des peuples, noble
jurisconsulte de l'humanité, avait pénétré avec sagacité
dans l'arrangement des États, et donné souvent avec
profondeur la raison de leurs institutions. Enfin, à
moins de distance encore de nous, Herder, narrateur
enthousiaste des *idées* du genre humain, a rattaché ces

idées par des dépendances trop étroites à l'action extérieure de la nature sur l'homme, et il a été tout à la fois trop poétique dans ses élans et un peu trop matérialiste dans ses explications.

Après ces beaux génies ou ces rares esprits, M. Jouffroy, qui a l'ambition de les dépasser parce qu'il a l'avantage de partir du point même où ils se sont arrêtés, jette à son tour de grandes vues sur l'histoire générale. Appliquant à l'humanité ce qu'il a trouvé dans l'homme, il soumet l'espèce aux mêmes épreuves que l'individu, la fait agir d'abord par ses instincts, améliorer ensuite par ses idées, et il montre le progrès des sociétés dans leur succession. Les peuples ne se sont remplacés, après l'accomplissement de leur tâche et au moment de leur fatigue, que pour contribuer de plus en plus, par une collaboration héréditaire, quelquefois interrompue mais toujours reprise, à la réalisation de l'ordre universel. L'histoire le conduit ainsi aux mêmes conclusions que la philosophie.

Laissant de côté les civilisations de l'extrême Orient, qui sont restées isolées et imparfaites et n'ont point participé au mouvement progressif du monde, il étudie la civilisation qui s'est développée aux bords de la Méditerranée. Cette civilisation, qui a continué en se perfectionnant sans cesse, dont les grands hommes par l'intelligence ont fourni les idées, dont les grands

hommes par l'action ont réalisé les progrès, que les
penseurs devancent, que les politiques conduisent, que
les lois constatent, que les arts expriment, à laquelle
le mélange des races apporte de nouveaux aliments et
l'emploi des armes ouvre de plus vastes espaces, que
les peuples policés ont répandue par la conquête chez
les barbares, lorsqu'ils étaient les plus puissants, et
que les barbares sont venus chercher chez les peuples
policés lorsqu'ils les ont trouvés les plus faibles,
M. Jouffroy en montre les destinées admirables, les
défaillances et les retours, et, durant trente siècles,
les phases diverses et les résultats prodigieux. Il la suit
de lieu en lieu et pour ainsi dire de monde en monde.
Il la fait voir, dans sa marche qui ne se ralentit jamais
que pour s'accélérer, passant agrandie du monde grec
au monde romain, du monde romain au monde moderne, rendu supérieur par le christianisme et la
science, occupant l'Europe, embrassant l'Amérique,
enveloppant l'Afrique, s'étendant de tous les côtés en
Asie, prenant position dans la Nouvelle-Hollande,
possédant ou surveillant toutes les îles de la terre, et
destiné à devenir le monde définitif, le monde de l'humanité.

M. Jouffroy parcourt ce vaste ensemble du vol rapide
de sa pensée, qui ne s'arrête que sur les plus hauts
sommets de l'histoire. Il ne descend jamais aux détails,

qui ne sauraient arrêter un philosophe, mais qui gêne-
raient quelquefois un historien. Dans son cours de 1833,
très-fécond en grands aperçus, il a essayé de donner
les explications et presque les lois de ces mouvements
alternatifs et de ces progrès réguliers du genre humain.
Fontenelle a dit de Leibnitz, en parlant des travaux
historiques, dans lesquels ce génie universel avait ex-
cellé comme en toutes choses : « Ce qui l'intéresse le
« plus, c'est l'histoire de l'esprit humain et une suc-
« cession de pensées qui naissent, dans les peuples,
« les unes des autres, et dont l'enchaînement bien ob-
« servé pourrait donner lieu à des espèces de prophé-
« ties. » C'est à l'aide de cet enchaînement, et par
l'observation attentive du passé, que M. Jouffroy
aurait ambitionné d'arriver à ces espèces de prophé-
ties.

La succession des événements et des institutions
s'expliquant par la succession des idées, dont ils ne sont
que la traduction extérieure, il crut que la succession
des idées pouvait à son tour être tirée des lois mêmes
de l'intelligence. En poursuivant ses recherches, il
renonça bientôt à la vanité trop peu philosophique de
cette espérance. L'humanité, dans sa marche ascen-
dante, ne décrit pas une orbite invariable, mais suit
en quelque sorte une spirale indéfinie, et son action
uture, venant d'elle-même, ne peut être ni déduite

de mobiles qui n'existent pas encore, ni calculée dans
des mouvements qui ne sont jamais identiques. On
sait qu'elle avance, mais on ignore où elle va. Si les
traces de son passé laissent entrevoir les directions de
son avenir, elles ne permettent pas d'en mesurer les
vitesses, d'en assigner les durées, encore moins d'en
prévoir les effets lointains, destinés à leur tour à devenir des causes. Celui qui a marqué le but s'est réservé
la connaissance de la route. Il a donné seulement à
l'homme la lumière de l'intelligence pour s'y conduire
de mieux en mieux, et la force de la volonté pour s'y
avancer de plus en plus; et, tout en l'appelant à plus
de clairvoyance par plus de science, il lui a voilé soigneusement l'avenir, pour lui conserver l'attrait de
l'incertitude, l'effort de la liberté, le mérite de la déci-
sion, la récompense de la sagesse.

M. Jouffroy était appelé parmi vous à des titres
nombreux et divers. Les trois sections d'histoire, de
morale et de philosophie auraient pu le réclamer
comme membre. Il appartint successivement aux deux
dernières, et fit des travaux éminents pour toutes. Qui
de vous ne se souvient du simple et émouvant récit du
siége de Tripolitza, qu'il lut, il y a quatorze ans, à la
place même où je parle, et qui nous fit assister à l'un
des épisodes les plus animés de la lutte héroïque d'où
est sortie l'indépendance de la Grèce moderne? Qui de

vous n'applaudit au beau rapport qu'il composa sur
les écoles normales primaires, et n'y trouva, présentés
avec une supériorité morale et une prévoyance politique également rares, les sentiments qui devaient
inspirer les maîtres dans l'enseignement du peuple, et
les maximes d'après lesquelles devait se diriger l'État
dans le choix, l'éducation et la surveillance des maîtres? Enfin, qui de vous ne prit le plus vif intérêt au
mémorable combat qu'en habile champion de l'âme il
engagea en votre présence contre le plus célèbre et le
plus valeureux champion du corps, et à la suite duquel,
malgré les puissants efforts de M. Broussais, on peut
dire que la psychologie triompha de la physiologie
dans le champ clos philosophique?

M. Jouffroy descendit aussi dans une autre lice. La
révolution de 1830 lui avait ouvert l'accès de la carrière politique. Cette révolution, assurant la liberté
sous la monarchie, avait conquis son assentiment et
ému son patriotisme. Le gouvernement représentatif,
qu'elle affermissait, lui semblait fait surtout pour un
peuple que ses traditions rendaient monarchique, que
ses idées rendaient libéral, et qui avait besoin de se
régir avec indépendance et avec régularité, sous l'empire commun de ses principes et de ses habitudes.
M. Jouffroy ne se contenta point de l'approuver, il
voulut le servir. Il entra, dès 1831, dans la chambre

des députés; il y entra avec la plupart de ses amis, appartenant comme lui, à cette génération nourrie des plus saines doctrines, attachée aux plus hauts intérêts, qui a eu le rare mérite de respecter en étant au pouvoir tout ce qu'elle avait professé lorsqu'elle était dans l'opposition, d'y faire elle-même ce qu'elle avait réclamé d'autrui, et qui, appliquant les beaux principes et réalisant les vraies promesses de 1789, a donné à notre pays le plus grand bien-être dont il ait joui, la liberté la plus étendue qu'il ait encore exercée, le gouvernement le plus modéré qu'il ait jamais eu.

Pendant dix années M. Jouffroy s'associa quelquefois par ses discours, plus souvent par ses votes, aux utiles mesures qui furent adoptées dans ces chambres où se discutait le mérite des lois, et d'où se dirigeait la conduite des affaires. Il y porta l'amour de la liberté et l'esprit de gouvernement. Ses généreux sentiments l'y rendirent l'objet d'une grande estime, et sa parole élevée l'y fit toujours écouter avec un véritable respect. Mais il n'y prit jamais un premier rôle; il n'en avait ni le désir ni le moyen. Pour dominer dans les assemblées libres, il faut cette rapidité d'esprit, cette ardeur de caractère, cette verve de talent qui font penser plus vite, vouloir plus fort, parler mieux que les autres, et permettent de les décider en les éclairant, de les conduire en les devançant. Or, M. Jouffroy ne se hâtait en rien. Il avait besoin du temps, qu'il regardait comme seul capable de prévenir les erreurs dans les délibérations et les fautes dans les affaires. Il examinait les questions avec lenteur, pour les traiter avec sûreté. Accoutumé à ne parler qu'après avoir longtemps réfléchi, à instruire sans chercher à émouvoir, lorsqu'il paraissait à la tribune, c'était beaucoup plus en philosophe qu'en orateur, et il aimait mieux y exposer des principes qu'y soutenir des partis.

Vers la fin cependant, il s'engagea dans la politique active plus qu'il ne l'avait fait d'abord. Un moment même, contre les habitudes mesurées de son esprit, il prit part à des débats où l'on s'étonna de le voir entrer. Peu fait pour ces luttes ardentes, auxquelles d'ailleurs de récents souvenirs, non moins que ses inclinations naturelles, auraient dû le rendre étranger, il en ressentit plus vivement qu'un autre les amertumes, et dans les pénibles agitations de la politique il eut à regretter les travaux paisibles de la science.

Sans doute il se proposa de retourner alors aux grandes et sereines pensées dans lesquelles il trouvait les satisfactions de l'intelligence, le calme de l'âme, et la gloire de son nom. Mais sa santé, depuis longtemps ébranlée, s'altéra de plus en plus. Le mal nerveux qui l'avait ramené, bien jeune encore, au repos de ses montagnes s'était porté sur la poitrine, et l'avait contraint de passer l'hiver de 1836 en Italie, sous le doux climat de Pise, où, dans un accès de découragement, il fit sa préface un peu sceptique aux œuvres de Thomas Reid[1]. Il y avait été suivi par la femme dévouée à laquelle l'unissait un tendre attachement et qu'il venait de se donner pour compagne.

A son retour d'Italie, il avait essayé de reprendre son cours, sans avoir assez de force pour le continuer longtemps. Il se détacha en 1841 de la vie publique, comme il avait été contraint de renoncer en 1839 à l'enseignement. Quoique l'esprit fût en lui plus perçant, plus étendu, plus vigoureux que jamais, le corps était défaillant et l'âme ressentait des tristesses mortelles. C'est dans cet état de mélancolique faiblesse qu'il alla visiter une dernière fois ses montagnes. Il arriva aux Pontets le premier dimanche de juillet, fête de son village, et il écrivit ensuite avec une émotion profonde et poétique qui le rappelle tout entier : « Tous les « souvenirs de mon enfance se mêlaient dans mon « esprit aux changements que le temps a produits dans « mon pays et dans ma famille... Sous le toit paternel, « plus de fête, plus de mouvement; mon frère y était « seul... Nous n'avons pas même dîné à la maison.

---

[1] La traduction des *OEuvres complètes de Thomas Reid*, en 6 volumes in-8°, avait été commencée en 1828, et fut terminée en 1836.

« Nous sommes allés à Mouthe, chercher mon oncle,
« la seule personne qui pût nous rappeler les jours
« d'autrefois. Les autres dorment tous autour de l'é-
« glise. La nature seule n'avait pas changé; elle étalait
« devant nous son éternelle jeunesse. Le vallon était
« comme une corbeille de fleurs. L'air était plein de
« parfums; les abeilles y bourdonnaient aux rayons
« d'un soleil étincelant. Les grands bois fumaient au
« loin, et un profond silence y laissait la pensée libre
« de s'élever à Dieu et de se souvenir du passé. Ce passé,
« nous n'en avons pas dit un mot; ce mot nous eût fait
« pleurer. Nous y pensions en parlant d'autre chose. Ce
« jour a été le seul pour moi depuis que j'ai quitté
« Paris; mais je ne regrette pas d'avoir fait cent lieues
« pour le trouver. »

Il ne lui était plus réservé d'en voir de pareil. A peine
rentré dans Paris, la maladie dont il était atteint prit
un caractère plus grave. Le sang sortait souvent à flots
pressés de sa poitrine affaiblie. Condamné au repos et
au silence, il se livrait aux plus hautes, comme aux plus
religieuses méditations; il trouvait qu'au fond il n'y
avait pas bien loin de ce monde à l'autre, et que Dieu,
qui les contenait tous deux dans son sein, restait la
patrie commune des vivants et des morts. Il puisait
dans cette pensée de profondes consolations et d'inef-
fables douceurs. « Je ressens, écrivait-il le 20 décem-

« bre 1841, bien peu de temps avant de mourir, tous
« les bons effets de la solitude. En se retirant de son
« cœur dans son âme, de son esprit dans son intelli-
« gence, on se rapproche de la source de toute paix
« et de toute vérité qui est au centre, et bientôt les
« agitations de la surface ne semblent plus qu'un vain
« bruit et une folle écume… La maladie est certaine-
« ment une grâce que Dieu nous fait, une sorte de
« retraite spirituelle qu'il nous ménage pour nous
« reconnaître, nous retrouver, et rendre à nos yeux la
« véritable vue des choses. »

Dans le mois même où il traçait ces dernières lignes,
sentant que sa fin n'était pas éloignée, il fit venir des
Pontets son frère pour arranger ses affaires de famille,
et ne pas en laisser après lui les embarras à sa compagne
désolée, à ses chers et jeunes enfants. Il lui dit en présence de sa femme, qu'il voulait préparer à sa mort .
« Dieu ne serait pas injuste en me retirant sitôt de ce
monde. Il m'a donné quarante-cinq ans de bonheur;
peu d'hommes en ont eu autant. Il m'a fait sortir de
mon village, où aucune route n'était tracée, pour me
conduire à Paris, où tout m'a réussi, et où j'ai tout
obtenu sans avoir jamais rien demandé. »

A mesure que son mal augmentait et que le terme
fatal approchait, sa clairvoyance devenait plus vive, et
il regrettait de ne pouvoir écrire ce que l'esprit, de plus

en plus détaché du corps, lui révélait. Sa femme lui
proposa de l'écrire sous sa dictée. — « Non, répondit-
il; je sens que parler me ferait mourir, et j'ai si peu
de temps à vivre, que je ne veux pas abréger les instants
que j'ai à passer encore avec vous. » Malgré sa faiblesse,
il ne cessa pas de se lever jusqu'au 28 février 1842. Ce
jour-là il dit à son médecin : « C'est mon dernier jour. »
Le lendemain, 1er mars, après une nuit moins agitée
qu'à l'ordinaire, il se réveilla en toussant à cinq heures
du matin. Il dit à sa femme, accourue auprès de lui :
« Ne trouvez-vous pas que ma figure se décompose?
— Non, lui répondit-elle. — Je sens cependant que je
me décompose, et je vois tout rouge. » — Un quart
d'heure après, éprouvant un peu de gêne dans la res-
piration, il se souleva pour dire quelques mots de
tendresse et d'adieu à sa femme; puis, laissant re-
tomber sa tête, il s'éteignit dans le plus grand
calme.

La mort, en le frappant si jeune, a inspiré d'autant
plus de regrets qu'elle a détruit plus d'espérances.
Ayant à peine atteint sa quarante-sixième année,
M. Jouffroy, dans la maturité de l'âge et la force de
l'intelligence, aurait pu construire en entier le vaste
édifice qu'il se proposait d'élever à la science et dont
il ne laisse que de magnifiques fragments. Réfléchir
était son besoin; connaître, son bonheur. Il portait

sur son visage les traces de cette méditation constante et heureuse. En l'apercevant, on était d'abord frappé de la noblesse calme de ses traits et de leur repos lumineux. Son vaste front semblait le siége des plus hautes et des plus tranquilles pensées. Ses yeux doux et pénétrants étaient en quelque sorte tournés au dedans de lui-même, et leur transparence profonde laissait voir les objets purs et beaux sur lesquels se fixaient incessamment ses regards. Sa bouche fine et bienveillante exprimait les délicatesses de son esprit et les sympathies de son cœur, et sa tête forte et sereine respirait comme un air d'intelligence satisfaite et de pureté réfléchie. Étranger par les inclinations au mal qu'il avait compris par les idées, en lui l'expérience de la raison n'avait en rien altéré cette innocence de sentiments qui est, pour ainsi dire, la chasteté de l'âme. A qui n'aurait pas connu la bonté de sa nature, la distinction un peu sévère de ses manières aurait pu paraître de la froideur. Des régions élevées qu'habitait sa pensée il semblait avoir rapporté et retenu une certaine hauteur de caractère, qui était de la dignité et non de l'orgueil. Esprit puissant, noble cœur, talent rare, ayant cherché le vrai, voulu le bien, aimé le beau, ferme apôtre de la raison, poétique interprète de l'art, il s'est rendu respectable par ses actes, il demeure illustre par ses œuvres, et son souvenir, qui nous reste si cher, vivra aussi longtemps qu'on admirera la grandeur de l'intelligence dans un philosophe, et qu'on honorera l'intégrité de la vie dans un homme de bien.

M. LE BARON

DE GERANDO

NOTICE

LUE A LA SÉANCE PUBLIQUE ANNUELLE DU 16 DÉCEMBRE 1854

Messieurs,

M. de Gerando appartient, par beaucoup de ses idées comme par sa naissance, à un siècle dont il est aujourd'hui de bon goût de condamner l'esprit, de maltraiter les efforts, de mépriser les espérances. Ce siècle a conquis la tolérance, recherché la justice, proclamé le droit, revendiqué l'égalité civile, recommandé la fraternité humaine, banni la cruauté des institutions pénales, repoussé l'arbitraire de l'ad-

ministration publique, voulu faire de la raison le
guide des intelligences, de la liberté la condition
des gouvernements, du progrès l'ambition des peuples, de la loi la souveraine de tout le monde. L'ordre matériel ne lui doit pas moins que l'ordre moral.
Si le génie élevé du dix-septième siècle a créé surtou
ces sciences de l'espace, du mouvement et des nombres
qui ont mieux fait connaître les cieux et leurs lois; le
génie analytique du dix-huitième siècle a fondé ces
sciences des éléments, des corps et des êtres animés
qui ont mieux fait connaître toutes les choses de la
terre, et ont préparé une domination inattendue sur la
nature à l'homme, dont elles ont accru sans mesure la
puissance et le bien-être. Assez d'autres parlent des
erreurs d'un siècle auquel remontent tant d'heureux
changements, insistent sur ses excès, le montrent sceptique avec emportement, subversif avec ignorance,
utopiste avec crédulité; ici et devant cette Académie,
qui est l'une de ses créations, il n'est pas hors de propos de rappeler tout ce qu'il a donné ou promis, ses
magnifiques vœux pour le genre humain, ses titres immortels à notre reconnaissance.

De ce siècle où il est né, M. de Gerando a pris les
généreuses doctrines sans en suivre les regrettables
écarts. Philosophe et chrétien, ses idées ne l'ont pas
privé de ses croyances. Son esprit a été consacré à la

recherche de la vérité, comme sa vie à la pratique du bien. Le premier en France il a rectifié les théories de son temps par les théories des autres siècles, et il a éclairé la philosophie par l'histoire. Épris du bonheur général, il a travaillé, durant cinquante années, à rendre ses semblables plus éclairés et plus heureux, en répandant au milieu d'eux sous toutes les formes les idées les plus saines et les plus morales, et en y exerçant un infatigable apostolat de bienfaisance.

Marie-Joseph de Gerando naquit à Lyon le 29 février 1772. Son père était architecte de la ville, où il construisit l'église de la Charité et plusieurs des édifices les plus élégants de la place Bellecour. Sa mère, distinguée par l'esprit, était éminente par la bonté. Marie-Joseph ne laissa pas soupçonner d'abord ce qu'il serait un jour. Cachant une pénétration déjà forte et réfléchie sous une gravité précoce et une timidité silencieuse, il fut déclaré peu intelligent par ses premiers maîtres, plus frappés de ce qui manquait à l'enfant que de ce qui annonçait l'homme. Cette sentence d'incapacité spirituelle fut bientôt cassée par des maîtres doués d'une sagacité plus judicieuse. Reçu au collége des Oratoriens de Lyon, il obtint des succès éclatants dans les études sérieuses. Déjà se déclarait la pensée domi-

nante de sa vie. Dans une maladie dangereuse à laquelle il fut sur le point de succomber à l'âge de seize
ans, il adressa à Dieu la prière *de lui conserver une*
existence qu'il ne lui demandait que pour faire le bien.
Afin de se rendre l'administrateur des secours divins
et le pieux serviteur de l'humanité, il voulut d'abord
entrer dans les ordres. Il fut donc admis au séminaire
de Saint-Irénée, où, après avoir achevé sa philosophie,
il était prêt à partir pour la maison oratorienne de
Saint-Magloire à Paris, lorsque les événements qui
changèrent la constitution de la France, et les décrets
de l'Assemblée constituante, qui fermèrent les congrégations religieuses, donnèrent un autre cours à sa destinée.

Le séminariste se fit écrivain à l'âge de dix-neuf ans,
et soldat à l'âge de vingt et un ans. D'abord la plume à
la main, ensuite le mousquet au bras, il défendit les
beaux principes de justice générale, de liberté religieuse et civile, qu'avaient invoqués les généreux esprits du dix-huitième siècle, et qu'avait eu pour objet
d'établir la grande révolution de 1789. Il entreprit cette
double campagne de concert avec un de ses condisci-
ples les plus distingués, avec Camille Jordan, qui devait
honorer un jour la tribune française, et qu'une entière
conformité de sentiments et une certaine diversité de
caractère, l'accord dans les idées et la différence dans

les talents, des épreuves subies d'un même courage
pour la même cause, la plus tendre confiance et le dévouement le plus doux, unirent à lui d'une amitié inal-
térable depuis le collége jusqu'à la tombe.

Les deux précoces publicistes, entrant dans le débat
que provoquait la constitution civile du clergé, écri-
virent en commun une suite de brochures pour réclamer une entière liberté de conscience, et, lorsque l'intrépide ville de Lyon se souleva contre les excès
démagogiques, après les journées du 31 mai et du 2
juin 1793, ils s'enrôlèrent l'un et l'autre dans la mi-
lice de leur quartier. Grand et frêle, maladroit et brave,
ayant l'ardeur nouvelle du citoyen et encore un peu
de l'ancienne gaucherie du séminariste, le jeune de
Gerando devint grenadier dans la compagnie de la rue
du Buisson. Il concourut aux préparatifs de défense
de la ville insurgée, et il affronta les périls d'une guerre
que les passions déchaînées devaient rendre sans merci.
La Convention asservie mais impérieuse, déjà mutilée
mais encore obéie, avait décrété le siège et la ruine de
la cité rebelle. Ses commissaires hâtaient, dans les départements du voisinage, les levées destinées à en res-
serrer le blocus et à exécuter l'arrêt de proscription
lancé contre elle. De leur côté, les Lyonnais parcou-
raient les pays d'alentour, avec leurs hardis détachements, afin de conduire des vivres dans leurs murailles,

d'y transporter des munitions et des armes, et d'étendre au loin l'insurrection libératrice.

Un de ces détachements, dont faisait partie M. de Gerando, avait été envoyé au delà du Rhône, dans les montagnes du Forez. Il y rencontra, le 28 septembre, les troupes de la Convention qui descendaient de l'Auvergne. Après s'être quelque temps défendu, il fut accablé par le nombre. Atteint d'une balle à la jambe, M. de Gerando tomba sur le champ de bataille. Il y attendait la mort ; mais le chef de la troupe victorieuse, touché de sa jeunesse et poussé par un sentiment d'humanité, le couvrit de son corps, et dit à ses soldats, prêts à faire feu sur lui, qu'on n'arracherait la vie au blessé qu'en prenant la sienne.

Il n'était sauvé qu'à demi. Transporté sur la paille d'une charrette à Saint-Étienne, il fut jeté entre un aliéné et un assassin, dans un cachot infect, d'où il ne sortit au bout de trois mois que pour être jugé. Le tribunal militaire devant lequel il comparut se bornait à constater la rébellion, et, après l'avoir constatée, il la punissait de mort. Une seule question était posée : — *L'accusé a-t-il été pris les armes à la main ?* — Lorsque M. de Gerando eut été conduit devant l'expéditif tribunal, la question mortelle fut posée par le président. La réponse ne semblait pas douteuse. Souffrant encore de sa blessure, pâle mais tranquille, portant

un regard résigné mais assuré sur ses juges, le prisonnier attendait le redoutable *oui* qui devait l'envoyer à
la mort, quand il vit s'avancer à la barre celui à qui
sa garde avait été confiée, et qui, dans un noble élan de
compassion, dit sans hésitation : *Non*. Par ce mensonge
généreux et inespéré, M. de Gerando fut sauvé et redevint libre.

Mais que faire d'une liberté non moins embarras-
sante qu'incertaine en 1794 ? La ville de Lyon avait succombé. Ses habitants vaincus périssaient en foule par
la main du bourreau, ou sous la mitraille du canon,
devenu un instrument de supplice ; ses maisons étaient
abattues par le marteau révolutionnaire, et elle avait
perdu jusqu'à son nom. La prudence ne permettait
pas à l'un de ses défenseurs si miraculeusement épar-
gné de rentrer dans ses murs. Il y aurait été infailli-
blement pris, et aurait exposé ses parents, qui, le
croyant mort après la malheureuse expédition du Forez, avaient fait célébrer un service funèbre pour le
repos de son âme. Dans les perplexités de cette dangereuse position, il chercha comme tant d'autres un refuge au milieu de l'armée. On pouvait y servir la France
sans se rendre complice ou sans tomber victime des
violences de la révolution. Un régiment de chasseurs
était dans le voisinage : de Gerando s'y enrôla.

Après avoir été, en moins de deux ans, séminariste

par goût, publiciste par occasion, insurgé par devoir,
le voilà chasseur de la république par nécessité. Il ne
le fut pas longtemps. Au lieu d'être envoyé à la frontière, le régiment où il avait pris du service reçut l'ordre d'entrer dans Lyon. Le déguisement protecteur de
son uniforme et le bruit répandu de sa mort ne déro-
bèrent pas longtemps M. de Gerando aux regards du
parti victorieux. Il s'y livra en quelque sorte lui-même.
Il ne put résister au besoin d'embrasser sa mère,
et un jour, de nombreuses victimes conduites au
supplice passant devant sa compagnie sous les
armes, il reconnut parmi elles plusieurs de ses amis
et de ses proches. A ce douloureux spectacle, lui qui,
deux fois, avait vu la mort de si près et sans aucun
trouble, tomba évanoui au milieu des rangs. Dénoncé
par sa défaillance, reconnu par ses ennemis, il fallut
fuir ou périr. Son commandant lui-même facilita son
évasion. Il l'envoya guérir sa blessure mal fermée en
Savoie, d'où M. de Gerando rejoignit en Suisse Camille Jordan, qui s'y était réfugié après le siége de
Lyon.

Les deux amis, éloignés de leur patrie, mais rap-
prochés l'un de l'autre, passèrent quelques mois dans
les distractions de l'étude, les douceurs de l'intimité,
et aussi dans ces espérances si faciles aux malheureux
durant la jeunesse, et souvent si fondées pour les vain-

cus pendant les révolutions. Ils parcoururent la Suisse
à pied, vivant de peu, admirant beaucoup et la beauté
variée des lieux, et la grandeur perpétuée des souvenirs
et la tranquille liberté des habitants. Un jour cependant qu'ils traversaient ses hautes montagnes, ils furent
enveloppés par le tourbillon d'une tourmente glacée.
Le corps saisi par le froid et l'âme livrée au découragement, M. de Gerando tomba sur la neige. Il n'avait ni
la force ni le désir de s'en relever. Camille Jordan le
secoua, le ranima, le soutint et le conduisit jusqu'au
village voisin. Les deux amis n'eurent pas même la
consolation d'être toujours malheureux ensemble.
L'insuffisance de leurs ressources les contraignit à se
séparer. Chacun d'eux alla où il pourrait vivre. Camille
Jordan se rendit à Londres, et y vit de près le gouvernement représentatif, qu'il devait admirer alors en
Angleterre et défendre plus tard en France. De Gerando
partit pour Naples, où l'un de ses parents avait une
riche maison de commerce et le chargea de la tenue de
ses comptes en qualité de commis.

C'est dans l'exil, et pour ainsi dire dans un comptoir,
que M. de Gerando se forma aux plus hautes méditations, et qu'il acquit des connaissances étendues presque sans livres. De l'aube au déclin du jour, il appartenait à autrui, enregistrait, recevait, comptait pour
gagner son pain. Mais, le soir venu, il s'appartenait à

lui-même, et le commis, devenant alors philosophe,
consacrait la plus grande partie de ses nuits à la culture de son esprit. Monté au faîte de la maison, dans
une petite chambre qui s'ouvrait sur une terrasse ornée d'orangers et de grenadiers, il se livrait à de fortes
études, se posait des problèmes, se traçait des méthodes, portait sur la nature et sur l'homme un regard qui
ne s'enfermait point dans l'horizon d'un système, une
pensée qui ne s'assujettissait point à la parole d'un
maître.

Les méditations nocturnes commencées sur la terrasse d'un marchand, M. de Gerando alla même les
poursuivre dans le réduit d'un ermite. Près du cratère
du Vésuve, et presque au sommet de la montagne que
le volcan couronne de ses feux et revêt de ses laves,
s'élève un léger monticule que couvre un petit bois,
que surmonte un élégant ermitage, et au pied duquel
vient couler, en s'y divisant, le fleuve enflammé. C'est
dans cet ermitage, qui sort comme une île verte du sein
d'une mer grisâtre, que s'établit, durant plusieurs se-
maines, M. de Gerando à la place de l'ermite, qui gui-
dait et secourait au besoin les voyageurs. « Rare-
« ment, dit-il, j'ai été aussi heureux. Une petite biblio-
« thèque composée de livres choisis était à ma portée;
« mais un livre plus sublime était ouvert sous mes
« yeux, et ses pages, pleines d'une instruction qui ne

« se trouve nulle part, me fournissaient le sujet d'inta-
« rissables méditations. Assis sous les tilleuls de l'er-
« mitage, je portais mes regards sur le spectacle qui
« s'offrait à mes yeux. »

Il avait, en effet, devant lui d'imposants aspects de
la nature, et de grands souvenirs de l'histoire. A peu
de distance, les bouches béantes du volcan; sur les
flancs de la montagne, les débris qu'il y avait amonce-
lés depuis vingt siècles; non loin de là, la ville infortunée de la *Torre del Greco*, qu'il avait engloutie un an
auparavant, et dont le clocher dominait seul les couches fumantes encore; un peu plus bas, Pompéi et
Herculanum, ensevelies, depuis les temps de Néron et
de Titus, sous des flots de lave ou des amas de cendres,
et reparaissant tout d'un coup avec les restes conservés
de la vie antique, comme si elles avaient été habitées
la veille; près du même sol, le riant palais de Portici,
avec ses jardins enchanteurs cultivés sur des tombeaux,
et confinant des deux côtés aux couches arrêtées du
volcan et aux flots agités de la mer; en face de l'immobile dévastation, l'amphithéâtre animé sur lequel se
dressait la florissante ville de Naples, avec ses rues
bruyantes, ses riches palais, ses joyeux habitants et
son golfe magnifique.

Le jeune contemplateur, dont je ne fais ici que retracer les impressions et rappeler les pensées, peu de

temps après être descendu de son ermitage passager
du Vésuve, quitta aussi son aride comptoir et sa terrasse philosophique de Naples. La Convention, en dé-
posant son orageuse dictature, avait proclamé, dans sa
séance du 4 brumaire an IV, une amnistie générale
qui permit à de Gerando et à Camille Jordan de rentrer
en France. Ils revinrent l'un et l'autre à Lyon, qui, aux
élections de l'an V, nomma Camille Jordan membre
du conseil des Cinq-Cents.

De Gerando suivit le nouveau député à Paris, où la
majorité des conseils venait d'échapper au parti con-
ventionnel, qui dominait encore dans le Directoire.
Composée en général d'hommes favorables aux principes de 1789, mais contraires aux doctrines comme
aux excès de 1793; conservant le regret de la royauté
tout en affectant le respect pour la république, il était
difficile à cette majorité d'être juste sans devenir sus-
pecte, et de modérer la révolution sans paraître la trahir. Par son talent aussi bien que par sa résolution,
Camille Jordan se plaça au nombre de ses chefs. Organe d'une commission chargée de régler la police des
cultes, il acquit, en défendant les idées qu'il avait soutenues en commun avec de Gerando quelques années
auparavant, une célébrité qui ne pouvait manquer
d'être bientôt dangereuse. Son rapport fit une sensation
profonde et le désigna aux nouvelles proscriptions ré-

volutionnaires lors du coup d'État du 18 fructidor. Ne
doutant pas que son ami ne fût au nombre des victimes, de Gerando, que Camille Jordan avait empêché de
périr sous la neige en Suisse, déroba à son tour Camille
Jordan à la meurtrière déportation dont il était menacé
sous le climat de Sinnamari. Dans la nuit du 17 au 18
fructidor, il l'arracha, pour ainsi dire malgré lui, du
lit où il aurait été surpris le matin, et le conduisit dans
un asile sûr que lui avait préparé son amitié prévoyante. Le lendemain, Camille Jordan entendit sous
ses fenêtres les crieurs publics faire retentir son nom
parmi ceux des proscrits, et dut se résoudre, non sans
péril, à une nouvelle expatriation. Les deux amis se
réfugièrent en Allemagne, et passèrent ensemble la fin
de l'année 1797 et les commencements de l'année 1798
dans la ville studieuse et hospitalière de Tubingue.

Ce fut dans cet exil, de sa part volontaire, que M. de
Gerando connut et aima une jeune fille appartenant à
une noble famille de l'Alsace que la révolution avait
fait tomber de l'opulence dans la pauvreté, mademoiselle Annette de Rathsamhausen, ornée des plus précieux dons de l'esprit, douée des qualités les plus élevées de l'âme, joignant un grand charme à une force
singulière, et qui devint alors sa fiancée, pour être un
peu plus tard sa fidèle et utile compagne.

Rentré en France au printemps de 1798, époque

où Camille Jordan se rendit une seconde fois en Angleterre, M. de Gerando reprit du service dans l'armée, et fut envoyé en garnison à Colmar, qu'habitait
sa fiancée. Simple soldat dans le 6ᵉ régiment de chasseurs, le programme d'un concours ouvert par l'Institut tomba entre ses mains. La classe des sciences morales et politiques offrait en prix, depuis deux ans,
cinq hectogrammes d'or à celui qui traiterait le mieux
la question suivante : « Déterminer quelle a été l'influence des signes sur la formation des idées. » M. de
Gerando, mettant à profit ses méditations, que n'a-
vaient interrompues ni les disgrâces de l'exilé, ni les
travaux du commis, ni les fatigues du soldat, ni même
les distractions plus entrainantes du fiancé, entreprit
de résoudre ce vaste et délicat problème. Il y était
parfaitement préparé. Instruit dans les doctrines diverses, profondément réfléchi, infatigable au travail,
capable, entre une évolution militaire et une garde
montante, d'examiner un système et d'analyser une
langue, penseur méthodique, écrivain expéditif, fort
habile dans l'art des classifications sans être très-dif-
ficile sur les délicatesses du style, il avait de plus cet
âge heureux qui donne le courage d'oser et le moyen
de réussir.

Le jeune chasseur en fit l'agréable épreuve. S'étant
mis à l'œuvre avec ardeur, mais tard, il n'aurait pas

fini son travail à temps s'il n'avait été aidé par trois
charmantes jeunes filles qui lui servirent de secrétaires. Mademoiselle de Rathsamhausen, mademoiselle de Berkheim et mademoiselle Pfeffel, compagnes
inséparables, copièrent, à mesure qu'il les composait, les pages métaphysiques auxquelles leur esprit
ne devait pas comprendre grand'chose, mais qui offraient à leur amitié le plus grand des attraits, celui
de rendre service à un philosophe de vingt-cinq ans.
C'est écrit de leurs mains que le mémoire de M. de
Gerando fut soumis au jugement de vos prédécesseurs,
parmi lesquels dominaient les doctrines du dernier
siècle et siégeaient les fervents continuateurs de Condillac.

L'école philosophique de la sensation transformée
régnait alors sans partage. Confinée dans l'expérience,
resserrant trop l'observation, ramenant les opérations
de l'intelligence aux impressions des sens, subordon-
nant en tout le fond à la forme, cette philosophie, que
dans le moyen âge on eût appelée nominaliste, devait,
par un rigoureux esprit de conséquence, trouver que
les sciences n'étaient que des formules, et que les idées
se réduisaient à des mots ; elle devait prendre les occasions des phénomères pour leurs principes, le signe
d'un objet pour sa nature. Son accrédité fondateur
avait soutenu que tout l'art de penser était dans les

instruments même créés en pensant, que les connaissances de l'homme n'étaient pas dans les lois des
choses, mais dans les procédés qui les constatent et
les transmettent. Fidèles à sa doctrine, ses confiants
disciples, se proposant de déterminer l'action des signes sur les idées, demandaient qu'on cherchât le
moyen de perfectionner toutes les sciences restées incertaines par le perfectionnement de leurs langues
demeurées vagues, et d'ajouter par l'art d'exprimer à
l'art de penser.

Ce n'est pas tout à fait ainsi que M. de Gerando
traite cette question aussi étendue que profonde. Comment expose-t-il l'origine des signes, analyse-t-il leur
diversité, apprécie-t-il leur influence? La faculté qu'a
l'homme non-seulement de pousser des cris que l'instinct comprend, mais de former des sons que l'intelligence change en expressions convenues des idées;
non-seulement de produire des gestes que le besoin
suggère et traduit, mais d'inventer des signes que la
réflexion et le souvenir marquent et reconnaissent
comme les indications variées et intelligibles de tout
ce qu'il voit, de tout ce qu'il sent, de tout ce qu'il
pense, de tout ce qu'il imagine, de tout ce qu'il fait :
cette faculté admirable est l'indispensable complément et le magnifique corollaire de la faculté de penser. L'homme parle, parce qu'il pense; parce qu'il

pense, il donne aux sons qu'il profère une signification conventionnelle pour les oreilles, aux idées qu'il conçoit une forme compréhensible pour les yeux, et il compose ces belles langues qui, images fidèles et auxiliaires puissantes de son esprit, lui servent à la fois d'instruments pour se produire, de moyen pour se développer; transmettent ses pensées à travers l'espace par la parole, à travers le temps par l'écriture; deviennent les dépôts abondants de toutes les richesses intellectuelles qu'il accumule de génération en génération, de pays en pays; et faisant du génie des grands hommes morts, des découvertes des peuples disparus, de la civilisation des siècles écoulés, l'héritage de tous les hommes qui naissent, l'avance de tous les peuples qui surviennent, le point de départ de tous les siècles qui suivent, offrent de vastes enseignements, donnent des plaisirs perpétuels, et contribuent ainsi à l'éducation progressive et aux satisfactions permanentes du genre humain.

M. de Gerando, avant d'analyser le langage de l'homme, décompose son entendement, et n'arrive à la faculté d'exprimer qu'après s'être rendu compte de la faculté de concevoir. Tout en admettant que les idées ont pour origine *la sensation interne ou externe*, ce qui le laisse de l'école de Condillac, il se sépare de cette école en reconnaissant à l'âme des facultés ac-

tives dont les sensations provoquent l'exercice, dont
les idées sont les résultats, qui précèdent les signes
et les inventent. Au lieu de croire, comme les philosophes ses contemporains et ses juges, que *penser,
c'est sentir*, il déclare que *penser est à l'âme ce qu'agir
est au corps*.

L'institution diverse des signes, leur variété, leur
portée; les effets bornés mais vifs des gestes naturels
qui s'adressent aux yeux; les impressions émouvantes
de la musique et du langage, qui s'emparent de l'âme
par l'ouïe; les influences plus vastes et plus durables
de l'écriture, qui entretient le commerce lointain et
fécond des intelligences, sont ingénieusement présentés et appréciés par M. de Gerando. Il suit les langues diverses dans leur formation, et il établit qu'elles
sont les pures représentations des idées que l'esprit a
des choses, et les méthodes dont il se sert pour en
communiquer la connaissance. Il combat avec autant
de force que de succès ce paradoxe accrédité de Condillac qui réduit *toute science à un système de signes*,
qui déclare qu'*une science bien étudiée est dans une
langue bien faite*. S'élevant contre cette manière mécanique et tout extérieure de considérer les sciences,
il dit fort justement : « La perfection de la langue
ne produit pas la perfection de la science, elle en
résulte et y ajoute le dernier trait. Elle ne fait pas

découvrir la vérité, mais elle la rend populaire. »

Les disciples de Condillac couronnèrent le mémoire de son contradicteur. On fut émerveillé en apprenant que c'était l'œuvre d'un soldat. Cet obscur soldat étant un ingénieux et savant penseur, deux membres de l'Institut, Garat et François de Neufchâteau, dont le premier siégeait dans le conseil des Cinq-Cents, et le second était ministre de l'intérieur, demandèrent son congé au ministre de la guerre, Schérer. Au commencement de l'an VII, l'armée se reposait encore dans une paix glorieuse sur la frontière de France qu'elle avait agrandie par d'éclatantes victoires, et Schérer ne crut pas lui causer un grand dommage en la privant d'un philosophe. Il accorda donc le congé du chasseur de Colmar, qui vint, d'étape en étape, recevoir le prix que lui décernait l'Institut.

M. de Gerando fut à Paris l'objet d'un extrême empressement, et, ce qui valait mieux, d'une efficace sollicitude. On l'exempta du service militaire afin qu'il pût penser tout à son aise ; mais, comme avant de penser il faut vivre, le ministre de l'intérieur le nomma bientôt secrétaire du bureau consultatif des arts et du commerce, dont le modeste traitement suffit à ses modiques besoins, et dont les attributions, alors assez bornées, ne devaient pas apporter beaucoup d'obstacle à la poursuite de ses travaux philosophiques. Ses juges

devinrent ses amis, et, après l'avoir introduit dans la
spirituelle société d'Auteuil, ils l'attachèrent comme
correspondant à l'académie qui l'avait couronné. Plusieurs compagnies savantes se l'associèrent, et, dans
la chaire du lycée où la Harpe professait la littérature,
il enseigna la philosophie morale. M. Necker et madame de Staël mirent la belle résidence de Saint-Ouen
à sa disposition, et ce fut là que son mémoire académique reçut les amples développements qui le trans-
formèrent en un grand ouvrage. Les quatre volumes
qu'il publia en 1800 sous ce titre : *des Signes et de
l'Art de penser, considérés dans leurs rapports mutuels,*
étendirent parmi les philosophes de l'Europe sa célébrité commencée auprès des philosophes de l'Institut.
Sa renommée s'accrut bientôt par le succès d'un second livre qui était en quelque sorte la suite du premier, sur la question si controversée de *l'origine des
connaissances,* mise au concours, cette fois, par la savante et circonspecte Académie de Berlin.

Dans la solution d'un problème où il fallait tenir
compte et de la raison qui connaît, et du monde qui
est connu, et des lois intérieures conformément auxquelles la connaissance s'opère au dedans, et des
moyens extérieurs à travers lesquels la connaissance
arrive du dehors, M. de Gerando n'est ni un idéaliste
pur renfermé dans l'esprit, ni un naturaliste étroit

arrêté aux sens. Il n'appartient à aucune école et se
sert de toutes.

Par le concert des sens et de la raison, M. de Gerando expose le développement des diverses idées,
depuis les notions les plus particulières jusqu'aux notions les plus universelles, depuis la perception des
faits les plus simples jusqu'à l'intelligence des lois les
plus compliquées, depuis la vue physique du monde
jusqu'à la contemplation abstraite de Dieu.

L'Académie de Berlin couronna, sur la *génération
des connaissances humaines*, le mémoire de M. de Gerando, qui, deux ans après, donnait au monde savant
la plus vaste, la plus importante, la plus connue de
ses œuvres, son *Histoire comparée des systèmes philosophiques*. Un perçant génie, qui a tout entrevu et rien
inventé, dont la prophétique imagination a annoncé
tant de choses dans les sciences sans en découvrir aucune, qui a laissé une nouvelle méthode et un nom
immortel, le chancelier Bacon, avait émis le vœu précoce qu'on retraçât l'histoire de l'intelligence et de la
connaissance humaines. Cette magnifique histoire,
qui embrasse l'homme, le monde et Dieu, se déroule
dans le cours des siècles comme un immense drame
dont les plus beaux génies sont les acteurs, dont les
systèmes divers sont les scènes variées, qui a ses péripéties dans les luttes des idées, sa gradation dans le

progrès incessant de l'intelligence, et qui ne trouvera
son dénoûment qu'avec la fin même de l'humanité.

La route qu'a parcourue l'esprit humain sous la
conduite de tant de grands hommes, et qui a, pour
ainsi parler, ses glorieuses étapes marquées par leurs
systèmes, M. de Gerando la suit à son tour en ingénieux observateur et en docte historien. Prenant la
philosophie à son berceau, il traverse les religions de
l'Orient et s'arrête en Grèce chez cet admirable peuple qui a donné au monde les principales idées, et lui
a laissé presque toutes les sciences par lesquelles il a
été instruit et civilisé pendant des siècles; qui a produit Socrate, le premier martyr de la pensée ; Platon,
le père brillant des plus hautes théories ; Aristote, le
puissant législateur de l'intelligence et l'éminent interprète de la nature. D'Athènes et d'Alexandrie, où
les Romains ont tour à tour puisé les doctrines relâ-
chées d'Épicure et les austères principes de Zénon, où
les Juifs se sont inspirés de l'idéalisme de Platon et
les Arabes se sont faits les disciples d'Aristote, il descend dans les écoles encore obscures du moyen âge,
que pénètrent quelques reflets conservés de la lumière
grecque, et, sans y séjourner longtemps, il se hâte de
parvenir au grand jour de la renaissance de l'esprit et
des splendeurs nouvelles de la pensée.

Bacon, dans lequel il salue l'auteur de la méthode

expérimentale et le promoteur des sciences ; Descartes, qu'il admire comme le libérateur de la raison et l'instituteur de la réflexion ; Leibnitz, en qui il loue ce génie conciliant occupé à introduire l'accord dans les systèmes et à mettre l'harmonie entre l'intelligence et la matière, donnent des impulsions ou fondent des théories dont il retrace la marche et les destinées. Il les suit du circonspect Gassendi au sage Locke et à l'exclusif Condillac, de l'idéaliste Malebranche au panthéiste Spinosa, du laborieux Wolf au grand rénovateur de Kœnigsberg, à Kant, dont les deux disciples originaux, Fichte et Schelling, se partageant en quelque sorte la doctrine, venaient de faire, le premier l'apothéose de la pensée, le second l'idéalisation de la nature.

Dans son livre, M. de Gerando embrasse surtout deux ordres de systèmes : l'un reposant sur l'action directe de la raison, l'autre sur l'emploi extérieur de l'observation; le premier ayant plus particulièrement en vue l'instrument, le second l'objet de la connaissance; celui-là fortifiant sans cesse l'esprit et conduisant aux lois de l'intelligence, celui-ci étendant chaque jour la science et conduisant aux lois des choses ; l'un enfin livrant à l'homme les beautés et les grandeurs du monde idéal, et l'autre lui assurant de mieux en mieux la compréhension et la jouissance du monde

matériel. Ces systèmes qui se partagent les esprits et
les temps, qui regardent les deux diverses faces de la
création divine et répondent aux divers besoins de la
nature humaine, M. de Gerando les a étudiés sous un
point de vue considérable il est vrai, mais ne pouvant
suffire à les expliquer tous, et surtout à les expliquer
tout entiers. Le principe des connaissances est à ses
yeux la question fondamentale dont la solution entraîne
dans chaque système toute une série de conséquences
nécessaires, et par suite détermine son caractère et
sa destinée. Aussi est-ce sur cette question unique
qu'il interroge les diverses doctrines philosophiques,
et, selon leur réponse, qu'il les classe et qu'il les juge.

Dans leur appréciation, qu'il s'attache à rendre
exacte et qu'il voudrait rendre tout à fait impartiale,
il signale le vice et l'insuffisance de chacun d'eux.
Mais, s'il voit les défauts des systèmes, M. de Gerando
en expose aussi les mérites, et, à côté de ce qui en a
été légitimement repoussé, il montre ce qui en a été
utilement retenu. De leur examen comparé, il arrive
à cette conclusion que l'erreur n'est jamais absolue,
qu'elle n'est qu'une vue imparfaite et exclusive des
choses. Leur empruntant donc ce qu'il y trouve de
vrai et de bon, il aspire à la conciliation des systèmes,
et il offre comme un traité de paix à tous les amis de
la vérité, à quelque opinion qu'ils appartiennent, et

de si loin qu'ils viennent. Ce qu'il veut surtout, c'est
unir ensemble les intérêts de la morale et ceux de la
raison, dont l'étroite association est à ses yeux le véritable but de la philosophie.

Cette histoire, publiée en 1804 et à laquelle ont
succédé depuis des histoires plus précises et plus approfondies, eut alors un grand succès. Les maîtres de
la science applaudirent à l'idée originale d'un ouvrage
qui était en quelque sorte l'anatomie comparée des
systèmes philosophiques, et où se déployait un savoir
non moins vaste que lumineux. Les trois livres considérables qu'il avait déjà composés à l'âge de trente-
deux ans recommandaient en M. de Gerando l'historien tout autant que le penseur. Aussi la classe des
sciences morales et politiques, dont il était correspondant, ayant été supprimée en 1803, il fut admis,
en 1805, dans la classe des inscriptions et belles-
lettres.

En ce moment, M. de Gerando était attaché à l'administration supérieure de l'État. Depuis un an il était
secrétaire général du ministère de l'intérieur, confié
en 1804 à M. de Champagny, dont M. de Gerando
était l'ami, et devint en quelque sorte le second.

Sous le régime impérial, où les assemblées n'é-
taient plus rien, l'administration au fond était tout.
Administrer, c'était pourvoir aux divers besoins pu-

blics, en appliquant avec mesure et célérité à tout ce
qu'exigeait le bon ordre de l'État, et à tout ce que réclamait le juste intérêt des particuliers, les règles que
l'homogénéité du pays venait de rendre si uniformes
et le progrès des idées si équitables. Avec une méthode qu'il porta des études philosophiques dans les
matières administratives, et une sagesse qui lui inspi-
rait la bienveillance dans la justice, M. de Gerando,
dressant des projets, rédigeant des rapports, instrui-
sant les affaires à fond, les décidant bien, les expédiant
vite, évitant de son mieux l'arbitraire, tempérant autant qu'il était en lui l'autorité, sut tout à la fois bien
mériter de l'État et des particuliers [1]. Il passait ses
jours et quelquefois ses nuits au travail, et l'on assure
que, par un rare effort d'attention multiple et d'esprit partagé, il dictait à trois secrétaires à la fois,
pendant qu'il écrivait lui-même, embrassant ainsi
quatre objets divers, qu'il traitait sans embarras et
suivait sans confusion.

Le gouvernement qui parlait, comme il agissait,
tout seul, avait introduit l'usage de publier tous les

---

[1] C'est à M. de Gerando qu'est due la création de la première
caisse de retraites au profit des vieux employés de l'administration. Il proposa et fit accepter cette prévoyante mesure, qui s'est
successivement étendue depuis, du ministère de l'intérieur à tous
les autres services de l'État.

ans un tableau général de la situation de l'empire.
Entendu par le conseil d'État, lu au Corps législatif,
inséré dans le *Moniteur*, cet exposé était une sorte de
compte annuel rendu à la France. Depuis l'année 1805
jusqu'à l'année 1808, les tableaux de l'empire furent
de plus en plus brillants, après tant d'utiles restaurations de la société et de signalés triomphes de la guerre;
à la suite des prospérités intérieures renaissantes, aux
lendemains d'Austerlitz, d'Iéna et de Friedland ; entre
la promulgation du Code civil et le traité de Tilsitt.
Tout y était le bien-être, la puissance, la grandeur, la
gloire; il n'y manquait que la liberté, qui seule, par
les généreux principes et les magnifiques élans de la
révolution, avait enfanté tout le reste, et qui seule
aussi, par l'intervention régulière du pays et sa contradiction opportune, aurait pu le rendre durable.

L'un de ces derniers tableaux fut tracé par M. de
Gerando, que M. de Champagny conduisit avec lui,
lorsqu'il alla le soumettre à l'approbation de l'empereur en conseil d'État. Napoléon questionna longtemps et vivement le jeune secrétaire général sur les
diverses parties de l'administration publique. Il in-
terrogeait comme il commandait, et voulait dans la
réponse la même rapidité que dans l'obéissance. Une
méthode aussi impérieuse était fort capable de faire
perdre la mémoire avec la présence d'esprit. M. de

Gerando ne se troubla cependant point sous le feu de ce pénétrant regard et le saisissement de cette puissante parole : et, ce qui étonnera peut-être un peu de sa part, à toutes les demandes il fit des réponses promptes, courtes, sûres, catégoriques. L'empereur, lui montrant alors un siége à côté du secrétaire d'État : « C'est bien, monsieur, lui dit-il; asseyez-vous. » Peu de temps après, il lui envoya le brevet de maître des requêtes; et l'introduisit dans le conseil d'État, où, durant un tiers de siècle, M. de Gerando devait porter son savoir et son habileté, et d'où il ne devait plus sortir qu'à la mort.

Après avoir concouru au développement de l'administration française, M. de Gerando fut employé à l'organisation des pays annexés à la France. Déjà, lorsqu'en 1805 les républiques cisalpine et ligurienne avaient été transformées, l'une en royaume d'Italie, l'autre en province de l'empire, il avait rédigé à Milan le statut organique destiné à régir la haute Italie, et, avec M. de Champagny, il avait porté à Gênes nos nouvelles institutions civiles.

Les réunions territoriales ne s'étaient point arrêtées. Étendant nos frontières avec nos victoires ou notre puissance, sans trop d'égard à la géographie, ni même à la politique, nous faisions de l'Arno, du Tibre, de la Sègre et du Weser des fleuves français. Il fallait constituer selon la loi de la France les pays qu'on ajoutait à son territoire. M. de Gerando, dont la capacité avait été déjà éprouvée comme secrétaire général, reçut, comme maître des requêtes, la mission de porter dans plusieurs d'entre eux le mécanisme supérieur de notre administration et les avantages de notre ordre civil. Quand l'Étrurie fut incorporée à l'empire, il fut nommé membre de la junte d'organisation de Toscane, et de Florence il fut bientôt envoyé à Rome. Par un décret daté de Schœnbrunn, Napoléon avait supprimé, en 1809, la puissance temporelle du pape et réuni à l'empire les États du saint-siége ; le doux et vénérable Pie VII avait été enlevé du palais pontifical par un colonel de gendarmerie, et transporté à Savone. A l'œuvre violente du conquérant succéda l'œuvre pacifique du réformateur civil. Napoléon en confia l'accomplissement à une consulte extraordinaire de cinq membres, dont fit partie M. de Gerando. M. de Gerando aurait voulu refuser, mais il fallut obéir. Si l'on désapprouvait quelquefois, alors, on ne résistait jamais. Investie des pouvoirs les plus étendus, la consulte détermina les circonscriptions administratives, institua les magistratures civiles, nomma les agents des autorités diverses, pour la commodité et l'instruction desquels M. de Gerando dressa un recueil méthodique de nos décrets et de nos lois.

Tout en introduisant parmi les Romains les institu
tions dues au génie purement humain d'un siècle
philosophique, il fit maintenir sans leurs abus les
institutions fondées par le génie religieux des temps
catholiques. Il modéra la sécularisation des couvents,
et fut le généreux appui des religieux consacrés à
l'enseignement du peuple et au soulagement des
malades. Sa délicate assistance monta même bien
haut.

Il y avait alors à Rome un prince d'antique et bel-
liqueuse race, que le sort des armes et le souffle des
révolutions avaient chassé de ses États. Charles-Em-
manuel IV, ce beau-frère infortuné du plus infortuné
Louis XVI, lui qui, prophétisant la prochaine destinée
de tant de rois et la sienne, avait dit en 1789 : « *Que
ceux qui en ont envie se hâtent de régner,* » après avoir
perdu le Piémont par l'invasion et la Sardaigne par
l'abdication, s'était retiré dans la ville des grandes
ruines et des suprêmes consolations, où tant de domi-
nateurs ont fini, et où tant de rois étaient venus prier.
Il y priait à son tour, partageant avec les pauvres le
peu qui lui restait. Tout était épuisé, et il avait vendu
jusqu'aux galons d'or de sa livrée, lorsque M. de Gerando fut instruit de cette grande détresse. Il accourut
aussitôt auprès du monarque que la fortune avait renversé du trône, que la bienfaisance avait jeté dans la

pauvreté, et, devançant les nobles générosités de la
France, il lui fit accepter son offrande avec un respect
qui le toucha, une délicatesse qui ne permettait pas le
refus.

Mais ce fut surtout aux nouvelles nécessités de Rome
que pourvut M. de Gerando. Il avait dans ses attributions l'instruction publique, les établissements d'utilité, les monuments des arts, les travaux des ponts et
chaussées, et il accomplit beaucoup de bien en peu de
temps. Les sœurs de charité appelées de France pour
soigner des hospices, auxquels furent attachées des
commissions administratives ; des bureaux de secours
distribués par quartier ; des encouragements pécu-
niaires accordés à l'agriculture en souffrance ; des
tentatives faites pour tirer l'industrie de son néant et
la justice criminelle de sa confusion, attestèrent les
vues utiles et les nobles efforts de M. de Gerando.

Il est une œuvre à laquelle il aurait aussi voulu attacher son nom. La campagne de Rome, que les siècles et les peuples avaient désolée, traversée par des
restes de voie romaine, surmontée d'aqueducs en
ruine, entrecoupée d'eaux stagnantes descendues des
montagnes, semée de hautes herbes et vide d'habitants, était tout à la fois imposante et dangereuse, offrait dans sa morne solitude une incomparable grandeur, et répandait la mort jusque dans Rome par ses

meurtrières exhalaisons. M. de Gerando entreprit de
la rendre salubre et féconde. Entouré d'habiles ingé-
nieurs, il s'établit au milieu des marais pontins. Sur
les lieux mêmes, il détermina les atterrissements qui
devaient en exhausser et en raffermir le sol tourbeux;
il traça les canaux à travers lesquels devaient s'écouler
les eaux jusque-là sans issue.

Si le temps et la domination française manquèrent
à la poursuite de cette œuvre difficile, M. de Gerando
concourut à d'autres travaux avantageux aux intérêts
ou précieux pour les arts. Les routes étaient dégradées
et infestées de bandits; il pourvut à leur réparation
et à leur sûreté. Les monuments de la ville éternelle
tombaient de plus en plus en ruine; il demanda et il
obtint les moyens de les entretenir et de les conserver.
Il commença la restauration de la voie Appienne, projeta de perfectionner la navigation du Tibre, déblaya
le Colisée, dont l'arène avait été arrosée du sang des
martyrs, provoqua des fouilles actives sur la colline
que surmontait l'ancien Capitole. C'est là qu'admis dans
la fameuse Académie des Arcades, le 16 août 1810,
fête anniversaire du nouveau César dans la capitale
des anciens empereurs, M. de Gerando, se servant de
la langue qu'au même lieu Pétrarque avait fait entendre plus de quatre siècles auparavant, prononça un
discours où, mêlant les leçons éternelles aux louanges

obligées, il recommandait la gloire au nom de la vertu.

Après avoir évoqué les grands souvenirs de Rome et du Capitole, exprimé l'émotion dont ils saisissent l'âme, rappelé les prodigieuses révolutions qu'attestent les monuments de tant d'âges différents réunis dans un étroit espace, il s'écrie : « Dans la mobilité « des vicissitudes humaines, il n'y a qu'une chose de « réelle, de durable, de perpétuelle, à savoir ce qui « est vraiment grand et beau. La gloire elle-même « n'en est que le reflet, et c'est pour cela qu'elle do- « mine les siècles. Les cités tombent, les empires dis- « paraissent, les monuments s'effacent, mais tout ce « qui se recommande à la mémoire et à la reconnais- « sance des générations humaines subsiste : les nobles « actions et les grandes œuvres, inséparables les unes « des autres. »

Aimé des Italiens comme un compatriote, M. de Gerando fut considéré par eux comme un bienfaiteur. Son nom n'était prononcé qu'avec un affectueux respect dans Turin, qui l'avait nommé membre de son Académie; dans Florence, où, à côté des réformes criminelles inspirées par le dernier siècle, il avait introduit les perfectionnements civils opérés par le nouveau ; dans Pérouse, dont la reconnaissance pour la fondation de son université lui avait offert un tableau du Pérugin, qui est aujourd'hui l'un des ornements du Louvre ; dans Rome, où il avait fait si souvent le bien avec l'art heureux d'y adoucir quelquefois le mal. A son départ, d'unanimes regrets le suivirent en France.

Arrivé à Paris, il fut mandé aux Tuileries. Napoléon l'interrogea sur la situation des États romains. M. de Gerando ne cacha point les fautes commises dans les affaires de Rome. Napoléon rompit brusquement l'entretien et s'éloigna. M. de Gerando, rentré chez lui, s'attendait à une disgrâce, lorsque, dans la nuit, un message inattendu vint apporter au maître des requêtes sa nomination de conseiller d'État. C'était la récompense de son habile conduite à Rome, à laquelle n'avait pas nui sa courageuse véracité à Paris.

Chargé d'une dernière et difficile mission, M. de Gerando fut envoyé au delà des Pyrénées pour y administrer, comme intendant, les deux départements nouveaux de la Sègre et du Ter. Malgré les succès qu'obtenaient partout sa douceur adroite et son équité vigilante, il ne resta pas longtemps dans cette Catalogne soulevée, où l'administration devint bientôt impossible, et où l'action même des armes finit par être impuissante. Il revint à Paris, et il y assista à la chute de l'empire, à la restauration des Bourbons.

L'ancien volontaire de Lyon fut maintenu dans le conseil d'État. Il y siégeait au retour de l'île d'Elbe, et

il y resta. M. de Gerando avait sans doute des préférences en fait de gouvernement, mais il n'avait pas
d'exclusion, et il aimait à tel point le bien public, qu'il
consentait à y prendre part sous tous les régimes. Il
accepta donc pendant les Cent-Jours les pouvoirs de
commissaire impérial dans les départements de l'Est,
pour y organiser la défense du territoire.

Les Bourbons, remontés une seconde fois sur le
trône, rayèrent cette fois son nom du conseil d'État.
Mais ce ne fut pas pour longtemps. En 1815 même,
un puissant ami de M. de Gerando, le duc Mathieu de
Montmorency, obtint sa réintégration dans ce corps,
qui, sous le régime de la charte, cessa d'être un conseil de gouvernement, la politique étant désormais
concentrée dans le conseil responsable des ministres,
et la discussion définitive des lois portées dans la libre
enceinte des chambres. Mais le conseil d'État fut le
grand régulateur de l'ordre administratif, de même
que la cour de cassation était l'interprète supérieure
de l'ordre civil. Soit comme simple membre de ce
conseil, soit plus tard comme vice-président d'un comité, et de concert avec des hommes dont les services
ainsi que les noms sont restés célèbres, M. de Gerando
y porta de hautes lumières et une expérience consom-
mée. L'un des arbitres du droit administratif au conseil d'État, il fut de plus son premier et philosophique

interprète dans une chaire publique. En 1818, il l'enseigna en le coordonnant avec le droit constitutionnel ; en 1827, il le renferma dans des *Institutes* [1] qui furent l'exposé de ses principes et le code de ses règles.

M. de Gerando avait le goût du bien ; on peut même dire qu'il en avait la vocation. Il était possédé de cet amour généreux de l'humanité dont la charité est la conséquence, et la bienfaisance l'application, sentiment en lui si ancien et si persévérant, qu'il respirait dans ses regards, se traduisait dans ses paroles, se manifestait dans ses gestes, et avait pris la forme presque invariable d'une habitude. Sa philanthropie s'exerça de bonne heure et de bien des façons. Sachant qu'instruire les hommes c'était les améliorer, il fut l'un des plus zélés promoteurs de l'enseignement parmi les classes laborieuses. Dès 1802, il avait créé avec Montgolfier, Camille Jordan, Scipion Périer, Lasteyrie, Benjamin Delessert, Mathieu de Montmorency, la Société d'encouragement qui pourvoyait à l'éducation industrielle du peuple ; en 1815, il contribua à fonder la Société pour l'instruction élémentaire qui veillait à son éducation morale. Il travailla avec ardeur

---

[1] Indépendamment des *Institutes de droit administratif français* en 4 volumes, M. de Gerando a fait, à la Faculté de droit de Paris, un *Cours de droit public positif et administratif*, dont le plan général a seul été publié en 1819.

à propager l'enseignement mutuel. Étendant sa sollicitude de ceux qui devaient recevoir l'instruction à ceux qui devaient la donner, durant plusieurs années, il fit aux instituteurs primaires, dans l'école établie sous la restauration par le comte de Chabrol, un *cours normal*[1] devenu plus tard un excellent livre, propre à diriger les jeunes maîtres de l'enfance dans leur délicate mission, et à les transformer en bienfaiteurs intellectuels et en guides moraux du peuple. Philosophique continuateur de l'inventif abbé de l'Épée et du savant abbé Sicard, M. de Gerando concourut par son utile ouvrage sur l'*éducation des sourds-muets de naissance*[2] au perfectionnement de l'art heureux qui faisait rentrer dans la société, dont les avait exclus la nature, ces infortunés auxquels Aristote avait refusé l'accès des connaissances humaines, saint Augustin celui de la foi, et que la sollicitude ingénieuse du dix-huitième siècle avait rendus par les lumières de l'intelligence aux prérogatives de l'humanité.

La multiplicité des travaux de M. de Gerando me réduit presque à les énumérer, mais il faut que je m'arrête un moment sur le beau livre du *Perfectionnement*

---

[1] *Cours normal des instituteurs primaires, ou Directions relatives à l'éducation physique, morale et intellectuelle dans les écoles primaires*, 1 vol., 1832.

[2] 2 volumes, 1827.

moral[1] qu'il avait destiné à l'instruction de tout le monde. Dans cet ouvrage, où la pensée haute et pure ennoblit le style, et lui communique quelque chose de sa sérénité et de son élévation, M. de Gerando considère la vie humaine comme une éducation perpétuelle dont le perfectionnement est le but.

Le progrès continu, indéfini, qui est la loi de l'homme sur la terre, et qui au delà de la terre devient encore pour lui la garantie de ses destinées immortelles, M. de Gerando, en philosophe, le tire de sa nature ; en moraliste, l'applique à sa conduite. Les sensations, les affections, les idées, les devoirs, les sentiments religieux, sont les mobiles qui déterminent nos actions. A des degrés divers, et en des temps successifs, ils concourent tous à nous faire remplir notre destination ; les mobiles supérieurs épurent et transforment les mobiles inférieurs, sans avoir le droit de les détruire, et, en parcourant l'échelle graduée du perfectionnement, on voit les fins partielles et discordantes se soumettre à des fins plus générales, plus élevées, et se réconcilier sous la grande unité qui préside au système entier des existences. Si les sens nous renferment en nous-mêmes dans une vie froide et stérile, par les affections nous nous répandons hors de nous, nous em-

---

[1] *Du perfectionnement moral, ou de l'éducation de soi-même,* 2 vol., 1824.

brassons d'autres existences pour lesquelles nous som-
mesheureux de nous dévouer; les idées nous découvrent
le vrai et le beau que nous nous plaisons à suivre et à
imiter; le devoir nous révèle le bien que nous sommes
tenus d'accomplir; enfin le sentiment d'un juste accord entre la vertu et le bonheur, joint à la nécessité
d'une sanction que trop souvent la terre lui refuse, et
que, dans tous les cas, elle est insuffisante à lui donner, nous élève à la connaissance de l'Être des êtres
conçu comme loi et substance du bien, comme le législateur moral de l'univers et le juge équitable de
l'humanité.

Ce perfectionnement dont il donna la théorie, M. de
Gerando s'en imposa la pratique. Il visa sans cesse à
devenir meilleur en soi et plus utile aux autres. Membre de toutes les associations dans lesquelles il pouvait
servir ses semblables, depuis la société des établissements charitables jusqu'au bureau de bienfaisance,
depuis le conseil supérieur de santé jusqu'à la société
philanthropique, non-seulement il coopéra à tout le
bien qui s'y faisait, mais il y ajouta encore. Il fut, à
Paris, l'un des fondateurs de la première caisse d'é-
pargne, et le promoteur de la première salle d'asile.
Les établissements destinés à secourir les femmes dans
la crise douloureuse de l'enfantement, et à recueillir les
pauvres créatures abandonnées dès leur naissance, lui

durent d'importantes améliorations ; et, dans une pensée aussi morale que compatissante, il ouvrit aux jeunes filles séduites sans être encore corrompues un lieu de refuge et de repentir, où on les arrachait au désordre, on les accoutumait au travail, et on les réconciliait avec leurs familles, après les avoir remises dans les voies de l'honnêteté.

M. de Gerando, dont cet asile a reçu et conserve le nom [1], étendait sa sollicitude sur tout ce qui souffrait. Il allait visiter lui-même les pauvres dans leurs réduits, et chaque semaine il leur donnait un jour. Ce jour-là, les pauvres remplissaient sa maison et sa rue, et il leur distribuait avec le pain qui soutient le corps les bonnes paroles qui relèvent l'âme. Ce qu'il faisait, il l'enseigna dans *le Visiteur du pauvre* et dans le livre de *la Bienfaisance publique*. Ces deux ouvrages, qui embrassent toute cette importante matière, dont le premier n'a qu'un volume et parut en 1820, dont le second en a quatre, et devint, sur la fin de ses jours [2], comme la couronne de sa vie, se suivent et se complètent. L'un est plus particulièrement le modèle de la charité privée ; l'autre contient tous les exemples et offre toutes les règles de la bienfaisance publique.

[1] Une ordonnance royale du 2 août 1843 a consacré, comme d'utilité publique, cet établissement sous le titre d'*Asile Ouvroir de Gerando*.

[2] En 1839.

Guide des heureux dans le bien qu'ils doivent faire à ceux qui ne le sont pas, *le Visiteur du pauvre* leur apprend non-seulement à secourir la pauvreté dans sa détresse, mais à la relever de ses abaissements, leur donne les plus salutaires et les plus touchantes instructions pour apprécier l'étendue, la nature, la durée de ses besoins, joindre aux bienfaits de l'assistance les encouragements des bons conseils, fortifier les libéralités par les consolations, instruire en même temps que soulager, exercer, en un mot, cette tutelle de l'opulence envers la misère qui doit améliorer tout à la fois le riche par la générosité, le pauvre par la reconnaissance.

Mais, si ardente que soit la charité privée, devant les ravages étendus et profonds de la misère, elle est réduite à confesser son insuffisance. C'est alors que commencent les devoirs de la société. Instituée pour le plus grand avantage de tous ses membres, gardienne d'ailleurs de la sécurité publique, et à ce titre chargée de sa propre conservation, la société, prenant conseil de son intérêt, et obéissant aux prescriptions de la morale qui impose à la force l'obligation de protéger la faiblesse, établit un vaste patronage public servant de centre et d'appui au patronage individuel, sans avoir jamais ni la puissance ni le droit de s'y substituer. La société générale qui, dans ses moyens variés, agit avec un vaste ensemble; les établissements particuliers, qui, sous la protection et la surveillance de l'État, emploient avec un discernement spécial les ressources dont ils disposent, doivent combiner leurs efforts au profit des classes indigentes.

Telle est la doctrine exposée par M. de Gerando dans cet immense et généreux travail, où se trouvent les belles annales de la charité dans tous les temps et chez tous les peuples; se lisent les noms, s'admirent les dévouements des hommes qui se sont rendus les bienfaiteurs de leurs semblables malheureux; s'apprennent les méthodes les plus propres à diminuer la souffrance sur la terre, et se respirent les sentiments les plus capables d'y répandre le bien. Comme histoire des bonnes œuvres humaines, ce livre touche l'âme, et il la dirige vers des œuvres encore meilleures, comme législation supérieure de la bienfaisance publique.

Celui qu'occupait sans cesse le bonheur d'autrui méritait d'être heureux lui-même. Entouré de l'estime publique; honoré dans l'État, où, sous la royauté constitutionnelle, lui avait été conférée la haute dignité de la pairie; recherché par les plus célèbres sociétés de l'Europe; rentré, en 1832, dans l'Académie des sciences morales et politiques, que fit si libéralement rétablir alors l'éminent historien qui la préside aujourd'hui, M. de Gerando recueillait le prix de ses longs

travaux, jouissait du doux éclat de sa pure renommée. Il ne s'était pas réduit aux paisibles satisfactions
d'une bienveillance universelle. Il avait goûté les douceurs des plus tendres amitiés et les joies les plus déli-
cieuses de la famille. Aux deux fils qui ont été le bonheur et la consolation de ses vieux jours, il avait associé, par une adoption généreuse, sept enfants de la sœur
de sa femme restés orphelins, et cinq enfants que son
propre frère lui avait légués à sa mort.

Ce qui donne les félicités de la vie expose aussi à ses
douleurs. M. de Gerando fut frappé dans ses plus chères
affections. Il perdit de bonne heure l'ami auquel une
tendresse et une confiance également inaltérables
l'avaient uni dès sa jeunesse, Camille Jordan, qui succomba au printemps de 1821, dans tout l'éclat de son
talent et au milieu des regrets publics. La longue tristesse qui suivit cette mortelle séparation ne s'était pas
adoucie lorsque M. de Gerando ressentit le plus cruel
des déchirements. La compagne de sa vie, la femme
spirituelle et forte qui s'était associée à ses plus nobles
pensées, à ses plus beaux sentiments, à ses meilleures
actions, lui fut enlevée. Sa mort le jeta dans la plus
profonde affliction et les plus arides langueurs. La
santé de M. de Gerando s'altéra ; un moment même il
perdit le goût du travail et jusqu'au désir du bien.
Lorsqu'il sortit de cet abattement, il écrivit sur le jour-

nal de sa vie : « Désormais il n'y a plus pour moi de plaisirs, mais il reste encore des devoirs. »

Ces devoirs, il les remplit avec un zèle persévérant. Il fit alors quelques-uns de ses livres les plus utiles. Jusqu'à l'âge de soixante et dix ans, il perfectionna les anciens, et il en composa de nouveaux [1]. Accomplissant toutes ses obligations, il se montrait également assidu au conseil d'État, à la chambre des pairs, à l'Institut, à la Faculté de droit, aux réunions des sociétés charitables, aux visites des hospices et dans les réduits des pauvres. Mais ses forces en déclin commençaient à trahir son incessante activité. Une maladie de cœur, profonde et alarmante, le faisait tomber dans de douloureux affaissements, qui auraient été insurmontables pour un autre. Lorsqu'on lui conseillait de se reposer, il disait comme le grand Arnauld : « Je me reposerai dans l'éternité. » Il touchait du reste au moment de l'inévitable repos. Sa nature était épuisée, la flamme qui anime la vie étant aussi celle qui la consume. A la suite des plus pénibles accablements et des plus fatigantes angoisses, il alla prendre, vers l'automne de 1842, les eaux de Néris. A son retour, il n'était pas mieux, et sa fin lui était annoncée par de

---

[1] Indépendamment des nombreux ouvrages qu'a publiés M. de Gerando, il en a laissé beaucoup d'inédits, entre autres un *Traité des méthodes*, et un *Cours de philosophie morale*.

cruelles souffrances, qui n'avaient pas le pouvoir d'altérer sa sérénité. Il trouvait que la maladie était un
bien, puisqu'elle était une occasion de patience, un
moyen de recueillement, et qu'elle servait à l'homme
à se rapprocher encore davantage de Dieu. « Au sein
du nuage épais et sombre qui enveloppe la fin de ma
carrière terrestre, écrivait-il, un rayon de lumière
m'apparaît cependant, pénètre, réjouit, fortifie mon
âme... Il dirige ma pensée vers Dieu, dont j'accepte la
volonté avec une soumission et une confiance filiales.
Quoi qu'elle ordonne de moi, ce sera bien, je suis dans
l'ordre. Le 9 novembre, il avait encore noté sur son
journal les occupations de la veille. Le 10 au matin,
après une nuit des plus douloureuses, il se leva ainsi
qu'à l'ordinaire. Méditant encore le bien qu'il avait le
projet de faire, et qu'il ne devait plus avoir le temps
d'accomplir, il inscrivit sur son registre une résolution charitable. Puis, fatigué et comme épuisé, il s'assit sur un grand fauteuil au coin de sa cheminée. La
pieuse orpheline [1] qu'il avait adoptée avec la tendresse
d'un père, et qui est devenue la digne compagne de son

---

[1] Mademoiselle Octavie Morel, nièce de M. de Gerando. Elle a
fait de lui en 1845 un éloge touchant que l'Académie de Lyon a
couronné en même temps que l'éloge remarquable composé par
M. Bayle-Mouillard, ami de M. de Gerando et l'un de ses exécu-
teurs testamentaires.

fils aîné, le laissa un moment seul. Lorsqu'elle retourna auprès de lui, il n'était déjà plus. Depuis quelques instants, il avait cessé de penser, de souffrir et de vivre.

Ainsi s'éteignit, à l'âge de soixante et dix ans, l'homme éclairé et excellent qui avait pris pour devise : *Chercher le vrai, faire le bien*, et qui n'avait pas cessé d'y être fidèle. M. de Gerando a eu le rare privilége de trouver les buts de sa vie dans les inclinations de son cœur, et il a mis ses félicités dans ses devoirs. Il s'est constamment montré l'ami des idées salutaires, et le soutien des créatures souffrantes. Philosophe, il a défendu l'activité de l'âme spirituelle, tandis que régnait en souveraine sur les intelligences la froide doctrine de la sensation ; historien des systèmes, il a renouvelé les grands aspects intellectuels en exposant le passé glorieux et fécond de l'esprit humain à un siècle que l'entraînement de ses pensées laissait trop ignorant de celles des autres ; publiciste, après avoir concouru à l'administration du plus vaste et, sous ce rapport, du mieux organisé des États, il a fait, des lois encore un peu confuses ou tout au moins fort éparses de cette administration, une science régulière ; philanthrope, après avoir répandu l'instruction sous toutes les formes, appliqué la charité à toutes les misères, il a dressé le code méthodique de la bienfaisance, afin d'apprendre aux autres ce qu'il faisait si parfaitement lui-même. Il a publié ainsi des règles pour bien penser et donné des directions pour bien agir. Plus de vingt-cinq volumes d'idées judicieuses ou utiles, auxquelles il ne manque que d'être resserrées pour être irréprochables ; plus de cinquante ans consacrés à l'exercice non interrompu du bien, recommandent à jamais M. de Gerando comme un infatigable et digne serviteur de l'esprit et de l'humanité.

LAROMIGUIÈRE

NOTICE

LUE A LA SÉANCE PUBLIQUE ANNUELLE DU 3 JANVIER 1856

Messieurs,

Il y a dix-huit années que vous avez perdu le philosophe éminent et modeste dont je viens aujourd'hui prononcer au milieu de vous l'éloge un peu tardif. Cet éloge de l'un des penseurs les plus ingénieux de notre siècle, qui fut en même temps l'un de ses écrivains les plus purs et les plus accomplis, se serait déjà fait entendre sans doute dans cette enceinte, si les portes de l'Académie française s'ouvraient à d'autres qu'à ceux qui y frappent. Le rare talent de M. Laromiguière l'y appelait; mais, dans la modération un peu fière de ses goûts, il se tint toujours éloigné des distinctions des lettres, comme des fonctions de l'État. Un moment la révolution le fit membre du Tribunat; mais pendant le cours d'une longue vie il resta simplement professeur et fut toujours philosophe.

Son esprit philosophique, manifesté de bonne heure et avec éclat, l'associa deux fois aux travaux de l'Académie des sciences morales et politiques, en 1795 et en 1832. Il fut, en 1803, au nombre de ces penseurs indépendants et obstinés que, sous le nom d'*idéologues*, poursuivit de sa hautaine intolérance un gouvernement issu d'une révolution produite par des idées. Ces hommes, qui n'entendaient pas soumettre l'intelligence à la force et que les excès de la révolution n'avaient pas détournés de ses principes, attendirent sans désespérer, et dans notre pays, où, depuis bientôt trois quarts de siècle, tout arrive, mais où tout passe, qui revient de tout, mais qui revient à tout, beaucoup d'entre eux purent reparaître, après trente années, dans le sanctuaire académique d'où la condamnation des idées philosophiques les avait fait sortir et où le retour aux idées libérales les fit rentrer. L'ami de Sièyes, de Daunou, de Tracy, le réformateur de Condillac, le séduisant classificateur des facultés de notre intelligence et des puissances de notre volonté, le

démonstrateur heureux de l'activité de l'âme, le philosophe qui a porté le bon sens le plus discret dans la
théorie, le sage qui a montré la modération la plus
soutenue dans la vie, le spirituel et vénérable Laromiguière a siégé encore cinq ans au milieu de vous.

Né le 5 novembre 1756 à Lévignac-le-Haut, petite
ville de l'ancienne province du Rouergue, Pierre Laromiguière fut élevé par la congrégation des doctrinaires, chargée surtout, comme la congrégation de
l'Oratoire, de l'instruction de la jeunesse. C'étaient
deux corps enseignants d'origine tout à fait française,
fondés dans cette première moitié du dix-septième
siècle, si puissante par les idées, si glorieuse par les
armes, si abondante en politiques supérieurs et en
esprits originaux, et qui avait uni la liberté sans laquelle rien ne se découvre à la règle, sans laquelle rien
ne s'établit, l'une donnant la fécondité et l'autre assurant la durée. Animées de l'esprit qui soufflait sur
leur pays et sur leur berceau, ces congrégations alliè-
rent les lumières de la raison aux soumissions de la
foi. Descartes y pénétra de bonne heure au dix-septième
siècle, et il suscita Malebranche parmi les oratoriens;
Condillac s'y introduisit à son tour dans le dix-huitième, et il inspira, parmi les doctrinaires, Laromiguière, qui devait réformer son système.

Après avoir fait de fortes études au collége de Ville-
neuve-sur-l'Aveyron, Pierre Laromiguière entra dans
la savante congrégation qui l'avait formé. Reportant
ses souvenirs sur l'instruction qu'il avait reçue pour
la transmettre, il parlait de son noviciat avec une verve
spirituelle. « Nous étions là, disait-il, vingt-quatre jeu-
« nes gens qui, après avoir été bourrés de grec et de
« latin pendant huit ans, commencions à nous exercer
« à l'enseignement. Il fallait débuter par la plus basse
« classe, et, deux années durant, être prêt à toute
« heure à répondre à toutes les questions qu'il plaisait
« à nos supérieurs de nous adresser. Souvent, au mo-
« ment de manger la soupe, on entendait une voix grave
« qui disait : Professeur de sixième, montez en chaire
« et expliquez-nous toutes les difficultés du *que retran-*
« *ché,* exposez l'opinion de Port-Royal, expliquez la
« prosodie latine, récitez le troisième chant de l'*Énéide*
« en commençant par le soixantième vers..., puis des
« chicanes à l'infini, et des efforts de mémoire surna-
« turels. Des épreuves d'un autre genre attendaient
« deux ans après le professeur des humanités. Enfin
« c'était le tour de la philosophie. *Nego consequen-*
« *tiam; argumentum in barbara; distinguo;* et il fallait
« parler latin constamment et sans solécisme, sous
« peine d'exciter la risée des *ornatissimi auditores.*
« Après quoi on nous donnait cent écus par an, la

« jouissance d'une belle bibliothèque, et nous étions
« heureux comme des chanoines. »

Devenu bientôt maître à l'âge où d'ordinaire l'on
n'a pas cessé d'être élève, M. Laromiguière fut, de dix-
sept à vingt ans, régent de cinquième, de quatrième,
de seconde, dans les colléges de Moissac et de Lavaur,
et de troisième au grand collége de l'Esquille, dans la
ville de Toulouse. La grammaire, ce travail instincti-
vement philosophique de l'esprit humain, cette logique mystérieuse des peuples, le conduisait peu à peu
à la métaphysique, lorsque les ouvrages de Condillac
lui tombèrent entre les mains.

Les grandes aptitudes n'attendent qu'une heureuse
rencontre pour se manifester. C'est l'étincelle qui em-
brase l'esprit et y allume la flamme de la vocation.
A la lecture de Condillac, Laromiguière se sentit philosophe. Il fut séduit par l'attrayante clarté et l'enchaînement mathématique de ce limpide écrivain et de cet
inflexible dialecticien qui avait soumis l'intelligence
à l'analyse des chimistes, et cru démontrer par le pro-
cédé rigoureux des géomètres la formation des facultés
humaines qu'il faisait naître de la sensation, l'origine
de toutes les connaissances qu'il tirait des sens. Aussi
devint-il son disciple réservé, mais décidé.

En 1784, M. Laromiguière, qui (de 1777 à 1783)
avait été professeur de philosophie à Carcassonne, à

7

Tarbes et à l'École militaire de la Flèche, fit au collége
de Toulouse un cours sur l'origine si controversée
des idées. Abandonnant la théorie célèbre des idées
innées, qui rendait inhérentes à l'esprit certaines notions universelles et nécessaires, condition de toutes
les autres, il adopta la théorie récente des idées acquises, qui n'admettait dans l'esprit que des idées intro-
duites par les sens. Il ne l'adopta toutefois qu'en la
tempérant. Avec Locke qui l'avait émise et Condillac qui
l'avait outrée, il prétendait que toutes les idées sup-
posent la sensation, mais il n'avait garde de soutenir
que toutes en viennent. Toutes provenaient, selon lui,
des facultés actives de notre esprit appliquées à nos
différentes manières de sentir. Il a laissé entrevoir
dans ses *Éléments de métaphysique*, publiés en 1793,
cette opinion qu'il a exprimée dans son cours de 1811,
sur la portée restreinte de la sensibilité et l'action
féconde de l'âme, lorsque, rappelant ces fameuses
paroles de Descartes : *Donnez-moi de la matière et du
mouvement, et je ferai le monde physique ;* il regrettait
que Descartes n'eût pas ajouté : *Donnez-moi le sentiment et l'activité, et je ferai le monde intellectuel.* Il
commençait à avoir dans le dernier siècle la théorie
qui a fondé sa réputation philosophique dans celui-ci.

En ce temps d'innovation universelle, M. Laromiguière ne fut pas seulement novateur en philosophie,

il fut animé de l'esprit nouveau en politique. La révolution approchait, et ce que la froide analyse de Condillac, la libre pensée de Voltaire, l'éloquence réformatrice de Rousseau, le génie politique de Montesquieu avaient puisé, soit à l'école de l'Angleterre, soit dans l'étude de la nature et de l'histoire, M. Laromiguière le recueillit pour s'en pénétrer dans les écrits de Condillac, de Voltaire, de Rousseau, de Montesquieu. Disciple de ces maîtres puissants, il devint à son tour le maître écouté d'autres disciples, et, à la veille de 1789, il eut même un démêlé avec le parlement de Toulouse. C'était au moment où les questions financières, dans leurs rapports avec la liberté publique, préoccupaient généralement les esprits, et où l'impossibilité reconnue de réformer les abus allait faire réformer les institutions. M. Laromiguière pensait, comme Fénelon au dix-septième siècle et comme à peu près tout le monde à la fin du dix-huitième, que les subsides demandés pour l'entretien de l'État devaient être accordés par la volonté du pays. Il ne craignit pas de faire soutenir une thèse sur ce texte délicat : *Non datur jus proprietatis, quoties tributa ex arbitrio exiguntur ; le droit de propriété est violé toutes les fois que les impôts sont levés arbitrairement.* A cette théorie encore hardie qui, opposant la propriété à la royauté, contestait le pouvoir jusque-là illimité de la couronne, le parlement de Toulouse s'émut. Il frappa de ses censures et la thèse séditieuse et le téméraire professeur. Mais les temps étaient bien changés, et le parlement qui, vingt-sept années auparavant, avait condamné l'innocence de Calas ne put pas protéger alors la prérogative du roi.

Le roi lui-même donna quelque temps après raison à la thèse, et il convoqua les états généraux. M. Laromiguière, avec tous les esprits élevés et tous les cœurs généreux, embrassa non sans enthousiasme une cause inspirée par le sentiment général de la justice et du droit. Attaché à cette noble cause plus en théoricien qu'en acteur, il ne cessa jamais d'être fidèle aux principes de la révolution, parce qu'il resta toujours étranger à ses écarts. En politique, ainsi qu'en philosophie, il eut cette mesure qui annonce la force en même temps qu'elle y ajoute, et il montra cette modération qui, ne dépassant jamais le but, s'épargne le trouble des excès et l'humiliation des retours.

Lorsque l'Assemblée constituante, par le décret du 13 février 1790, eut aboli les vœux monastiques et supprimé les congrégations religieuses, M. Laromiguière quitta l'asile où il avait goûté la douce paix de la vie et les joies pures de la pensée. L'heureux chanoine, comme il s'était appelé lui-même, ne se changea point en citoyen agité, et, fidèle à sa vocation, il se

borna à ouvrir dans la ville de Toulouse un cours de
philosophie. Ce cours lui-même, il ne le continua pas
longtemps. Comment enlever les esprits aux réalités
violentes qui les troublaient, pour les transporter
dans la région abstraite des théories? Ce ne fut pas
avec beaucoup plus d'opportunité qu'il publia en
1793, sous le titre d'*Éléments de métaphysique*, le
commencement d'un ouvrage dans lequel il se proposait de répondre en dix livres à toutes les grandes
questions de la philosophie. Les deux premiers livres
seuls furent imprimés et forment un petit volume où
l'on trouve déjà les idées qui recommandent M. Laromiguière comme philosophe, et le talent qui le distingue comme écrivain. Le sentiment réfléchi y est
sévèrement séparé de la sensation passive, et l'on y
voit fortement établie l'activité de l'âme dont l'énergie
érige la sensibilité en intelligence et les besoins ou
les désirs en volontés.

Ce petit livre, dans lequel l'analyse l'emporte sur
l'observation, est un modèle de discussion et de style.
Sa simplicité élégante et sa grâce tranquille contras-
taient trop avec le langage déclamatoire et l'agitation
désordonnée du temps, pour qu'il fût beaucoup remarqué. Il le fut cependant par un homme sorti du
clergé comme M. Laromiguière, doué d'un esprit puissant comme lui, par Sieyès, dont le génie mécanique

en fait d'organisation sociale n'était pas sans analogie avec le génie un peu mécanique aussi de Laromiguière en fait de construction philosophique. Après l'avoir lu, Sieyès, de concert avec plusieurs de ses amis qui devinrent plus tard les amis de Laromiguière, aurait voulu en attirer le spirituel auteur à Paris. Mais la prudence ne permettait pas plus alors de faire une pareille invitation que de l'accepter.

Toutefois M. Laromiguière ne pouvait pas manquer de venir à Paris, et, en y venant, d'y rester. C'est en 1795 qu'il y fut appelé par Sieyès, lorsque le parti modéré domina dans la Convention et rétablit les études dans toute la France. La loi d'après laquelle fut alors restaurée l'instruction publique décréta des écoles primaires pour toutes les communes, fonda des écoles centrales dans la plupart des villes et institua à Paris une grande école normale, où des professeurs éminents devaient propager les méthodes renouvelées de l'enseignement. M. Laromiguière arriva modestement de Toulouse pour assister aux cours de cette école normale, que rendirent célèbre Lagrange, Laplace, Hauy, Daubenton, Berthollet, en y professant des sciences dont ils avaient reculé les limites ou découvert les lois; Bernardin de Saint-Pierre, Volney, la Harpe, Garat, en répandant l'éclat de leur talent sur la morale, l'histoire, la littérature, la philosophie. Il suivit les leçons brillantes de Garat. Il l'entendit traiter les problèmes favoris du dix-huitième siècle : l'analyse de l'entendement humain et l'influence des signes sur la formation des idées. Un jour Garat reçut d'un de ses auditeurs des observations critiques, dont il admira la finesse et l'expression. Le lendemain, il commença sa leçon par ces mots : « Il y a ici quelqu'un qui devrait être à ma place. »

L'auteur de ces observations, que vous avez déjà reconnu, M. Laromiguière ne prit point la place de Garat, mais il ne retourna plus à Toulouse. Il fut nommé professeur de logique aux écoles centrales de Paris. Dans ces écoles, où étaient enseignées la philosophie à côté de l'histoire naturelle, les belles-lettres à côté de la législation, les langues anciennes à côté des arts et métiers, l'économie politique à côté de l'hygiène, la grammaire générale à côté de l'histoire, il eut d'illustres collègues. Avec Fontanes, Delille, Marmontel, Ducis, Sicard, Dupont de Nemours, Gaillard, Rœderer, Cabanis, Saussure et beaucoup d'autres d'un savoir éprouvé ou d'un talent célèbre, il concourut à cette prodigue distribution de toutes les connaissances humaines. Le cours qu'il fit en l'an IV le désigna, tout autant que le livre qu'il avait publié en 1793, à une haute distinction académique.

La Convention, avant de se dissoudre, avait voulu

donner à la France sa constitution intellectuelle,
comme elle lui avait donné sa constitution politique.
Par sa loi de brumaire an IV, elle avait fondé l'Institut
national, placé au-dessus de toutes les écoles, comme
pour faire servir l'invention particulière de couronne-
ment à l'enseignement public, et chargé surtout de
l'accroissement glorieux de la science. L'Institut, que
l'élection, selon les paroles du rapporteur de la loi,
notre savant confrère M. Daunou, devait rendre *le
corps représentatif de la république des lettres*, était
divisé en trois classes, conformément à la division que
la philosophie du temps avait assignée aux travaux
de l'esprit humain : celle des sciences physiques et
mathématiques, celle des sciences morales et politiques, celle de la littérature et des beaux-arts. Dès sa
formation, il adjoignit, par ses libres suffrages, M. Laromiguière à la classe des sciences morales et politiques comme associé non résidant.

Vingt-cinq jours après son élection (le 16 avril 1796),
M. Laromiguière communiqua, sur l'*analyse des sensations* et sur la *détermination du mot « idée, »* deux
mémoires lumineux et profonds, que l'Académie a
publiés dans son ancien et savant recueil. Dans ces
mémoires, morceaux précieux que recommandent
une observation délicate et une précision sévère,
M. Laromiguière expose, avec autant de rigueur que

de netteté, des vues que nous aurons à rappeler bientôt, sur le passage des sensations aux idées, sur les facultés et les opérations de l'entendement, et sur le secours des langues, considérées comme de puissantes méthodes analytiques.

Aux yeux de M. Laromiguière, les bonnes constitutions devaient être pour les États ce que les langues bien faites sont pour les sciences, les unes pouvant mener les peuples à la félicité, comme les autres pouvant conduire les esprits à la vérité. Avec quelques amis non moins fatigués d'une tumultueuse anarchie qu'éloignés d'un arbitraire oppressif, il espéra, vers la fin du Directoire, que l'habileté de Sieyès allait instituer définitivement la république, et y ramener l'ordre tout en y maintenant la liberté. Il crut, au dix-huit brumaire, que le métaphysicien politique et le glorieux général qui s'étaient unis pour accomplir cette révolution lui prêteraient, l'un sa pensée, l'autre sa force. Mais le théoricien fut vite écarté par le général, et l'esprit constituant de Sieyès dut céder au génie impérieux de Bonaparte.

On connaît la singulière organisation que reçut alors la république. De trois consuls, le premier gouvernait tout seul et, avec la conduite de l'administration, il avait l'initiative des lois. Ces lois, projetées en conseil d'État, discutées dans le tribunat, étaient portées de-

vant le corps législatif, auquel toute délibération était
interdite, et qui, après avoir entendu les plaidoiries
contradictoires des orateurs du conseil d'État avocats
du gouvernement, et des orateurs du tribunat avocats
du peuple, donnait silencieusement ses votes. Au-dessus de ce mécanisme politique était placé, pour en remonter et pour en soutenir les ressorts, un sénat conservateur, chargé surtout de maintenir la constitution
qu'il fut plus tard particulièrement employé à détruire.

M. Laromiguière, pour la première et la dernière
fois de sa vie, prit part aux affaires publiques en entrant dans l'une de ces assemblées. Il aurait pu être
nommé sénateur; il préféra devenir tribun. Il fut élu,
des premiers, membre du tribunat, qui restait le seul
défenseur de la liberté publique en étant le dernier
organe de la contradiction légale. Ce droit de contradiction, bien que nécessaire chez un peuple qui avait
voulu être libre et dans tout État bien réglé, paraissait
alors intempestif, il était même importun. Il arrêtait
cependant fort peu le premier consul, qui, accomplissant à cette époque les plus grandes et les plus utiles
restaurations de la société civile, enchantait la France
en la dirigeant, et se préparait à la maîtriser en l'or-
ganisant. M. Laromiguière exerça ce droit avec une
discrétion judicieuse. Il ne fut point un tribun bruyant;

il fut encore moins un ambitieux empressé. Invaria-
blement attaché à des principes que sa raison avait
admis et que sa modération avait conservés, il était
plus disposé à contester la puissance d'un maître qu'à
la servir. Aussi, après trois ans, fut-il éliminé du tribunat avec tous ceux dont la présence y déplaisait au
premier consul, qui, se plaignant à l'un d'entre eux de
leur opposition, en avait reçu cette réponse spirituelle
et profonde : « *Citoyen premier consul, on ne s'appuie
bien que sur ce qui résiste.* » L'élimination était le moyen
alors employé pour se débarrasser de ceux en qui l'on
eût trouvé de trop fermes appuis.

Tout se tient. Exclue des assemblées publiques, la
liberté le fut bientôt des réunions particulières. Des
hommes d'un esprit généreux et de talents divers,
conservant encore les pensées du dix-huitième siècle et
les aspirations de 1789, croyant à la raison malgré ses
défaillances, aimant la liberté malgré ses égarements,
les uns philosophes, les autres publicistes, poëtes, critiques, savants, presque tous sénateurs opposants
et tribuns éliminés, se réunissaient dans la maison
qu'Helvétius avait occupée à Auteuil et qu'habitait alors
Cabanis. Ils y formaient cette célèbre Société d'Auteuil,
où M. Laromiguiére rencontrait Tracy, Chénier, Garat, Andrieux, Daunou, Jacquemont, Ginguené, Thu-
rot, Benjamin Constant, et où le goût des lettres, les

problèmes de la philosophie, les intérêts toujours chers mais alors fort compromis de la liberté, animaient, charmaient, attristaient les entretiens. Transportées d'Auteuil à Paris, ces réunions se tinrent plusieurs fois par semaine dans la rue du Bac, et ne tardèrent pas à exciter des ombrages qui en empêchèrent la continuation, bien que la politique qu'on y mêlait à la littérature et à la philosophie fût la politique inoffensive des stériles regrets et des lointaines espérances.

Le premier consul ne tolérait pas plus la métaphysique que l'opposition. Il se réservait de penser comme d'agir pour tout le monde. Ceux qu'il appelait dédaigneusement des idéologues étaient, à ses yeux, des contradicteurs, et il supprima la classe des sciences morales et politiques de l'Institut, où ils restaient cantonnés et dans laquelle il trouvait trop d'indépendance d'esprit. Il en dispersa les membres dans les autres classes, qui, sous des noms nouveaux, reprirent la forme et reçurent les attributions des anciennes académies. M. de Talleyrand, en vrai diplomate, se résigna à son sort et se laissa, comme il le disait spirituellement, déporter dans l'Académie des *Inscriptions*, qu'il respectait beaucoup, mais où il était véritablement étranger. M. Laromiguière, en cessant d'être associé non résidant de la classe détruite, devint aussi correspondant de cette Académie alors rétablie sous le titre de *classe d'histoire et de littérature ancienne*. Il subit ce changement sans s'y soumettre, et, bien qu'il honorât infiniment la savante compagnie à laquelle une désignation arbitraire l'avait attaché, il n'y parut jamais. De la bibliothèque du Prytanée, dont il fut et dont il resta jusqu'à la fin de sa vie le paisible conservateur, il poursuivit ses méditations philosophiques.

En 1797, M. Laromiguière avait publié, en le terminant, un livre singulier que Condillac n'avait pas eu le temps d'achever avant de mourir. Ce livre original et systématique s'appelait *la Langue des calculs*. Le puissant logicien qui avait consacré toutes les forces de son esprit à mettre le fond des choses dans leur forme et les idées dans leurs signes, comme il voyait les facultés actives de l'homme dans le choc extérieur des sensations, proposait, dans cette œuvre suprême, la langue exacte et rigoureuse de l'algèbre en modèle à toutes les autres. Pure de tout arbitraire, la langue de l'algèbre est, aux yeux de Condillac, la seule langue bien faite, la seule qui à l'aveugle et capricieuse autorité de l'usage substitue la règle sûre et fixe de l'analogie. Le raisonnement n'étant qu'un calcul, et le calcul n'étant lui-même qu'une opération mécanique, au lieu que les méthodes restent l'instrument de l'homme, nous voyons ici l'homme devenir en quelque sorte l'instrument des méthodes, car : c'est proprement la méthode qui invente, dit Condillac, comme ce sont les télescopes qui découvrent. Le progrès des sciences est pour ainsi dire rétrograde. Il consiste uniquement dans la résolution de toutes les idées dans une seule, par l'intermédiaire d'une série de substitutions qui manifestent cette idée fondamentale avec une clarté et une évidence toujours croissantes.

Cette langue des calculs « que l'Europe doit à la France et que la France doit à Condillac, » comme le dit avec enthousiasme M. Laromiguière, surprit quelque peu, et persuada médiocrement. Étonné d'un accueil qui annonçait moins de dédain que de défiance, M. Laromiguière publia, en 1805, un écrit auquel il donna le titre piquant de *Paradoxes de Condillac*. S'y montrant d'abord incertain avec adresse, il se porta habilement au secours de la doctrine compromise qu'il avait embrassée, il en anima et en colora l'exposition, on pourrait dire la défense, de toute la vie et de tout le charme de son imagination. Mais le talent de l'avocat ne suffit pas toujours au succès d'une cause, et la raison sévère résiste aux plus engageantes séductions. Si brillante que soit l'argumentation de M. Laromiguière, si pénétrantes que soient les insinuations de son adresse, l'inflexible raison lui répond : Non, ce ne sont pas les instruments de l'esprit qui découvrent la vérité, c'est l'esprit lui-même, par un élan spontané, et comme par une prise immédiate et directe. Les télescopes et les leviers, qui ajoutent à la puissance de l'œil et de la main, servent l'astronomie et la mécanique, mais ne les fondent pas. La langue ne fait pas plus la science que les mots ne créent les idées. Ce n'est pas du même au même que va l'intelligence quand elle passe du connu à l'inconnu, et c'est au delà des formules qu'elle trouve les réalités.

M. Laromiguière fut plus heureux dans la défense de la philosophie. En 1808, M. de Fontanes, chargé par l'Empereur d'organiser la nouvelle Université, en avait omis l'enseignement dans le plan d'études qu'il avait présenté au conseil de l'instruction publique. M. Laromiguière, dans une lettre admirable, le revendiquait pour le pays où l'étroite et permanente alliance de la philosophie et des lettres avait fait la force de l'esprit comme l'élévation du talent, rendu les grands écrivains de grands penseurs, et il voyait dans son abandon, avec l'affaiblissement inévitable de la pensée, la dégradation imminente du goût et la stérilité prochaine de la science. Sa réclamation aussi spirituelle qu'éloquente, adressée au nom de ce que la France avait eu de plus illustre et produit de plus glorieux, eut un plein succès, et des chaires de philosophie furent établies dans les lycées.

Peu de temps après, il fut appelé lui-même à professer, et à l'École normale et à la Faculté des lettres de
Paris, cette science dont il venait de faire triompher la
cause. Dans sa chaire publique, il porta tout à la fois
une doctrine nouvelle et un nouveau mode d'enseignement. Débarrassant la philosophie de ses obscurités et
la tirant de ses profondeurs, il lui donna, avec une solidité instructive, un rare agrément, et la rendit de
l'accès le plus attrayant comme le plus facile. La plupart de ses leçons offraient l'intérêt d'un drame. M. Laromiguière y faisait comparaître les divers systèmes à
côté du sien, et il entrait en discussion avec les plus
grands maîtres de la pensée, sans jamais manquer de
respect à leur génie, mais sans montrer de soumission
à leur autorité. Théoricien ingénieux et argumentateur
agile, chez lui l'artifice des procédés ne semblait jamais être que la marche naturelle de l'esprit. Il
conduisait ainsi les autres comme il allait lui-même,
par une voie prudente, s'avançant avec sûreté et faisant voir, dans la suite régulière des choses, leur génération nécessaire. Quel art dans cette aimable simplicité! quelle grâce dans ce ferme bon sens! quelle
charmante imagination dans ces déductions savantes!
Le travail de sa pensée ne se trahissait par aucun effort, et une habileté infinie se dérobait sous un naturel
incomparable. Aussi pénétrait-il de ses clartés, enve-

loppait-il de ses raisonnements, enchantait-il par ses
talents et gagnait-il à ses doctrines les auditeurs de
plus en plus nombreux et ravis, qui accouraient entendre tout ce qui sortait de *cette bouche d'or*, comme
l'appelait l'abbé Sicard. Le cours de M. Laromiguière
fut un événement dans le monde intellectuel et le réveil de l'esprit philosophique.

Quelle est la philosophie que M. Laromiguière exposa avec un art si accompli et un charme si soutenu?
Pour le présenter dans ce qu'il a d'original en même
temps que dans ce qui lui reste d'emprunté, car il n'est
réservé qu'à de rares génies d'ouvrir à l'esprit des
voies où personne ne les précède et où tout le monde
les suit, nous devons remonter un peu plus haut. Au
dix-septième siècle, pendant que la philosophie tout à
la fois hardie et tempérée de Descartes aboutissait après
lui à des doctrines extrêmes et que la raison et la liberté humaines allaient, sous les auspices de Malebranche et de Spinosa, se perdre et s'évanouir dans
l'abîme dévorant de l'intelligence et de la substance
divines, il s'était élevé en Angleterre une philosophie
rivale qui, se flattant d'éviter l'écueil où s'étaient brisés les continuateurs de Descartes, devait échouer sur
l'écueil opposé, poussée à son tour par cette logique
inflexible, qui ne permet pas aux principes exclusifs de
se dérober à leurs inévitables conséquences. Recon-

naissant, comme Descartes, la raison pour première
et souveraine autorité, comme lui encore c'est la conscience que Locke interroge, et c'est de son témoignage
qu'il s'appuie. Il part de l'expérience, et il reconnaît
deux sources d'idées : la sensation qui avertit l'âme de
tout ce qui se passe en elle et hors d'elle, et la réflexion qui, opérant sur les idées que lui livrent les
sens, les associe, les compare, les abstrait, les généra-
lise. Toutes les idées que la réflexion n'a pu tirer des
sens demeurent nécessairement exclues de la doctrine
de Locke, ou, si elles y entrent, c'est dénaturées et par
le bénéfice d'une inconséquence qui fait honneur au
bon sens de l'homme en compromettant le système du
philosophe.

Après Locke vient Condillac, qui, des deux sources
de connaissances que Locke avait reconnues, en sup-
prime une, la réflexion. Ramenant tout à un principe
unique, il charge la sensation de suffire à tous les actes
comme de présider à tous les progrès de l'intelligence.
Locke s'était attaché surtout à rechercher l'origine des
idées, le principe des connaissances. Condillac va plus
loin : c'est le principe des facultés elles-mêmes, c'est
l'origine des opérations de l'âme qu'il poursuit. Le
premier, il imagine de séparer les facultés des idées
qu'elles produisent. Plusieurs philosophes avaient déjà
fait sortir les idées des sensations ; lui en fait sortir

les facultés. Dans son système, la faculté de sentir renferme et enveloppe d'abord toutes les facultés qui s'en dégagent une à une, apparaissent comme autant de transformations plus ou moins variées d'une faculté primordiale et génératrice qui finit par devenir la pensée, comme en algèbre l'équation fondamentale passe par différentes transformations pour devenir l'équation finale qui résout le problème. En assimilant l'homme à une statue qu'affecte, éveille, anime une série de sensations venues du dehors, Condillac ne reconnaît pas en lui de centre interne où réside une force spirituelle capable de réagir sur les sensations. L'âme n'est donc pas nécessaire à son système. Mais si sa théorie logique la repousse, son raisonnement moral la reconnaît. Il fonde l'immatérialité de l'âme sur la liberté de l'homme qui, rendant l'éminente créature que Dieu a douée d'intelligence et de volonté capable de mérite et de démérite dans cette vie, exige pour elle la récompense du bien comme la punition du mal dans une autre existence. Le philosophe de la sensation échappait ainsi, par une conclusion inattendue, aux influences mortelles de son principe fondamental, et sa morale démentait heureusement sa métaphysique.

Destutt de Tracy et Cabanis avaient continué Condillac. L'un n'avait vu dans la pensée et la volonté qu'un

résultat de l'organisation, et avait réduit l'intelligence
à n'être, comme il le disait lui-même, qu'une *dépendance de la physique humaine;* l'autre, en étudiant l'action réciproque *du physique et du moral,* avait con-
fondu pour ainsi dire les fonctions de l'âme et du corps,
et il avait chargé le cerveau, siége de la sensibilité, *de
digérer les impressions et de sécréter la pensée.* La philosophie ne pouvait demeurer ainsi asservie à la physiologie : celle qui affranchit tout ne devait pas tarder
à s'affranchir elle-même.

M. Laromiguière fut le principal auteur de cette
émancipation intellectuelle. C'est à lui surtout qu'appartient l'honneur d'être sorti l'un des premiers de la
doctrine étroite de la sensation. Dans son système qui
embrasse les moyens et les procédés de l'entendement,
les mobiles et les actes de la volonté, la nature et la
formation des idées, il étudie, à son tour, l'homme
dont il décompose les puissantes facultés et les opérations fécondes. Ce privilégié de la création, ce dominateur des autres êtres par l'esprit, ce maître de la
nature par la science, outre les merveilleux organes
du corps qui, par toutes les portes des sens, font arriver jusqu'à lui les impressions du monde extérieur et
lui fournissent, avec les matériaux de ses connaissances, les instruments de son action, a été doué d'une
intelligence forte et d'une volonté libre. Par son intel-

ligence qui s'accroît sans cesse, il étend son savoir :
par sa volonté qui s'éclaire de plus en plus, il améliore
sa vie. Il va de la confusion à l'ordre, et de la connaissance de l'ordre à son observation. Placé par son corps
périssable dans le monde fini, il aborde par son esprit
immortel l'éternité et l'immensité. Il ne connaît pas
seulement cette terre qu'il parcourt dans son étendue,
pénètre dans ses profondeurs, dont il s'approprie et
dirige les forces, féconde les productions, qu'il couvre
de sociétés variées qui doivent perfectionner leur organisation à mesure qu'il se perfectionne lui-même dans
ses idées et dans ses sentiments; il atteint encore, par
les instruments qu'il a découverts et par les méthodes
qu'il a inventées, ces globes multipliés qui roulent
dans l'espace, il en mesure le volume, en détermine la
forme, en pèse la densité, en suit les mouvements, en
annonce les révolutions. Ce qui est hors de la portée
de ses sens n'en tombe pas moins sous l'action de son
esprit. La nature des êtres, les rapports des choses,
les lois du monde et de l'humanité, sont les aliments
perpétuels de sa pensée; il les saisit par l'intelligence,
et, là où la certitude lui manque encore, il conçoit des
hypothèses qui le conduisent plus tard à des sciences.

C'est à l'aide d'un petit nombre de facultés que
l'homme acquiert ses admirables connaissances et sa-
tisfait ses besoins variés. M. Laromiguière les réduit à

six, dont trois intellectuelles et trois morales. Il assigne leur place dans l'âme, à laquelle il restitue sa puissante activité et les attributs de son essence immaté-
rielle. L'une et l'autre avaient été méconnues par le
système de la sensation, qui faisait de l'esprit la dépendance du corps et le rendait comme l'écho servile
et sourd de la nature extérieure. Là où s'arrête le pouvoir involontaire de la sensation qui, par l'impression
des objets sur les organes, ébranle le cerveau et parvient à l'âme, M. Laromiguière fait apparaître dans
l'âme même une force qui réagit sur le cerveau et par
le cerveau sur les organes, force que la conscience nous
atteste, que l'expérience nous affirme, et qui, profondément distincte des impressions subies, se manifeste
au dehors par les merveilleux et libres effets de l'intelligence et de la volonté. Ce rétablissement de l'activité intellectuelle et de la liberté morale constitue
l'originalité de M. Laromiguière en philosophie.

Les facultés, non acquises mais innées, qui forment
l'essence de l'âme, demeurent inertes et confuses jusqu'à ce que les premières impressions reçues, les premiers sentiments éprouvés les éveillent et servent à les
distinguer en elle. L'âme, à ce moment encore passive, n'a que la capacité de sentir. Mais lorsque, déployant son énergie propre, elle opère sur les matériaux que lui fournissent les impressions extérieures

ou les sentiments intérieurs, elle devient active, et, à l'aide de ses facultés intellectuelles, elle conçoit et combine graduellement toutes les idées. Par l'attention qui concentre l'activité sur un objet unique, par la comparaison qui la partage entre divers objets, par le raisonnement qui la divise encore et qui, des rapports comparés des choses, conduit jusqu'à leurs principes pour redescendre de ces principes à leurs dernières conséquences, elle arrive à tout comprendre et à tout découvrir. Pour M. Laromiguière, ces facultés s'engendrent les unes les autres ; de l'attention, source des perceptions, naît la comparaison, source des jugements, comme de la comparaison sort le raisonnement, source des systèmes et des sciences. Par le raisonnement, instrument merveilleux de cette raison qui est le signe divin de sa nature privilégiée, l'homme perce le voile transparent de la nature, par delà les faits atteint les lois qui les gouvernent, et s'élève aux nobles connaissances qui font sa grandeur. Les sciences comme les idées, les langues comme les lois, ne sont que des suites de raisonnement. C'est en raisonnant sans cesse sur lui-même et sur le monde qui l'enveloppe que le genre humain a de plus en plus perfectionné ses rapports et amélioré sa condition; c'est en raisonnant mieux que les autres que de puissants génies l'ont doté de leurs découvertes. Le progrès du

monde est un raisonnement suivi de l'humanité par
ses plus grands hommes.

M. Laromiguière s'enthousiasme pour le raisonnement, qui est le principal ressort de son système :
« C'est, dit-il, par la faculté de raisonner que l'homme
« se sépare de tout ce qui a vie et sentiment sur la
« terre ; qu'il s'élève continuellement au-dessus de lui-
« même, et que son intelligence peut recevoir des ac-
« croissements sans fin. Qui pourrait en assigner les
« bornes? Ce que les inventions de l'optique ou de la
« mécanique ajoutent à la puissance de l'œil ou de la
« main, le raisonnement l'ajoute à la force de l'esprit.
« C'est un microscope qui nous rend l'objet que sa pe-
« titesse dérobait à nos sens ; c'est un télescope qui le
« rapproche quand il est trop éloigné ; c'est un prisme
« qui le décompose quand nous voulons le connaître
« jusque dans ses éléments ; c'est le foyer d'une puis-
« sante loupe qui resserre et condense les rayons sur
« un seul point ; c'est enfin le levier d'Archimède qui
« remue le système planétaire tout entier, quand c'est
« la main de Copernic ou de Newton qui le dirige. »

Mais il ne suffit pas à l'homme de connaître, il veut
être heureux. Une secrète inquiétude le tourmente, et
l'âme, dans le besoin qu'elle ressent, se porte, avec la
fougue aveugle du désir vers l'objet dont la possession
promet de lui rendre le calme, en la satisfaisant. Tou-

tefois il peut arriver que deux objets différents sollici-
tent à la fois son inclination : ce partage ne saurait
durer longtemps, et l'âme ne tarde pas à en choisir un
vers lequel elle se porte tout entière. La préférence
naît ainsi du désir. Cette préférence est-elle accompa-
gnée d'un regret, l'expérience nous a-t-elle inspiré le
repentir de notre choix en nous en montrant l'erreur?
Nous saurons désormais sacrifier un plaisir présent par
la crainte d'une douleur à venir, et nous priver d'un
bien que le mal doit suivre. Nous nous déterminerons
après examen, nous choisirons avec connaissance.
— Cette détermination réfléchie, ce choix délibéré,
constitue la liberté, fondement de la moralité humaine.

Ainsi, aux trois facultés de l'entendement, à l'attention, à la comparaison, au raisonnement, qui nous
conduisent à toutes nos connaissances, correspondent
le désir, la préférence et la liberté, ces trois facultés
de la volonté qui nous rendent les arbitres de notre
destinée. Ce système est si harmonieusement lié, que
les facultés intellectuelles et les facultés morales y
sont disposées dans un ordre rigoureux et avec la plus
attrayante symétrie. Outre qu'il les balance avec tant
d'habileté, M. Laromiguière les fait naître les unes des
autres par une transformation progressive qu'il expose
avec l'art le plus séduisant. A propos d'une théorie

qui montrait les germes des fleurs emboîtés les uns
dans les autres, de telle sorte que toutes les tulipes
étaient contenues dans un premier oignon, et en sor-
taient successivement par une génération qui n'était
au fond qu'un déploiement, Fontenelle disait : « Ce
« système est fort vraisemblable ; mais, de plus, il est
« joli et fait plaisir à croire. » On serait tenté d'en
dire autant de celui de M. Laromiguière.

On le serait d'autant plus qu'avec ce système, passant de la théorie des facultés à la formation des idées,
M. Laromiguière y porte le même enchaînement et la
même vraisemblance. Selon lui, l'idée n'est qu'un sentiment rendu distinct. Quand les objets extérieurs agissent sur quelques-uns de nos sens, par la sensation
qu'ils produisent l'âme est avertie à la fois de leur présence et de son existence ; elle sent qu'elle est et comment elle est. Après avoir d'abord fait spontanément
usage des organes du corps, elle s'empare de leur direction, les fixe sur des objets particuliers, et avec des
sensations distinctes elle acquiert des idées sensibles.
Toujours active, même dans le repos du corps, elle a
le sentiment de l'exercice de ses propres facultés, sentiment qui engendre un nouvel ordre d'idées, celles
des facultés de l'âme. Les différentes idées ont entre
elles des rapports de ressemblance ou de dissemblance,
et donnent ainsi naissance au sentiment et aux idées

de rapport. Enfin, quand nous apercevons ou seulement quand nous supposons dans un être, qui agit sur nous ou sur nos semblables, une intention et une volonté libres, et par conséquent une responsabilité, le sentiment moral s'éveille en nous, et avec lui les idées morales du juste et de l'honnête. Ces quatre espèces d'idées, qui naissent des quatre manières différentes de sentir, ont chacune leur nature propre, et concourent ensemble à former l'intelligence humaine dans toute son étendue et avec toute sa perfection. Absolues ou relatives, particulières ou générales, correspondant à un objet réel ou exprimant un rapport abstrait, elles sont toutes produites par l'action des trois facultés de l'entendement qui les fait jaillir du sentiment, source commune de toutes nos connaissances. Écoutez M. Laromiguière : « La nature a dit aux hommes : Je vous
« fais présent du sentiment ; cultivez ce germe pré-
« cieux ; il se développera en rameaux féconds, il pro-
« duira pour vous l'arbre de la science. Tout ce qui n'a
« pas ses racines dans le sentiment sera interdit à votre
« intelligence ; qu'il le soit à votre curiosité. Ne cher-
« chez donc pas la raison de ce qui est hors du senti-
« ment lui-même. Je me suis réservé les principes
« premiers ; c'est mon secret. Et ne vous plaignez pas
« que je me montre envers vous trop peu libérale ; les
« conquêtes du génie et les travaux des siècles n'é-

« puiseront jamais les trésors que recèle le senti-
« ment. »

Docile à cet avertissement qu'il croit recevoir de la
nature, M. Laromiguière se garde de cette curiosité
intempérante qui cherche la raison de tout et pose sans
fin des questions insolubles. Il conseille à l'homme de
se contenter de ce qu'il lui est permis d'atteindre, et
il trouve son partage assez vaste ; par l'admirable don
du raisonnement, il parvient de plus en plus de ce qu'il
sait à ce qu'il ignore. Du sentiment de sa faiblesse et
de sa dépendance, il s'élève à l'idée de la souveraine
indépendance et de la souveraine puissance ; du sentiment que produit sur lui l'ordre entier de la nature, à
l'idée d'un ordonnateur suprême ; du sentiment de ce
qu'il fait lui-même quand il dirige l'action de son esprit vers un but, à l'idée d'une intelligence infinie ;
du sentiment de la force qui se meut en lui par une
énergie propre et de l'idée de cause qu'il puise dans
cette force, à l'idée d'un premier moteur immobile et
d'une cause première qui, dans son universalité, embrasse toute la nature ; enfin, du sentiment du juste
et de l'injuste, à la notion d'un juge infaillible dont la
conception prête à la morale un appui nécessaire, en
fortifiant les décisions souvent incertaines de la conscience humaine, de l'immuable autorité de la loi divine. Ainsi, dans M. Laromiguière, la sensibilité tout

entière tend vers la Divinité, et, convertie en intelligence, s'en approche par le raisonnement, la contem-
ple dans ses œuvres, lui obéit dans ses lois, et place en
elle ses espérances immortelles.

Qui n'admirerait l'harmonieuse simplicité du système de M. Laromiguière, et ne serait séduit par son
élégante exposition? Toutefois, dans ce système, dont
le savant artifice imite de son mieux la nature, M. Laromiguière ne prend-il pas quelquefois de simples procédés de l'esprit pour des facultés fondamentales de
l'âme, et n'est-il pas trop disposé à confondre comme
ayant la même origine tout ce qui concourt à la même
action? Ne transforme-t-il pas arbitrairement les unes
dans les autres des facultés qui peuvent se mêler et
non s'engendrer? Ainsi l'on ne saurait comprendre
que l'attention multipliée devienne le raisonnement,
et il est encore plus difficile d'admettre qu'une faculté
comme la liberté puisse, même par l'intermédiaire
d'une préférence involontaire, naître du désir essen-
tiellement aveugle et passif, qui se développe fatale-
ment sous l'action d'influences extérieures et absolument indépendantes de nous. Outre la génération
contestable des facultés, M. Laromiguière n'en a-t-il
pas omis ou altéré d'essentielles? Que devient, par
exemple, dans sa théorie, le jugement primitif, ce que,
dans une autre doctrine, on appelle l'intuition immé-

diate, cette opération de l'esprit qui, par un acte sponta-
tané et indélibéré, atteint les réalités spirituelles et
matérielles, et en dehors, ainsi qu'au-dessus de toute
contestation, place ces conceptions premières, fondement et terme de la science, comme elles sont la lumière et la substance de l'intelligence?

Quoi qu'il en soit, le système dans lequel M. Laromiguière, réformant Condillac, assigne un principe
unique à l'entendement dont il décompose les ressorts
et à la volonté dont il analyse les opérations, ce sys·
tème, avec toutes les idées que son ingénieux auteur
en dérive et y rattache, enchanta tous ceux qui entendirent ses entraînantes leçons et bientôt après tous
ceux qui les lurent.

Dès 1813 M. Laromiguière discontinua son cours,
pour ne plus le reprendre. Mais, en renonçant à la parole, il poursuivit sous une autre forme son enseignement. Les leçons qu'il avait adressées à un auditoire,
il les recueillit pour les offrir au public. Son cours devint un livre, *livre consacré*, comme l'a si bien dit un
grand juge qui est lui-même un grand maître. Chef-
d'œuvre d'esprit et de langage où l'on peut apprendre
tout à la fois à bien penser et à bien écrire, ce bel ouvrage eut le succès le plus étendu. M. Laromiguière vit
s'épuiser rapidement cinq éditions qu'il en donna lui-
même, et des traductions nombreuses le portèrent

dans divers pays où dominaient d'autres systèmes et
où elles répandirent sa renommée, sans faire prévaloir
sa doctrine. Il reçut de tous côtés des expressions d'assentiment, des témoignages d'admiration. Parmi ces
derniers, il en est un que je me hasarde à citer ; il ne
vient pas d'un philosophe, mais d'un personnage chez
lequel l'esprit, dans un certain moment, toucha presque au génie, de Dumouriez, qui, trente années auparavant, avait joué un si grand rôle dans notre pays
et qui conservera une page immortelle dans notre histoire. Le général audacieux qui avait sauvé la révolution en 1792, dans les défilés de l'Argonne, et, le premier, l'avait rendue victorieuse sur les hauteurs de
Valmy et dans les plaines de Jemmapes, reconnaissait
M. Laromiguière pour son maître. Alors réfugié en
Angleterre et non loin du terme de ses jours, Dumouriez lui écrivait : « J'ai suivi avec délices votre cours
de vraie philosophie. Si j'avais eu le bonheur de rencontrer un pareil maître il y a quarante ans, je vau-
drais mieux que je ne vaux, car, en agrandissant mon
âme par le développement ordonné de ses facultés, il
aurait purifié ses sensations. Laissons les regrets inu-
tiles ! Même à quatre-vingts ans vous rajeunissez et
ennoblissez mon sentiment et vous me faites grand
bien… » Après l'avoir remercié avec effusion de l'utile
beauté de son ouvrage, il le suppliait avec instance de

le compléter en y joignant les deux cours qu'il avait
annoncés de logique et de morale, et il ajoutait : « En
attendant que vous ayez accompli ce vœu, et j'ose dire
cette injonction de votre élève octogénaire, ce beau
livre incomplet devient mon manuel. Vous devez juger
combien il m'attache à son auteur. Je ne regrette que
d'être devenu trop tard votre admirateur, votre élève
et votre ami[1]. »

M. Laromiguière ne remplit pas le vœu de son tardif et glorieux disciple, qui était aussi le vœu du public.
Qui mieux que l'auteur du discours sur le raisonnement aurait pu faire un traité régulier de logique, si,
après avoir signalé les imperfections des systèmes sortis des autres écoles, il eût évité les défauts des procédés trop mathématiques de la sienne? Qui mieux
surtout que cet homme sage et bon, si profondément
versé dans la connaissance du devoir, si exercé dans
la pratique du bien, eût donné un excellent traité de
morale? Il l'eût rendu austère et touchant, élevé et

---

[1] Nous devons à un ami de M. Laromiguière la communication
de cette lettre et d'autres documents importants. Nous lui en té-
moignons notre reconnaissance sincère, et nous regrettons qu'il
ne nous permette pas de le nommer. Cet ami est le même qui
fut chargé par l'illustre professeur de revoir la cinquième édition
des *Leçons* : M. Laromiguière lui légua en mourant le soin des
éditions suivantes, et il en a déjà publié une sixième dont M. Cousin a fait un si complet et si juste éloge dans la séance de l'Académie des Sciences morales et politiques du 27 juillet 1844.

persuasif, celui qui avait prononcé dans son cours ces
belles paroles où l'homme de bien paraît dans le philosophe, et où les plus nobles préférences de l'âme
sont comme la conséquence des plus rigoureuses ana-
lyses de la science : « Plaisirs des sens, plaisirs de
« l'esprit, plaisirs du cœur; voilà, si nous savons en
« user, les biens que la nature a répandus avec profu-
« sion sur le chemin de la vie. Et qu'on se garde de
« mettre en balance ceux qui viennent du corps et
« ceux qui naissent du fond de l'âme. Rapides et fugi-
« tifs, les plaisirs des sens ne laissent après eux que du
« vide, et tous les hommes en sont dégoûtés avec l'âge.
« Les plaisirs de l'esprit ont un attrait toujours nou-
« veau ; l'âme est toujours jeune pour les goûter, et le
« temps, loin de les affaiblir, leur donne chaque jour
« plus de vivacité. Kepler ne changerait pas ses règles
« contre la couronne des plus grands monarques. Est-
« il des jouissances au-dessus de telles jouissances ?
« — Oui, messieurs, il en est de plus grandes. Quels
« que soient les ravissements que fait éprouver la dé-
« couverte de la vérité, il se peut que Newton, rassasié
« d'années et de gloire, Newton qui avait décomposé
« la lumière et trouvé la loi de la pesanteur, se soit dit
« en jetant un regard en arrière : Vanité ! tandis que
« le souvenir d'une bonne action suffit pour embellir
« les derniers jours de la plus extrême vieillesse et nous

« accompagne jusque dans la tombe. Combien s'abu-
« sent ceux qui placent la suprême félicité dans les
« sensations! Ils peuvent connaître le plaisir, ils n'ont
« pas idée du bonheur! »

Ce qu'il disait si bien, il le faisait encore mieux.
C'est pour M. Laromiguière que semble avoir été écrit
ce vers de la Fontaine :

> Le bon cœur fut chez lui compagnon du bon sens.

Il avait cette suprême bonté dans laquelle Bossuet
reconnaît excellemment *le propre caractère de la nature
divine, et la marque de la main bienfaisante dont nous
sortons.* Il ressentait la plus aimable bienveillance pour
les jeunes gens dont il pouvait encourager les travaux,
et témoignait la plus touchante compassion aux malheureux qu'il pouvait soulager par ses libéralités.
Dans une position et avec une aisance fort modestes,
il n'allait pas seulement au secours de l'infortune, il
venait encore en aide au talent : en voici un exemple
parmi tant d'autres. Un homme de beaucoup de savoir,
mais de peu d'industrie, candide et original, ayant dépensé durant bien des années tout ce qu'il possédait à
préparer et à écrire un bon livre, et n'ayant plus rien
pour le publier, cherchait un éditeur et n'en trouvait
pas. Ce livre était l'histoire des Français des divers
états dans les cinq derniers siècles, que M. Alexis

Monteil avait retracée avec érudition, et à laquelle il
croyait avoir donné l'intérêt d'un drame. De cet ouvrage que la savante Académie des inscriptions et
belles-lettres a jugé deux fois digne d'un prix, M. Monteil attendait sa renommée et espérait peut-être sa
fortune; mais aucun libraire n'avait la même confiance que lui. Accourant auprès de M. Laromiguière,
son compatriote et son ami, il lui fit part, avec déso-
lation, de ses espérances et de sa déconvenue. « Vous
n'avez pas d'éditeur, lui dit M. Laromiguière avec simplicité, je me charge de l'être; laissez-moi votre manuscrit. » Il le fut en effet, en avançant au libraire les
frais d'impression de ce livre curieux que sa générosité donna au public le moyen de connaître, et à
M. Monteil la satisfaction de publier.

M. Laromiguière avait la délicatesse de l'âme comme
la finesse de l'esprit. Si les beaux sentiments et les
louables actions donnent le bonheur, on peut dire qu'il
fut heureux. Il eut une vieillesse douce et honorée.
L'Académie des sciences morales et politiques ayant
été rétablie en 1832, l'ancien associé de 1795 y reparut alors, comme membre titulaire, à l'âge de soixante-
seize ans. Il y était assidu sans avoir besoin de s'y
montrer laborieux. Son nom était surtout une parure
pour la compagnie.

Celui qui disait en 1805, dans un écrit auquel il

n'attachait pas son nom : « Je ne cherche pas à me ca-
cher, mais je n'aime pas à me montrer, » fuyait encore plus le bruit et l'éclat après 1830. La vie même
perdait pour lui son prix en approchant de son terme.
Peu de temps avant de mourir, il écrivait à l'un de ses
plus anciens disciples qui se plaignait à lui du déclin de l'âge : « Si votre corps commence à vieillir,
« votre esprit est toujours jeune. Pour moi, corps et
« âme, tout s'en va. Souvenez-vous qu'il y a cinquante-
« cinq ans, je faisais le petit Aristote, sur ma chaire
« de professeur à Tarbes, dans un collége que les gens
« du pays soutiennent être de marbre. Adieu, mon
« cher ancien élève, l'honneur de mon professo-
« rat ; pour un vieux malade accablé d'infirmités, je
« me porte assez bien. Mais, jeunes ou vieux, sains
« ou malades, convenez que ce n'est pas grand'chose
« que la vie. Sur ce néant, je vous embrasse en réalité
« avec une tendre amitié. »

Parmi les infirmités dont il se plaignait si doucement, et qui au milieu des angoisses ne l'empêchaient
pas d'écrire des lettres spirituelles et gracieuses, était
une maladie des plus opiniâtres et des plus douloureuses : une inflammation intermittente de la vessie.
Les crises en devinrent bientôt rapprochées et alar-
mantes. Après des souffrances cruelles supportées avec
la force qu'il tirait de sa nature et la sereine rési-

gnation qu'il puisait dans sa philosophie, il y succomba
le 12 août 1837, à l'àge de quatre-vingt-un ans.

M. Laromiguière a traversé l'époque la plus agitée
du monde sans prendre part à ses agitations, et il n'y
a pas d'aussi longue vie plus dénuée d'événements. S'il
s'est tenu étranger à tout ce qui s'est passé de son
temps, il n'y est point resté insensible. Son âme ne
s'est point retirée et glacée dans les hautes régions
d'une pensée solitaire et indifférente. Mais sa modération répugnait à tous les excès, qu'ils vinssent de tous
ou d'un seul, et sa fierté repoussait tous les jougs. Il a
peint en lui l'homme et le philosophe tout ensemble
quand il a dit : « Dans la science, l'arbitraire déplait
aux bons esprits, autant que dans la république il déplait aux bons citoyens. » L'œuvre de M. Laromiguière
ressemble à sa vie. Toutes deux sont pures et modestes :
elles ont plus de prix encore que d'éclat. D'un pareil
homme, les travaux se pèsent et ne se comptent pas.
Il n'a fait qu'un livre, mais ce livre exquis, destiné à
charmer ceux même qu'il ne convaincrait pas toujours, restera, par le mérite du fond et la beauté de la
forme. M. Laromiguière y a répandu les connaissances
les plus variées, traduites de leur langue dans la langue
usuelle, avec une clarté et une élégance incomparables.
L'ordre y est géométrique sans que le tour soit moins
naturel. Une imagination discrète y relève une correc-

tion soutenue, et la transparence du style laisse apercevoir la profondeur de la pensée. Chez M. Laromiguière, le philosophe était supérieur et l'homme excellent. Il faisait une bonne action aussi simplement qu'il
exprimait une idée juste, et la délicatesse de son âme
semblait ajouter à la perfection de son esprit. La douce
et fine expression de son visage révélait à la fois le
charme et l'élévation de sa nature. Toute la sagacité de
son intelligence brillait dans son pénétrant regard, et
la grâce de sa bonté souriait sur ses lèvres. Inflexible
sur les principes, M. Laromiguière fut indulgent pour
les hommes, et il sut se concilier l'affection et la véné-
ration universelles. Il a honoré la philosophie par la
haute distinction de son esprit, par la constante dignité
de son caractère, par l'irréprochable pureté de sa vie,
par l'éminente bonté de son cœur, et, pour recomman-
der sa mémoire à la postérité, il a laissé tout ensemble
des modèles et des exemples dans la perfection de ses
ouvrages et l'excellence morale de ses actions.

LAKANAL

NOTICE

LUE A LA SÉANCE PUBLIQUE ANNUELLE DU 9 MAI 185

Messieurs,

« Les sciences, » écrivait M. de Laplace après les
jours lamentables de 1793 et de 1794, « sauront transmettre à la postérité les noms de ceux qui, dans la
crise qu'elles viennent d'éprouver, ont constamment
lutté contre la barbarie, et celui de Lakanal sera l'un
des plus distingués. » Ce témoignage rendu, il y a
soixante-quatre ans, à M. Lakanal par un aussi illustre interprète des sciences reconnaissantes ; cette re-
commandation adressée en son honneur à la postérité

par un homme de génie ayant auprès d'elle le crédit immortel de sa propre gloire, nous avons aujourd'hui à les exprimer au nom de l'Académie, dans laquelle M. Lakanal est entré en 1795, et j'ose ajouter, au nom de l'Institut, dont il a été le premier organisateur, et dont, à sa mort, il était resté le doyen. Je viens dès lors moins encore prononcer un éloge qu'acquitter tardivement une dette.

La vie de M. Lakanal est très-courte pour l'histoire, et ne compterait point dans la science s'il n'avait exercé sur elle une action utile quoique indirecte. M. Lakanal n'a paru qu'un moment sur la scène politique, au milieu du plus terrible bouleversement social. Il n'a pas fait de découvertes et n'a pas laissé de livres, mais il a rendu des services à l'esprit humain. Le dernier des membres de l'Académie qui aient siégé à la Convention, il a, dans cette assemblée dont les idées étaient aussi immodérées que les passions, et dont les décrets furent aussi formidables que les actes, il a, dis-je, été au nombre de ces hommes inexpérimentés et audacieux qui, épris de la liberté et condamnés à la plus agitée des servitudes, exercèrent avec excès tous les pouvoirs et subirent avec faiblesse toutes les oppressions, condamnèrent le descendant de trente et un rois, défièrent tous les monarques du continent, levèrent douze armées, créèrent des généraux, commandèrent et obtin-

rent la victoire, portèrent la France agrandie jusqu'au
Rhin et jusqu'aux Alpes, aspirèrent à rendre tous les
peuples libres et tous les hommes frères, rompirent
enfin avec le passé du monde, dont ils dédaignèrent les
traditions, brisèrent les formes, rejetèrent les croyances et repoussèrent jusqu'à la manière de compter le
temps, comme pour assigner une ère nouvelle à une
nouvelle humanité. M. Lakanal y concourut aux fortes
mesures qui rendirent au dehors la révolution victorieuse, et aussi il y céda à quelques-uns des plus funestes entraînements. Mais en même temps il prit dans
la Convention un rôle qui me permet en ce jour de le
louer à l'Académie : il s'y fit l'énergique défenseur des
monuments exposés aux ravages d'une ignorante bru-
talité, le vigilant protecteur des savants négligés par
l'ingratitude populaire, le sauveur intrépide et le promoteur heureux de nos principaux établissements
scientifiques, et, après avoir concouru peut-être plus
qu'aucun autre à restaurer les études abandonnées et
à remettre les lettres en honneur, il y couronna son
œuvre en contribuant à la grande fondation de l'Institut. Voilà, messieurs, les titres qui, en 1793, appelèrent M. Lakanal, par une juste reconnaissance et à la
suite d'une libre élection, dans la classe des sciences
morales et politiques, et qui, en 1857, fourniront surtout la matière de son éloge. Depuis qu'il eut déposé

sa part de souveraineté, il rentra pendant un demi-
siècle dans une obscurité volontaire. Durant l'Empire,
dont il ne voulut rien recevoir, il redevint ce qu'il
avait été, professeur. A la restauration des Bourbons,
sous l'autorité desquels il ne lui convint pas de vivre, il
alla se faire planteur aux États-Unis; et, après la révolution de juillet, il revint saluer son pays, reprendre
son siége à l'Institut, et mourir en paix au milieu de
vous.

Joseph Lakanal naquit le 14 juillet 1762, à Serres,
dans les Pyrénées. Sa famille appartenait à la bourgeoisie du Midi, qui avait une existence plus libre que
celle du Nord. Un de ses oncles, engagé dans les ordres, devint, au commencement de la Révolution,
évêque constitutionnel de Pamiers. Lui-même fut élevé
dans la congrégation enseignante des Pères de la Doctrine chrétienne. Il y fit des études brillantes. Il puisa
dans cette corporation l'esprit de liberté religieuse,
comme il devait respirer bientôt dans l'atmosphère
enivrante du siècle l'esprit de liberté philosophique.

M. Lakanal se consacra de bonne heure à l'instruction, sans se vouer à la prêtrise. Il était latiniste habile
à l'âge de quinze ans, lorsque ceux qui l'avaient élevé
l'admirent à en élever d'autres et firent de lui leur col-

lègue. De régent de cinquième, modeste début de son enseignement, il devint par degrés régent de quatrième à Moissac, de troisième à Gimont, de seconde à Castelnaudary, et professeur de rhétorique à Périgueux et à Bourges. Enfin, après s'être fait recevoir docteur ès arts à l'université d'Angers, il enseignait la philosophie à Moulins, lorsque le choix de ses concitoyens du département de l'Ariége l'appela à siéger dans la Convention nationale.

Il avait alors trente ans. Il partageait les idées les plus extrêmes du temps. Il croyait la France, malgré son étendue et ses traditions, capable de se gouverner avec la liberté la plus absolue dans l'égalité la plus nouvelle, et il vota l'établissement de la république. Il regardait l'autorité monarchique comme une inconsé-quence aux yeux de la raison et comme un attentat envers le peuple, et il en vota l'abolition. Le malheu-reux Louis XVI lui parut coupable parce qu'il avait été roi, et traître envers la Révolution pour en avoir ré-prouvé quelques entreprises ou pour l'avoir sourde-ment menacée, bien qu'il l'eût si faiblement combat-tue, et il vota sa mort. Vote à jamais déplorable, qui frappa du même coup la vraie liberté avec la monar-chie, et la justice avec le monarque ; vote ingrat envers cette grande race des conquérants nationaux et des organisateurs populaires de la France, qui, après lui

avoir donné l'unité territoriale la plus forte, la législation civile la plus perfectionnée, lui reconnaissaient
les droits politiques les plus étendus; vote cruel et
inhabile, qui, par le meurtre royal, devait conduire à
tant d'autres meurtres, et livrer la Révolution ensan-
glantée à l'anarchie et au despotisme.

M. Lakanal aurait voulu cependant rendre la république régulière et la démocratie éclairée. En entrant
à la Convention, il fit partie du comité de l'instruction
publique : ses travaux antérieurs et la sage modestie
de ses désirs l'y appelèrent également. Durant trois
années consécutives, l'Assemblée le nomma chaque
mois membre de ce comité, et, avec la même persévérance, ce comité le choisit pour son président. M. Lakanal y eut des collègues illustres, tels que Sieyès,
Chénier, Daunou, Grégoire, Boissy d'Anglas, David;
mais aucun d'eux ne s'y montra aussi actif, n'y devint
aussi accrédité et n'y fut aussi utile que lui. Il l'anima
des idées les plus généreuses, qu'il porta, avec un courage toujours ferme et quelquefois heureux, à la tribune de la Convention, où se décrétait trop souvent la
mort des vaincus et la dévastation du passé.

Cette ignorante et systématique fureur des barbares
nouveaux, à laquelle il ne craignit pas de donner le
nom de *vandalisme*, s'exerçait contre les monuments
des arts, les établissements de la science, les souvenirs

de l'histoire, et prétendait effacer, avec les traces des grandeurs monarchiques et des croyances chrétiennes, la mémoire des choses passées. M. Lakanal l'attaqua intrépidement, et il essaya de la réprimer. Au commencement de 1793, il la dénonça au nom du comité de l'instruction publique. « Des chefs-d'œuvre sans « prix, » dit-il, « sont chaque jour brisés ou mutilés ; « les arts pleurent des pertes irréparables. Il est temps « que la Convention arrête ces funestes excès. » Et il fit décréter, le 6 juin 1793, la peine de deux ans de fers contre quiconque dégraderait les monuments des arts dépendant des propriétés nationales. Ce décret diminua les dévastations en intimidant les dévastateurs.

Les ennemis du passé, qui le poursuivaient dans ses œuvres, ne devaient le respecter dans aucune de ses institutions. Les Académies restaient encore debout. Ces petites et glorieuses républiques avaient été fondées pour le service ou l'ornement de l'esprit humain, en l'honneur ou à l'avantage de la civilisation, et dans leur sein des hommes supérieurs, en s'élisant les uns les autres et en vivant sous la même loi, avaient donné le premier exemple de la liberté pendant la monarchie et de l'égalité au milieu des distinctions héréditaires. La royauté n'avait pas trouvé leur constitution trop républicaine, la république trouva leur existence trop aristocratique. Leur perte fut résolue.

M. Lakanal espéra néanmoins que l'utilité de l'Académie des sciences obtiendrait grâce en sa faveur, et il crut avoir engagé la Convention à la maintenir en faisant conserver par un vote le traitement de ses membres. Ce détour adroit ne put empêcher la ruine d'un corps alors sans égal en gloire comme en utilité, où siégeaient encore tant d'hommes de génie, et à leur tête : Lagrange, le plus accompli des grands géomètres modernes ; Laplace, le régulateur définitif des cieux : Lavoisier, le fondateur fécond de la chimie ; Haüy, le législateur ingénieux de la minéralogie. Et dans quel moment ferma-t-on ce grand laboratoire de la science ? Lorsque la science elle-même, se dévouant au salut de la patrie, inventait l'art de préparer l'acier qui manquait à nos armées ; trouvait le bronze nécessaire pour leur donner des canons ; tirait en cinq jours, des terres salpétrées, la poudre qui devait les charger. Ainsi était supprimée l'Académie des sciences à la suite de l'Académie française, par une égale ingratitude envers l'esprit qui avait préparé l'avénement de la liberté, et envers la science qui procurait les moyens de la défendre.

Si M. Lakanal ne parvint pas à protéger l'existence des compagnies savantes qu'il contribua à ressusciter sous une autre forme et dans un temps meilleur, il eut la satisfaction et le mérite de conserver un établis-

sement non moins utile que célèbre et également menacé. Le jardin des Plantes, consacré par Louis XIII à
l'instruction des étudiants en médecine et longtemps
placé sous la surintendance du premier médecin de la
cour, avait eu autrefois l'honneur et avait en ce moment le tort de s'être appelé le jardin du Roi. Ce jardin, qu'avaient illustré les leçons de Tournefort et de
Jussieu; que Buffon avait administré quarante-neuf
ans, où il avait élevé le plus magnifique monument à
l'étude de la nature et à la gloire de la France, où
professaient encore trois collaborateurs de ce grand
homme : Daubenton, qui y avait commencé un incomparable cabinet d'histoire naturelle et jeté les vastes
fondements de l'anatomie comparée des animaux ;
Thouin, qui y avait réuni les plantes de presque toutes
les parties du globe; Laurent-Antoine de Jussieu, qui
y avait distribué ces belles familles végétales d'après
les règles de la méthode naturelle; ce jardin de la
science, qui faisait l'admiration de l'Europe, allait être
transformé par la commune de Paris en un champ de
pommes de terre. M. Lakanal l'apprit et voulut épargner ce déshonneur à la Révolution. Il courut au jardin des Plantes, réunit Daubenton, Thouin, Desfon-
taines, reçut d'eux de précieuses communications, et
dans la nuit même il écrivit un rapport qu'il lut le
lendemain, 10 juin, à la Convention. La Convention,

adoptant, le même jour, le vaste plan qu'il lui soumit, conserva le jardin des Plantes en l'agrandissant, et le transforma en Muséum d'histoire naturelle. Ce Muséum, dépôt des richesses variées du globe, école des diverses sciences relatives à l'organisation de la matière et aux lois des êtres, réunit en un seul lieu toutes les connaissances de la nature, comme l'Institut concentra plus tard en un seul corps toutes les forces de l'esprit humain. Son nouveau fondateur, ainsi que l'appelait la juste reconnaissance des professeurs dont il avait sauvé l'asile et étendu l'enseignement, M. Lakanal en fit un établissement qui était sans modèle et qui est resté sans rival. Du modeste réduit qu'il habitait obscurément au milieu des jardins de la rue des Fossés-Saint-Marcel, où il se reposait à la vue des plantes, et presque dans la paix des champs, des fatigues du comité et des orages de la Convention, il visitait souvent ses amis du Muséum, et il allait oublier dans leurs doux et savants entretiens les scènes terribles et les farouches ignorances du temps.

M. Lakanal ne défendit pas seulement les monuments des arts et les sanctuaires de la science : il concourut à donner un instrument de plus à l'État pour agir vite, à la civilisation pour s'étendre au loin, en faisant adopter une découverte qui n'aurait pas réussi sans lui, et qui, de la France, a passé dans tous les

autres pays. Un homme inventif, M. Chappe, perfectionnant l'art des signaux, était parvenu à en faire un
véritable langage. A l'aide d'une machine ingénieuse,
il transmettait de distance en distance, par des mouvements exécutés à la vue de tout le monde sans être
compris par personne, des signes qui avaient la précision d'un alphabet, et qui acquéraient presque la célérité aujourd'hui atteinte de la pensée. Ce langage
communiqué à travers les airs, à la fois visible et
secret, qui pouvait, en quelques heures, apporter des
frontières au centre de l'État la connaissance des faits,
et transmettre du centre aux frontières les volontés du
gouvernement, était le *télégraphe*. M. Chappe l'avait
offert à l'Assemblée législative, qui l'avait dédaigné,
et à la Convention, qui, sans le repousser, ne se hâtait
point de l'admettre. Parmi les commissaires que cette
dernière assemblée avait choisis pour vérifier la découverte, les uns la croyaient chimérique, les autres
la regardaient comme inutile ou la rejetaient comme
trop dispendieuse. M. Lakanal seul en sentit toute
l'importance et en désira vivement l'adoption. « Si
« vous n'étiez point là, » lui écrivait M. Chappe, « je
« désespérerais entièrement du succès. Vous lèverez
« tous les obstacles qu'oppose le comité des finances,
« si peu favorable à tout ce qui intéresse les sciences
« et les lettres. J'espère fortement en vous, et n'es-

« père qu'en vous. » Il avait raison de compter sur
M. Lakanal, qui l'aida, avec non moins d'adresse que
d'opiniâtreté, à triompher de l'incrédulité par des ex-
périences décisives, à vaincre le refus d'argent par des
raisons d'utilité publique. Après avoir entendu son
habile rapport, la Convention, persuadée et satisfaite,
accepta le 25 juillet 1793 cette belle découverte, et
chargea Chappe, nommé ingénieur, d'en diriger l'application. Trente-six jours après, elle entendit avec
enthousiasme la lecture d'une dépêche qui, en apprenant l'entrée de nos troupes le matin même dans la
place recouvrée de Condé, inaugurait patriotiquement
la première ligne télégraphique par l'annonce d'une
victoire.

Passionné pour la grande cause de la civilisation,
M. Lakanal voulut faire consacrer, dans toute son
étendue, le respect de la propriété, qui en est le fondement principal, et assurer le droit de l'intelligence
qui en développe les progrès. Il proposa donc le décret
du 19 juillet 1793, qui garantit aux auteurs pendant
leur vie, à la famille des auteurs dix ans après leur
mort, la disposition exclusive de leurs œuvres. Par
cette déclaration des *droits du génie*, ainsi qu'il l'appelle hardiment lui-même, la propriété de toutes les
productions intellectuelles fut reconnue dans son principe, et même admise dans sa transmission par la Ré-

publique, en cela plus conservatrice encore que ne l'avait été la monarchie.

M. Lakanal aurait voulu également donner à la Révolution un système d'enseignement public. « La « République française, » disait-il, « ne peut se main- « tenir et prospérer que par l'instruction. La liberté « sans les lumières ne fut jamais qu'une bacchante « effrénée. » Il proposa divers plans au nom du comité de l'instruction publique ; la pensée en fut admise et l'exécution ajournée. Dans ce tragique moment, toutes les idées comme tous les efforts se dirigeaient au dehors contre l'Europe, qu'il fallait vaincre pour n'en être pas envahi, et au dedans se tournaient vers des luttes acharnées, suivies d'alternatives oppressions. Aussi dans cette Convention, qui était tout à la fois le grand conseil de guerre du pays et l'arène sanglante des factions, est-on étonné, non que M. Lakanal échoue quelquefois, mais qu'il réussisse si souvent. On n'éprouve pas un moindre sentiment de surprise lorsque, en relisant dans le *Moniteur* les terribles pages encore animées des passions de l'époque, on y rencontre des discours de cet ami de la science, de ce défenseur de l'esprit, qui parle avec enthousiasme des besoins éternels de l'humanité, et qui veut, à l'aide des idées, rendre digne de posséder la liberté un peuple que des idées ont préparé à l'acquérir.

Il fallut néanmoins céder au temps. Le comité de l'instruction publique n'avait plus rien à conserver et ne pouvait encore rien rétablir. Pour servir son pays et sa cause, M. Lakanal accepta une mission dans les départements du sud-ouest. Il fut envoyé avec des pouvoirs illimités dans le Lot, le Lot-et-Garonne, la Gironde, la Dordogne. Avant de partir pour une de ces redoutables missions où tant d'hommes se souillèrent de sang, où les faibles, s'exaltant par la peur, comme les fanatiques par la passion, n'étaient pas toujours les moins cruels, et où s'exerçait sans retenue et sans pitié une enivrante dictature, M. Lakanal reçut du principal chef de la Montagne, sur la conduite à tenir dans cette partie naguère si agitée de la France, un conseil violent donné dans un langage grossier[1]. Il eut le courage et le bonheur de ne pas le suivre.

Il sut être utile et rester humain. Il établit à Bergerac une manufacture d'armes où se fabriquèrent vingt mille fusils; il réunit, près de la même ville, un dépôt de quatre mille chevaux, et de l'autorité extraordinaire dont il était investi il se servit d'une façon quelquefois dictatoriale, jamais injuste; dans un langage souvent étrange, mais avec un sentiment honnête. En rendant compte de ses actes à la Convention, il l'entre-

---

[1] Danton lui dit, au moment de son départ, ce mot vulgaire et terrible : *Tape dur !*

tenait du moyen assez singulier dont il avait fait usage pour réparer les grands chemins dégradés et devenus presque impraticables. « Le commerce languissait, » écrivait-il, « les convois militaires se traînaient avec lenteur, les défenseurs de la patrie usaient dans les fatigues des voyages ces forces qui commandent à la victoire. Les formes routinières étant insuffisantes, j'ai dit aux fiers enfants de la Dordogne : « Traitons les « grandes routes révolutionnairement. Levons-nous en « famille, et improvisons nos chemins. La bêche à la « main, je marcherai à votre tête…. Nous honorerons « le travail, nous consacrerons l'égalité. Ici, point d'ex-« ception ; la patrie met en fonction tous les citoyens. » J'ai été entendu, ajoutait-il, et il énumérait complaisamment tout ce qu'avait produit en quelques jours cette corvée nationale.

Il semblait aussi difficile qu'il était irrégulier d'ordonner la conciliation de tous les différends judiciaires. M. Lakanal osa le tenter avec une pensée sans contredit fort pacifique, mais sous une forme très-bizarre. Le 21 pluviôse an II, il publia à Bergerac un arrêté en six articles, dans lequel il prescrivait aux habitants assez litigieux de ce pays de mettre fin, avant un mois, à toutes les contestations qui, par leurs frais et leur durée, ruinaient les plus pauvres d'entre eux. « Au nom de la patrie en larmes, » leur disait-il, « au

« nom de l'amour que j'ai voué à mes frères de la Dor-
« dogne, je les invite tous à terminer, par la voie de
« l'arbitrage, les procès qui les divisent, et ce, avant
« le 20 ventôse prochain, jour auquel doit être célé-
« brée, dans ce département, la fête auguste de l'Ami-
« tié. » Le commissaire tout-puissant de la Convention
réussit-il dans cette naïve et impérieuse tentative de
concorde entre les intérêts en lutte? Si le sentiment
de peur qui poussait alors à l'obéissance fit cesser un
moment tous les procès, l'esprit de contention inhé-
rent à la nature humaine ne dut point tarder à les faire
renaître; mais il faut convenir qu'on ne pouvait pas
exercer la dictature révolutionnaire plus innocem-
ment.

M. Lakanal n'ordonna pas une seule arrestation. Il
s'en vantait alors, non sans courage, et, jusqu'à la fin
de ses jours il le rappelait avec une fière et profonde
satisfaction. En effet, s'il prononça quelquefois des paroles extraordinaires, il ne commit pas un acte cruel.
Il en fit même de généreux. Ayant connu, dans sa
tournée, le lieu où se cachait un prêtre non assermenté
qui avait appartenu à la congrégation de l'Oratoire, il
alla l'y chercher lui-même, pour le conduire à la frontière et le sauver en s'exposant.

Il fut l'objet d'une dénonciation adressée de Périgueux au comité de salut public et que le comité de

salut public lui renvoya, après en avoir reconnu la
fausseté. M. Lakanal se vengea noblement de son dé-
nonciateur. « J'avais reçu, » lui écrivit-il, « la mission
« expresse de te faire arrêter, parce que tu avais signé
« une pétition calomnieuse contre moi ; mais lorsque
« Lakanal est juge dans sa cause, ses ennemis sont
« assurés de leur triomphe : il ne sait venger que les
« injures de la patrie. Je t'obligerai lorsque je le pour-
« rai... Tu as cinq enfants devant l'ennemi : c'est une
« belle offrande à la liberté. Je te décharge de la taxe
« révolutionnaire. » Se montrer clément lorsqu'on est
offensé, s'autoriser du pouvoir qu'on a pour ajouter
même une faveur au pardon, est rare toujours et l'était
encore plus alors. Toutefois ces beaux sentiments n'auraient rien perdu à être plus simplement exprimés.
Mais, si l'exaltation emphatique du temps, qui se retrouve dans les meilleures choses, ne permit pas à
M. Lakanal d'être assez simple, elle ne l'empêcha pas
du moins d'être fort généreux.

Après la chute de Robespierre et le renversement
du parti qui avait fait de la Révolution la tyrannie de
quelques-uns et l'asservissement de tous, M. Lakanal
vint reprendre sa place dans l'assemblée redevenue
libre et dans le comité de l'instruction publique rendu
à ses travaux. A la période de la lutte allait succéder
la période de l'organisation, et la Convention, qui avait

tout détruit, avait tout à réédifier. Avec ses collègues du comité, M. Lakanal prépara la restauration intellectuelle de la France.

Une société systématiquement dissoute allait être théoriquement refaite. Détachée de ses traditions par ses idées, séparée de son état passé par une révolution de quelques jours plus qu'elle n'eût pu l'être par les changements successifs de plusieurs siècles, il lui fallait des institutions qui, répondant à son état nouveau, ui donnassent des formes rajeunies et devinssent comme les organes de sa vie future. Il lui fallait : dans l'ordre politique, une constitution qui fondât les pouvoirs publics conformément aux principes populaires; dans l'ordre civil, des codes établissant pour tous le droit privé le plus équitable, et veillant d'un soin égal à la sûreté commune; dans l'ordre intellectuel, des établissements d'instruction publique qui, par un enseignement varié, fissent des hommes éclairés et des citoyens honnêtes. Ces besoins de la France renouvelée, auxquels on a depuis pourvu bien des fois et fort différemment, selon la diversité des temps et des pouvoirs, on eut alors l'ambition et aussi l'espérance d'y satisfaire. Quatre membres de la Convention, qui tous les quatre ont été membres de cette Académie, Daunou, Cambacérès, Merlin, Lakanal, apportèrent à l'assemblée, dans l'espace de quelques mois, la constitution directoriale de l'an III, tout un projet de code civil, le code pénal et le code d'instruction criminelle de brumaire an IV, enfin les lois fondamentales de l'enseignement public dans les écoles primaires, les écoles centrales et les écoles normales.

Parmi les problèmes que la Révolution s'était posés et devait résoudre, l'un des plus difficiles était la sécularisation de l'enseignement. Enlevé aux anciennes corporations détruites, l'instruction de l'enfance et de la jeunesse devenait une des fonctions de l'État, non moins délicate qu'obligatoire. A qui, dans quelle étendue, comment, par qui la donner? Les projets s'étaient jusque-là succédé, alors les lois commencèrent. Distribuer l'enseignement à tout le monde en proportion des besoins de chacun ; l'approprier à la diversité des âges et des destinations dans des établissements d'un ordre varié ; former, d'après les meilleures méthodes, ceux qui devaient le donner, afin que l'accès en fût plus facile et l'utilité plus grande pour ceux qui devaient le recevoir ; réunir trop peut-être des études qu'on a depuis trop séparées ; joindre l'éducation des sentiments à l'instruction des intelligences ; dans l'enfant préparer un homme et dans l'homme un citoyen : tels furent l'esprit et le but de cette première organisation.

Sur la proposition de M. Lakanal, la Convention vota, le 18 novembre 1794, l'établissement de vingt-quatre mille écoles primaires. Placées dans les anciens presbytères, ces écoles offraient un enseignement trop exclusif par le caractère politique de ses directions, trop complexe par la multiplicité de ses objets. On devait y apprendre à lire et à écrire dans la *Déclaration des droits de l'homme et du citoyen;* à se bien conduire, d'après les principes de morale républicaine; ajouter à l'étude de la langue française, du calcul, de l'arpentage, celle des principaux phénomènes de la nature et de ses productions les plus usuelles; en même temps que les éléments de l'histoire et de la géographie, étudier les procédés des arts et le mécanisme des métiers; mêler enfin à tous les exercices propres à développer le corps toutes les pratiques capables d'élever l'âme. De pareilles écoles étaient plus faciles à imaginer qu'à établir, à prescrire qu'à faire durer.

L'enseignement n'était pas distribué avec une générosité moins prodigue dans les écoles centrales, dont le plan fut également soumis à la Convention par M. Lakanal, au nom des comités de l'instruction publique et des finances. Ces écoles, réparties par groupes de population de trois cent mille âmes et fondées dans les principales villes, étaient consacrées à des études plutôt supérieures que secondaires. Sans préparation suffisante, et dans un espace de temps trop limité, on devait s'y instruire de tant de choses qu'on ne pouvait

y en apprendre sérieusement aucune. Les langues anciennes et les mathématiques ; l'histoire naturelle et la
grammaire générale; la physique, la chimie expérimentale et les belles-lettres ; l'histoire philosophique
des peuples et les langues vivantes; la logique et l'hygiène; l'économie politique et le dessin ; la législation
et les arts et métiers y avaient des professeurs, sans
être bien assurées d'y former des élèves.

M. Lakanal, qui fonda plus tard, soit à Paris, soit
dans les départements, dix-neuf de ces écoles, couronna l'édifice alors élevé à l'instruction de la France,
en présentant le projet de ces écoles normales destinées à donner des maîtres à toutes les autres écoles.
Il y a quelquefois des idées grandes et souvent un beau
langage dans le rapport de M. Lakanal qui, à travers son
exaltation démocratique, laisse percer les lueurs d'une
orageuse expérience. — « La Convention nationale, dit-
« il, n'a pas pu et n'a pas dû s'occuper en même temps
« du soin d'éclairer la France et du soin de la faire triom-
« pher. Lorsque du milieu de tant de crises, de tant d'ex-
« périences morales si nouvelles, il sortait tous les jours
« de nouvelles vérités, comment songer à poser par l'in-
« struction des principes immuables? Les hommes de
« l'âge le plus mûr, les législateurs eux-mêmes, deve-
« nus les disciples de cette foule d'événements qui
« éclairaient à chaque instant comme des phénomènes,

« et qui avec toutes les choses changeaient toutes les
« idées, les législateurs ne pouvaient pas se détourner
« de l'enseignement qu'ils recevaient pour en organi-
« ser un à l'enfance et à la jeunesse... Le temps, qu'on
« a appelé le *grand maître de l'homme*; le temps, devenu
« si fécond en leçons terribles et mieux écoutées, devait
« être en quelque sorte le professeur unique et univer-
« sel de la république... Aujourd'hui l'Europe se sou-
« met à la puissance de la république, et la république
« se soumet à la puissance de la raison. »

M. Lakanal propose d'appeler de toutes parts à Paris
les trois cents jeunes gens qui se seront le plus distingués par leur mérite, afin qu'après s'y être instruits
aux frais de l'État et sous les plus grands maîtres, ils
aillent fonder dans les départements des écoles normales secondaires, et répandre une instruction uniforme d'un bout de la France à l'autre. — « Dans ces
« écoles, » ajoute-il, « ce n'est pas les sciences qu'on
« enseignera, mais l'art de les enseigner; au sortir de
« ces écoles, les disciples ne devront pas être seule-
« ment des hommes instruits, mais des hommes capa-
« bles d'instruire... Pour la première fois les hommes
« les plus éminents en tout genre de sciences et de
« talents, les hommes qui jusqu'à présent n'ont été
« que les professeurs des nations et des siècles, les
« hommes de génie vont donc être les premiers maîtres

« d'école d'un peuple; car vous ne ferez entrer dans
« ces écoles que ces hommes qui y sont appelés par
« l'éclat non contesté de leur renommée dans l'Eu-
« rope. »

Il désigna alors à la Convention, qui n'eut qu'à en
agréer le choix et à y applaudir, les plus grands noms
dans les sciences et dans les lettres. Lagrange et Laplace, pour les mathématiques; Monge, pour la géo-
métrie descriptive; Berthollet, pour la chimie; Haüy,
pour la physique; Daubenton, pour l'histoire naturelle;
Hallé, pour l'hygiène; Garat, pour la philosophie; Bernardin de Saint-Pierre, pour la morale; Volney, pour
l'histoire; Buache et Mentelle, pour la géographie;
l'abbé Sicard, pour la grammaire générale; La Harpe,
pour la littérature, occupèrent les chaires du magnifique établissement à la grandeur duquel ils ajoutèrent
leur célébrité. Lakanal et Sieyès inaugurèrent, au nom
de la Convention, cet enseignement supérieur que vin-
rent recevoir des auditeurs choisis dans toute la France,
et que donnèrent avec profondeur ou avec éclat quelques hommes de génie et beaucoup d'hommes de talent.

En passant sur cette institution, dont le principe
était excellent et l'application démesurée, comme la
plupart des trop vastes conceptions de cette époque,
le temps en a fait disparaître ce qu'il y avait d'impar-

fait ou d'impraticable. Un homme qu'on n'accusera
point d'avoir été chimérique, et qui s'est montré à
tant d'égards l'organisateur le plus profond et le plus
pratique, en a emprunté l'idée première, qu'il a rendue féconde dans un établissement durable. En créant
l'Université, Napoléon, en cela fidèle à l'esprit de la
Révolution, a repris en 1808 la grande pensée dont
M. Lakanal avait été l'organe en 1795, et il a institué
cette École normale devenue le séminaire laïque de la
France intellectuelle, restée dépositaire des saines
méthodes et des fortes études, qui a donné à la jeunesse tant de maîtres habiles, aux lettres tant d'écrivains célèbres, et à l'Institut quelques-uns des plus
illustres de ses membres.

Associé aux plus belles fondations de cette époque,
M. Lakanal fut encore le vrai créateur du Bureau des
longitudes, chargé, dans le double intérêt de la science
et de la navigation, de recueillir les observations célestes et météorologiques, de perfectionner la théorie des
tables astronomiques et les méthodes de longitude, et
de publier la *Connaissance des temps*. Ce bureau, qui
eut sous sa direction l'Observatoire de Paris et sous sa
surveillance tous les observatoires des départements,
compta pour ses premiers membres, avec les deux
plus grands géomètres du temps, les quatre astro-
nomes célèbres Lalande, Cassini, Méchain, Delambre,

et les deux savants navigateurs Borda et Bougainville.
On ne pouvait pas être appelé à devenir plus utile en
étant plus illustre.

Secourable protecteur des savants et des hommes de
lettres dans leurs moments de détresse et de péril,
M. Lakanal contribua noblement alors à les faire rentrer dans les Académies, ces patries de leur esprit d'où
ils avaient été comme exilés depuis deux années. Il
participa à la plus grande fondation intellectuelle du
temps et à la plus durable, à la fondation de l'Institut,
qui fut créé par la Convention la veille même du jour
où la Convention termina sa tumultueuse existence. A
trois membres de notre compagnie revient le principal
honneur de cet incomparable établissement, où l'esprit humain, représenté tout à la fois dans l'unité de
sa nature et dans la variété de son action, reçut de la
loi et eut dans l'État la mission de recueillir toutes les
découvertes et de perfectionner à la fois les arts et les
sciences. Ces trois membres sont : M. de Talleyrand,
qui le proposa dès l'Assemblée constituante ; M. Daunou, qui le fit décréter par la Convention ; M. Lakanal,
qui l'organisa sous le Directoire.

Depuis 1795, M. Lakanal n'avait pas cessé de travailler à la formation de cette assemblée représentative
de la science, de la pensée, de l'imagination et de la
parole humaines. C'est le témoignage que lui rendit

solennellement Lalande, le jour même de l'inaugura-
tion de l'Institut, comme *interprète*, disait-il, *de la reconnaissance des savants*. M. Lakanal eut de plus l'honneur de désigner les quarante-huit premiers membres
qui durent élire tous les autres. La fécondité intellectuelle de la France était encore si grande qu'il put
proposer des noms accueillis avec enthousiasme et
admirés du monde entier. En tête de son éclatante
liste apparaissaient Lagrange, Laplace, Monge, Haüy,
Fourcroy, Darcet, Jussieu, Daubenton, Lacépède, Adan-
son, Thouin, Parmentier, Sieyès, Bernardin de Saint-
Pierre, Daunou, Garat, Delille, Lebrun, Houdon, Gré-
try, etc., qui s'adjoignirent bientôt Cuvier, Berthollet,
Cabanis, Chénier, Sicard, David, La Harpe, et nom-
mèrent à son tour Lakanal, chargé, avec Sieyès, d'être
le législateur réglementaire de l'Institut. M. Lakanal
ne fut point élu pour ses livres, mais pour ses actes. Il
est vrai que ses actes avaient été, ou de notables services rendus à l'esprit humain, ou d'utiles pensées
transformées en institutions.

Envoyé, par le choix de cinq départements, au conseil des Cinq-Cents, M. Lakanal y siégea jusqu'au
20 mai 1797. Après y avoir fait adopter la nouvelle
organisation de l'Institut, accorder des encouragements et des récompenses aux auteurs de livres élé-
mentaires demandés sous la Convention et achevés

sous le Directoire, rétablir l'ancien observatoire du collége des Quatre-Nations, et instituer une chaire d'astronomie pour Lalande, il crut sa mission terminée. « Mon unique ambition, » dit-il, « fut toujours de servir mon pays en défendant la cause des lettres. » Son pays était victorieux de l'Europe, les lettres se dégageaient de la barbarie, il résolut d'abandonner la vie publique. Il refusa donc le mandat législatif qui lui fut encore décerné par le département de Seine-et-Oise. Réélu malgré sa résistance, il refusa de nouveau par ces mémorables paroles : « Lorsque les armées « ennemies étaient aux portes de la capitale, j'ai ac- « cepté les fonctions périlleuses de représentant du « peuple; aujourd'hui que les Alpes, les Pyrénées « s'aplanissent sous la marche triomphale des armées « françaises, je me retire à l'écart avec mes livres et « quelques amis, les seuls biens dont mon cœur soit « avide. »

Mais bientôt de nouveaux dangers l'appelèrent à de nouveaux dévouements. Dans la désastreuse année de 1799, lorsque l'Italie était évacuée et perdue, lorsque les Anglais débarquaient en Hollande, les Russes pénétraient en Suisse, les Autrichiens marchaient sur le Var et sur le Rhin, et que notre territoire était menacé de toutes parts, M. Lakanal fut envoyé par le Directoire à la frontière du nord, en qualité de commissaire général de la République. Il accepta. Placés sous ses ordres, les quatre nouveaux départements de la rive gauche du Rhin que la victoire et les traités avaient réunis à la France furent délivrés des déprédateurs et défendus contre les ennemis. M. Lakanal les administra fortement, et y poursuivit avec une inexorable intégrité ceux qu'il appelait les *pillards*, c'est-à-dire d'indignes fonctionnaires qui indisposaient le pays en le pressurant, de cupides fournisseurs qui exposaient l'armée en la nourrissant mal. Il destituait les uns par des arrêtés qui les couvraient d'ignominie, et jetait les marchandises avariées des autres dans le Rhin. Un jour il fit répandre tant de pièces de vin frelaté dans le fleuve, que ses eaux en furent un moment rougies sous Mayence. Les habitants de cette ville menacée, pleins de confiance dans son activité et dans son énergie, ne se reposèrent que sur lui du soin de leur défense, et demandèrent au Directoire que M. Lakanal eût le droit d'assister aux séances du conseil de guerre, et le pouvoir de s'opposer à ses décisions.

Sentinelle de la Révolution dans ce poste avancé de la France, M. Lakanal y resta tant que l'intérêt du pays l'y retint. Mais après que Masséna eut défait les Russes à Zurich, que Brune eut repoussé les Anglais en Hollande, que le vainqueur de l'Italie et le conquérant de l'Égypte, devenu maître de l'État au dix-huit

brumaire, eut assuré de nouveau le triomphe de la
Révolution au dehors, en rendant fort incertaine la
durée de la République au dedans, M. Lakanal se retira
pour toujours des affaires. Il ne méconnaissait pas
les mérites du gouvernement nouveau, mais il en redoutait les desseins. Provoqué par le désordre public,
fondé par la force, recommandé par la gloire, ce gouvernement qu'exerçait avec génie, qu'imposait avec
autorité le plus incomparable des capitaines, abattait
l'anarchie, mais, dans la même étreinte, étouffait la
liberté; organisait savamment la France, mais, du
même coup, l'asservissait irrésistiblement. S'il accomplissait des choses utiles, aux yeux de M. Lakanal il en
détruisait de nécessaires; il sacrifiait les principes politiques de la Révolution à ses résultats civils, et de la
volonté périlleuse d'un grand homme faisait trop l'u-
nique règle d'un grand pays. N'approuvant pas tout,
M. Lakanal ne voulut être rien. Celui qui, lors de son
avénement au consulat, lui avait écrit : « Les services
« importants que vous avez rendus vous mériteront
« dans tous les temps des droits à l'estime des hom-
« mes, » aurait confié de hautes fonctions à M. Lakanal, pour peu que M. Lakanal eût été disposé à les
accepter. Mais dans cet abandon des principes pour les
intérêts, il n'entendit pas être, comme beaucoup de
ceux qui avaient pensé avec autant d'exaltation et agi

quelquefois avec moins de retenue que lui, ni sénateur,
ni conseiller d'État, ni préfet, ni comte. Fidèle à ses
vieilles convictions, il redevint modestement professeur. Sans croire s'abaisser en travaillant pour vivre,
il enseigna les langues anciennes à l'école centrale de
la rue Saint-Antoine, et il resta dans l'Université jusqu'en 1809. Il en sortit à cette époque, et jusqu'en
1814 il surveilla, en qualité d'inspecteur général des
poids et mesures, l'application du nouveau système
métrique. Durant ces longues années, il préféra sa
pauvreté et son indépendance à d'inconséquentes
grandeurs, et, en parlant de lui et de ceux qui
avaient exercé avec le même désintéressement que
lui le suprême pouvoir sous la République, il em-
ployait les mots que Quinte Curce met dans la bouche
des soldats d'Alexandre : *Omnium victores, omnium
inopes sumus; — vainqueurs de tous, nous manquons
de tout.*

Lorsque la chute de l'Empire et l'invasion de la
France eurent ramené les Bourbons sur le trône, M. Lakanal perdit la place qui le faisait vivre, et même son
siége à l'Institut. On l'élimina en 1815 de l'Académie
des inscriptions et belles-lettres, dont il était membre
depuis que l'Académie des sciences morales et politiques avait été supprimée en 1803. Il comprit alors
qu'il ne convenait plus à un juge inexorable des rois,

à un ami obstiné de la République, de rester en France.
Il partit pour les États-Unis d'Amérique, avec des rois
dépossédés, des généraux proscrits, des convention-
nels menacés, et tous ensemble ils allèrent demander
un asile à la république lointaine qui devait accorder
à des Français une part de la liberté que lui avaient
procurée, trente années auparavant, les efforts généreux de la France.

Il se rendit donc au milieu de ce peuple moins éclairé
mais plus entreprenant que les nations fatiguées du
vieux monde; qui avait su proclamer sa souveraineté
sans la compromettre par la licence ni la démentir par
un retour à l'assujettissement; qu'un grand homme
honnête dans l'exercice de la puissance, simple dans
la possession de la gloire et dont la mémoire chère et
admirée vivait dans tous les cœurs comme ses pré-
voyantes recommandations éclairaient encore tous les
esprits, avait sauvé par les armes et aidé à se constituer par les lois; qui, unissant l'ambition de s'étendre
au mérite de se gouverner, incorporait d'immenses
contrées dans ses cadres sans les rompre, pouvait s'ad-
joindre tout ce qui lui venait du reste du monde sans
en être altéré, et devenait la plus gigantesque des républiques, la mieux ordonnée des démocraties, la
colonie perpétuellement agrandie et démesurément
libre de l'Europe.

M. Lakanal arriva à New-York quand les États-Unis
étaient encore gouvernés par ces illustres disciples de
la civilisation européenne, par ces hardis enfants de la
liberté britannique, qui avaient contribué à les défendre et à les constituer. Madison terminait les huit années de sa double présidence, et l'un des valeureux
soldats de la guerre de l'indépendance, Monroe, devait
le remplacer dans cette suprême magistrature à laquelle il lui était aussi réservé d'être porté deux fois,
comme l'avaient été le vertueux Washington et le populaire Jefferson. Ce dernier achevait doucement sa noble
carrière dans sa ferme de Monticello. M. Lakanal alla
l'y visiter. Il trouva dans ce correspondant de l'Institut
de France les lumières du vieux monde, et dans ce
chef confiant de la démocratie américaine les plus
hautes espérances sur les destinées du nouveau. Tant
que vécut Jefferson, M. Lakanal resta en commerce de
lettres avec lui, tout comme il noua des relations d'a-
mitié avec l'éloquent Henry Claye, qui était l'orateur
habituel de la chambre des représentants à Washington, et dont la belle plantation était voisine de sa modeste demeure dans le Kentucky.

C'est au Kentucky, démembrement de la **Virginie**, à
l'ouest des monts Alleghanys et vers les confins de la
forêt éternelle, que s'établit d'abord M. Lakanal. Il
avait lu, dans un livre que le voyageur M. Michaux

avait publié en 1808 sur cette contrée : « J'envisage
« les bords de l'Ohio depuis Pittsburg jusqu'à Louis-
« ville comme devant être d'ici à vingt ans la partie des
« États-Unis la plus peuplée et la plus commerçante ;
« c'est aussi celle à laquelle je n'hésiterais pas à don-
« ner la préférence pour y fixer mon séjour. » Avant
de quitter Paris, M. Lakanal avait voulu interroger sur
le Kentucky le consul américain, M. Warden, et
M. Warden s'était écrié à plusieurs reprises : *beau
pays ! beau pays !* Il franchit donc avec confiance les
Alleghanys, descendit l'Ohio jusqu'à Port-Williams,
chef-lieu du comté de Gallatin, et sur les bords de la
Belle-Rivière, comme l'avaient nommée les naturels du
pays, il acheta un petit domaine en état de culture. Il
croyait, d'après les prévisions encourageantes de M. Michaux et les exclamations enthousiastes de M. Warden,
y trouver en quelque sorte les orangers en plein champ,
et, selon son expression, y *être vêtu du climat.* Bien
que se défiant des descriptions poétiques de M. de Cha-
teaubriand, il ne s'attendit pas plus, disait-il, à apercevoir près des rives de l'Ohio que des rives du Mississipi
des ours se balancer au-dessus des berceaux de vigne,
et s'enivrer de raisins, il espérait tout au moins y rencontrer la vigne. Quelle ne fut pas sa surprise lorsque
sur cette terre privilégiée il ne récolta que le maïs, le
chanvre et certaines céréales, sans pouvoir y faire

prospérer un seul cep venu d'Europe ; lorsque, sous ce climat si vanté, il subit des hivers de sept mois, et vit le thermomètre atteindre même vingt-trois degrés Réaumur au-dessous de zéro ! Pour surcroît de désenchantement, le seul grand marché ouvert à la vente des produits de sa plantation était à trois cents lieues de là, dans la ville opulente de la Nouvelle-Orléans. Il fallait s'y rendre en descendant l'Ohio et le Mississipi, la *Belle-Rivière* et le *Père des Eaux*. Mais la *Belle-Rivière* était barrée à Louisville par une chaine de rochers appelés *les Rapides*, qui en arrêtaient sur un point la navigation, et le retour devait avoir lieu péniblement par terre, à travers les tribus sauvages des Chikssaws et des Chocklaws.

M. Lakanal vécut néanmoins longtemps dans ces régions reculées, en planteur et en sage, avec quelques vieux livres, au milieu des grands spectacles d'une nature nouvelle et des rapides développements d'un peuple jeune. Il y resta jusqu'en 1822, époque à laquelle l'État de la Louisiane lui confia la direction de l'université déchue de la Nouvelle-Orléans. Il releva rapidement les études de cette université, et la laissa en pleine prospérité quand, après plusieurs années, il s'établit sur une terre qu'il acheta, du prix de l'ancienne, dans le voisinage de la Mobile, non loin du grand delta du Mississipi. Dans l'Alabama, comme dans le Kentucky,

il cultiva les lettres et les champs, observa les mœurs,
et fit la flore du pays, préférant de beaucoup la nature
à la société américaine.

C'est là qu'il apprit tout d'un coup la révolution de
juillet. Son cœur en tressaillit ; la France lui était rou-
verte. Mais sa joie s'accrut encore quand l'Académie
renaissante des sciences morales et politiques, instruite par le savant M. Geoffroy Saint-Hilaire, avec
lequel M. Lakanal était resté en commerce de lettres
comme en relation d'amitié, instruite, dis-je, qu'un de
ses plus anciens membres vivait encore dans les contrées du nouveau monde, l'appela à siéger au milieu
d'elle avec Sieyès et Merlin, Rœderer et Daunou, à la
place qu'y laissait vacante la mort de Garat. En recevant l'extrait du procès-verbal de cette seconde élection, il y inscrivit ces vers touchants que l'exil avait
inspirés dix-huit siècles auparavant à Ovide sur les
bords du Pont-Euxin :

> Nescio qua natale solum dulcedine cunctos
>   Ducit, et immemores non sinit esse sui.

« Je ne sais par quelle douceur le sol natal nous at-
« tire tous, et ne nous permet pas de l'oublier. »

En attendant qu'il revînt dans sa patrie, M. Lakanal
vous adressa un mémoire curieux, plein d'observations

tines et de saillies originales sur le pays qu'il avait habité vingt ans. Il ne s'y montrait pas, il faut le dire,
épris de la démocratie américaine. Il y peignait d'un
esprit peut-être un peu chagrin cette civilisation qu'il
trouvait à la fois grossière et dégénérée, où, selon lui,
les avidités de la corruption s'ajoutaient aux violences
de la barbarie, et où, dans un mouvement sans repos
et avec un orgueil sans bornes, l'homme entreprenant
et audacieux se mettait souvent au-dessus des règles,
ne se laissait point arrêter par les revers, et s'attachait
bien plus à dompter la nature avec laquelle il était aux
prises qu'à perfectionner la société. En voyant les Amé-
ricains trop adonnés à la poursuite des intérêts matériels qui avaient alors un attrait si grand pour eux, et
trop négligents des choses de l'intelligence qui conser-
vaient toujours un si haut prix pour lui, il disait avec
une pointe d'esprit et d'amertume qui manquerait certainement d'à-propos comme de justice aujourd'hui :
« Je ne tardai pas à m'apercevoir que les seules lettres
qui eusent auprès d'eux une valeur réelle étaient les
lettres de change. »

Ce fut en 1837 qu'il les quitta, et sans regret. Un
jour je vis arriver chez moi, avec le vieil uniforme de
l'Institut, tel qu'on le portait sous le Directoire, un
homme qui avait la stature encore droite, des cheveux
abondants et noirs, dont le visage était grave, le regard

contenu, la bouche sévère, les manières décidées et
polies, le langage spirituel et sentencieux, et qui semblait appartenir à un autre temps. C'était M. Lakanal.
Cet énergique vieillard, alors âgé de soixante-quinze
ans, ne paraissait pas en avoir soixante. Une intelligence ferme, des habitudes tempérantes, une constitution robuste qui avait résisté aux solitudes âpre ou
énervante du Kentucky et de l'Alabama, tout comme
aux secousses convulsives de la Révolution, et qu'avait
entretenue l'activité dans la modération, lui avaient
conservé la santé du corps et la vigueur de l'âme. Il
disait, avec autant de vérité que d'esprit : « Mon extrait
« de baptême est vieux, mais non pas moi, et quand
« on me donne un grand âge, je réponds comme Mon-
« crif à Louis XV : *On me le donne, mais je ne le prends*
« *pas.* » Il le prenait si peu qu'il se maria et eut un fils
à soixante-dix-sept ans, et qu'il célébra le quatre-vingtième anniversaire de sa naissance en partant à pied,
le 14 juillet 1842, de la rue Royale-Saint-Antoine, pour
aller herboriser sur les coteaux de Montmorency,
comme l'avaient fait son maître J. J. Rousseau et son
ami Bernardin de Saint-Pierre.

Égaré, pour ainsi dire, parmi des générations incon-
nues, le savant et rigide vieillard se plaisait surtout
dans les deux grands établissements qu'il avait concouru à fonder, et où il trouvait les sentiments d'une

longue reconnaissance et d'une naturelle confrater-
nité. Dès son retour, une clef du jardin des Plantes lui
avait été remise, d'après une délibération expresse de
tous les professeurs, avec cette inscription : *Le Muséum
d'histoire naturelle à M. Lakanal*. L'Institut l'honorait
comme son organisateur et son doyen. Vos séances
étaient devenues le dernier intérêt de son esprit. Il n'en
manquait aucune. Il y communiquait quelquefois les
souvenirs de son expérience agitée et les observations
qu'il avait recueillies durant son exil ; mais il annonçait des communications plus précieuses encore sur
l'existence intérieure de la Convention et sur l'état
moral de l'Amérique dans deux ouvrages qu'il avait
depuis longtemps composés, et qui, malheureusement,
ne se sont point retrouvés après sa mort. Vous l'avez
touché profondément lorsque, dans la dernière année
de sa vie, vous lui avez décerné, presque à l'unanimité,
la présidence de l'Académie, que son âge l'empêcha
d'accepter. Il n'avait plus, disait-il, *qu'à écouter et à
se taire*. Pourtant son esprit était encore si ferme, sa
voix si forte, que nous espérions le conserver longtemps.

Mais, en sortant, au mois de décembre 1844, d'une
de vos séances, le froid le saisit et glaça ce qui lui restait de vie. Il vit approcher sa fin sans trouble et sans
regret. La sérénité de son esprit et la fermeté stoïque

de son âme se conservèrent jusqu'au bout. Il disait à
notre confrère M. Lélut, qui était son médecin et son
ami : « Vos soins ne me sauveront pas : je sens qu'il
« n'y a plus d'huile dans la lampe. » Quelques heures
avant d'expirer, il désira voir les nouveaux amis auxquels il s'était attaché après avoir perdu les anciens,
MM. Isidore Geoffroy Saint-Hilaire, Blanqui, David d'Angers, pour leur adresser un dernier adieu. Élevant sa
pensée confiante vers le Créateur des êtres, et jetant
un regard encore obscurci sur le monde futur, il
citait de sublimes paroles de Cicéron et de saint Augustin, et il disait paisiblement : « Je vais compa-
« raître, les mains pures et sans crainte, devant cette
« Providence que je ne comprends pas, mais que je
« sens. » C'est avec ces hautes espérances et après
avoir prononcé ces belles paroles que M. Lakanal s'é-
teignit, le 17 février 1845, à l'âge de quatre-vingt-
deux ans.

Les hommes sont ce que les disposent à devenir leur
nature et leur temps ; heureux ceux que leur temps
grandit et ne brise ou ne corrompt pas ! M. Lakanal
n'était point destiné au rôle qu'une révolution violente
lui donna. Dans cette révolution dont il partagea encore plus les idées que les passions, et les passions que
les excès, il se consacra principalement à défendre les
deux grandes causes de l'indépendance nationale et de

l'intelligence humaine que menaçaient l'Europe coalisée et la barbarie démagogique. Il parla quelquefois avec exaltation, comme pour se ménager le moyen d'agir avec douceur. M. Lakanal n'était pas dépourvu d'adresse dans son inflexibilité, et ce qu'il avait voulu d'honnête ou accompli de généreux, il ne s'en souvenait pas sans orgueil et ne l'apprenait pas aux autres sans quelque ostentation. Il joignait beaucoup de bienveillance à beaucoup d'énergie. Fidèle jusqu'au dernier jour à ce double caractère, il conservait aussi des travaux de sa jeunesse un parfum de la docte antiquité, qu'il citait avec un spirituel et gracieux à-propos. Il aimait à être agréable : on était tout surpris d'entendre des paroles douces et flatteuses sortir de cette bouche sévère et de trouver un si grand goût de plaire avec un visage si sérieux et sous un regard si défiant. L'expression contenue de son visage venait des temps terribles où il avait vécu, et ce qu'il laissait percer d'aimable ou de bon à travers sa gravité ou sa rudesse venait de sa nature.

M. Lakanal avait cru à la république, et il y croyait encore : on n'a pas deux fortes convictions en sa vie. Les esprits ardents gardent leur premier enthousiasme, et les cœurs généreux ne se donnent bien qu'une fois; aussi les espérances déçues de sa jeunesse restèrent les rêves mélancoliques de ses vieux jours. Il

mourut sans revoir la république, et peut-être que
s'il l'avait revue il l'eût moins regrettée, en apprenant une fois de plus les périls qu'elle fait courir
parmi nous à la liberté.

SCHELLING

NOTICE

LUE A LA SÉANCE PUBLIQUE ANNUELLE DU 7 AOUT 1858

Messieurs,

L'imagination n'est pas étrangère aux philosophes.
Quelques-uns d'entre eux sont de grands poëtes qui
raisonnent. L'inspiration seconde en eux la réflexion.
Elle leur fait entrevoir ce que l'expérience ne saurait
leur faire atteindre. Le monde n'est-il pas un sublime
poëme en même temps qu'une admirable machine, et,
si l'observation attentive doit en découvrir les ressorts
compliqués, ne faut-il pas que l'induction hardie cherche à en dévoiler tout le dessein? A côté des observa-

teurs exacts qui décomposent l'esprit et qui étudient
savamment l'univers, apparaissent des contempla-
teurs profonds qui entraînent au loin l'intelligence
humaine et la font pénétrer fort avant dans l'œuvre divine. Les ailes de Platon le transportent bien au delà
des raisonnements sévères d'Aristote, et l'imagination
ravie de Malebranche lui ouvre des régions au seuil
desquelles s'arrête la raison puissante mais discrète
de Descartes.

C'est à la séduisante famille des grands esprits in-
ventifs, moins fidèles à l'observation qu'adonnés à l'hy-
pothèse, et néanmoins introduisant la logique dans
l'imagination, qu'appartient le philosophe original et
fécond dont j'ai à vous entretenir aujourd'hui. De
vastes travaux, un beau génie, une glorieuse renommée avaient fait dès longtemps, de M. Schelling, l'un
des cinq associés étrangers de l'Académie des Sciences
morales et politiques. Il est l'auteur d'un système
dont on peut contester la solidité, non la grandeur;
et, comme l'a dit un philosophe français, M. Cousin,
juge éloquent des plus mémorables conceptions de
l'esprit humain : « Les premières années du dix-neu-
« vième siècle ont vu naître ce grand système. L'Eu-
« rope le doit à l'Allemagne et l'Allemagne à Schel-
« ling. »

Frédéric - Guillaume - Joseph Schelling naquit le 27 janvier 1775, à Léonberg, à trois lieues de Stuttgart, dans l'ancien duché de Wurtemberg. C'est au presbytère de cette jolie petite ville adossée à une montagne, surmontée d'une grande tour féodale, au pied de laquelle une gaie rivière serpente à travers une vallée gracieusement sinueuse et se perd dans des perspectives attachantes, que vit le jour et passa ses premières années le futur et poétique auteur de la philosophie de la nature ; son père y était pasteur. Au ministère de l'Évangile il joignait le culte de la science, et n'était pas moins distingué par des connaissances profondes que par une haute dignité de caractère. Orientaliste original, il s'était fait un nom en enseignant l'hébreu, non plus seulement au moyen des vieilles formes rabbiniques, méthode alors encore en usage, mais en le comparant avec les autres dialectes sémitiques. Philosophe chrétien, il avait consacré des écrits remarqués à l'antique sagesse des Hébreux. Avant d'être élevé, comme il le fut plus tard, à la prélature dans l'Église luthérienne, il avait été appelé au collège de Bebenhausen, où se formaient les futurs ministres de l'Évangile.

Le jeune Schelling vint suivre ses doctes leçons, lorsqu'il eut achevé ses premières études dans l'école latine de Nürtingen. Il avait à peine atteint l'âge de douze ans, et les maîtres, dont il avait épuisé la science, le renvoyèrent à son père en déclarant qu'ils n'avaient plus rien à lui apprendre. Avec une plus forte possession des langues anciennes, il acquit à Bebenhausen la connaissance de l'hébreu et de l'arabe. A quinze ans, ayant encore épuisé l'instruction donnée dans ce collége supérieur, il alla faire ses cours de philosophie et de théologie à l'université de Tubingue, où on ne les commençait d'ordinaire qu'à un âge plus avancé; mais son père, qui le présenta, selon sa naïve et fort exacte expression, comme un esprit précoce, *precox ingenium*, l'y fit recevoir contre l'usage, au-dessus duquel le plaçait en effet la précocité de son savoir et de son intelligence.

Un vaste institut, sous la forme et avec le titre de séminaire, s'élevait sur la partie la plus agréable du coteau au pied duquel coule le Neckar et que couvre comme un riant amphithéâtre la ville de Tubingue, dont l'université, unissant au respect des traditions une certaine hardiesse d'enseignement, semblait avoir gardé la vieille devise de la Souabe : *Fidèle et libre.* De fermes théologiens, tels que Storr et Flatt, y maintenaient l'orthodoxie luthérienne. La doctrine de Leibniz, rédigée un peu pédantesquement par Christian Wolf, après y avoir eu pour organe, jusqu'en 1790, l'ingénieux logicien et l'habile mathématicien Plouquet, y était professée par un autre Français d'origine, Frédéric Abel, dont plus tard Schelling ne parlait jamais qu'avec une respectueuse reconnaissance. C'est dans cet Institut et sous ces maîtres en christianisme et en philosophie que le jeune Schelling reçut des idées religieuses ineffaçables et se forma aux grands exercices de la pensée.

Au nombre des étudiants qui se préparaient comme lui au ministère évangélique se trouvait un jeune homme que son esprit subtil et puissant réservait aussi à une vaste célébrité, Hégel, avec lequel Schelling se lia d'une étroite amitié. Les deux amis ne s'occupèrent pas uniquement de leurs hautes études ecclésiastiques, ils y firent, pour ainsi dire, un cours de droit public sous l'enseignement de la France, qui était alors l'institutrice des nations. Ils se passionnèrent pour les principes immortels qu'aux applaudissements de tout ce qui pensait dans le monde venait de proclamer la grande Assemblée constituante, d'après la philosophie tout humaine du dix-huitième siècle. L'affranchissement politique de la société moderne, l'égalité civile, la liberté de la pensée et de la parole, les droits de la conscience individuelle, reconnus comme fondamentaux et inviolables, excitèrent des transports dans leurs âmes généreuses. Ils avaient même formé un club dans le séminaire, et l'on raconte qu'un dimanche matin , par un beau jour de printemps , ils allèrent, dans une prairie voisine, planter un arbre de la liberté. On montre encore à Tubingue les deux cellules qu'occupaient les deux sé-minaristes luthériens, devenus plus tard de si entre-prenants philosophes, et d'où ils sortirent pour ac-complir tour à tour une révolution intellectuelle en Allemagne.

Dès l'âge de dix-sept ans, Schelling, attiré par un des plus graves problèmes du monde moral, prenait pour sujet de sa thèse de docteur l'ancienne tradition de la Genèse sur l'origine du mal. Il s'attacha, l'an-née suivante, à expliquer, dans une ingénieuse disser-tation , l'esprit philosophique que l'antiquité avait renfermé dans les *mythes* et *les léyendes historiques.* Cet écrit remarquable, que suscitèrent les brillants travaux de Herder sur la philosophie de l'histoire, est comme le germe de sa doctrine postérieure sur les mythologies. Mais bientôt, prenant un plus grand es-sor, il eut l'ambition de perfectionner les théories de deux grands philosophes qu'il devait continuer sans leur ressembler.

Formé comme toute sa génération dans l'étude de Kant, il devint disciple respectueux et indépendant de Fichte, et l'un de ses premiers écrits sur le *moi* comme *principe de la philosophie* fut consacré au déve-

loppement de la doctrine de cet illustre maître. Avec
une audace précoce, il laisse déjà entrevoir dans cet
ouvrage ce qu'il avouera bientôt, l'idéalisation de la
nature et la déification de la pensée. « Le temps est
« venu, dit-il, dans son enthousiaste confiance, de
« proclamer la grandeur de la raison. Ce n'est qu'en
« prenant le sentiment de ce qu'il est et de tout ce
« qu'il vaut que l'homme deviendra tout ce qu'il doit
« être. Son essence est la liberté absolue. C'est à la
« loi de la liberté que l'humanité tout entière doit
« finalement obéir. A quelque avenir reculé que soit
« réservée la gloire d'accomplir cette grande espé-
« rance, il nous appartient d'en préparer au moins
« l'heureux avénement dans l'histoire. Le crépuscule
« habitue les yeux à l'éclat du jour. Déjà l'aube ma-
« tinale blanchit le ciel d'Orient. Les basses contrées
« sont couvertes d'un voile de vapeur, mais sur les
« hauteurs les cieux brillent d'une vive clarté. L'au-
« rore s'est levée, et le soleil ne saurait tarder à pa-
« raître. »

En attendant cette apparition, Schelling se livra à
de nouvelles études. Instruit dans les langues anciennes et orientales à Nürtingen et à Bebenhausen,
versé à Tubingue dans les travaux de l'histoire, les
dogmes de la religion et les systèmes de la philosophie, il avait besoin de connaître les sciences des corps

après celles des idées. Sa bonne fortune lui fit accompagner, à Leipsig, deux jeunes étudiants d'une ancienne et noble famille, les barons de Riedesel, dont il avait à diriger l'éducation, tout en terminant la sienne. Là, sous un habile professeur, sous Platner, qui avait heureusement allié les recherches de la physiologie à la connaissance de la métaphysique, Schelling étudia avidement les phénomènes du monde extérieur et sonda avec admiration les beaux et attachants mystères de la vie organique.

C'était le moment où se faisaient les plus belles découvertes dans ces sciences naturelles qui lui semblaient à la fois un complément et un correctif de l'idéal philosophique. Lavoisier avait trouvé depuis peu cet air de la vie qui entretient l'existence des êtres, s'incorpore à la matière inanimée pour en varier les combinaisons, sert aux combustions des corps d'où il dégage la chaleur et fait éclater laflamme, et auquel il avait donné le nom d'oxygène. Scheele, Deluc, Green, Girtanner, avaient recherché les effets chimiques de la lumière, sans laquelle rien ne se perfectionne et tout dépérit dans l'univers. Le puissant fluide dont Franklin avait naguère établi l'identité avec la foudre, Galvani venait d'en reconnaître l'action sur le système nerveux, et l'électricité, source du feu céleste, semblait être la cause de l'impulsion vi-

tale qu'elle ranimait dans les membres déjà paralysés
par la mort. Les récentes merveilles du magnétisme,
qu'on croyait toucher aux ressorts les plus intellectuels de l'organisation, s'ajoutaient aux anciens prodiges de l'attraction, dont la force, calculée depuis
plus d'un siècle, produit les plus vastes ainsi que les
plus petites agglomérations de la matière, explique
les affinités des corps aussi bien que les mouvements
réguliers et l'équilibre harmonieux des mondes.

En même temps que les sciences démêlaient les éléments de l'univers, elles en découvraient le développement progressif. Cette grande idée d'un perfectionnement graduel dans les œuvres de la création et dans
la marche du monde, conçue d'abord par Leibniz,
était la foi savante du dix-huitième siècle finissant.
Turgot l'avait émise d'une manière générale; Condor-
cet en faisait la loi de l'esprit et l'espérance du genre
humain; Werner l'avait appliquée à la lente formation de la terre, et par elle avait fondé la géologie;
Kielmeyer s'en était servi pour dresser l'échelle ascen-
dante des êtres, tandis que Herder et Lessing, la cherchant dans l'histoire, avaient essayé de marquer à sa
lumière les étapes spirituelles et morales qu'a parcourues l'humanité.

Ces découvertes physiques qui suscitèrent de chimériques attentes, cette pensée de genèse et de pro-

grès qui planait dans l'air du temps et devenait, pour ainsi dire, le souffle commun des intelligences, Schelling s'en empara avec imagination et en fit usage avec originalité. Au moyen des unes il construisit matériellement le monde et il employa l'autre à le développer idéalement, en partant de Dieu, dont le monde serait la révélation successive et qui, origine identique des réalités passagères et des idées éternelles, se déploierait dans la nature, poëme de son existence, et se perfectionnerait dans l'esprit humain, résidence de sa pensée. Schelling avait déjà exposé en partie ce système dans ses *Lettres philosophiques sur le dogmatisme* de Fichte et *le criticisme* de Kant, dans ses *Dissertations sur l'idéalisme et la théorie de la science*, et notamment dans ses *Idées pour servir à une philosophie de la nature*, lorsqu'il fut appelé sur un théâtre alors célèbre, par Gœthe, livré aux mêmes études que lui et frappé de la grandeur de ses vues non moins que de la beauté de son talent.

Le pénétrant et tranquille génie qui comprenait sans effort, aimait sans trouble, créait sans enthousiasme ; dont la limpide intelligence reflétait avec éclat toutes les idées de l'humanité et s'ouvrait avec ardeur à toutes les connaissances de la nature, excellant dans l'art et se plaisant dans la science, diversifiant ses œuvres comme ses goûts, l'auteur original de *Goëtz de Berlichingen*, touchant de *Werther*, agréable de *Wilhem Meister*, profond de *Faust;* l'observateur ingénieux de la métamorphose des plantes, qui avait annoncé le premier l'identité originelle de tous les organes des végétaux ; le savant admirateur de ces affinités électives par lesquelles les éléments mêmes de la matière semblent obéir à des attraits mutuels en s'unissant, l'investigateur hardi des phénomènes de la lumière qui, par sa théorie des couleurs, osait se séparer de Newton ; celui dans lequel ses compatriotes voyaient leur Voltaire et trouvaient leur Shakspeare, le grand, l'heureux Gœthe était déjà le chef intellectuel de son temps et comme le monarque des lettres allemandes.

Il avait, avec le spirituel Wieland, la direction suprême de l'université d'Iéna, en ce moment la première des hautes écoles d'Allemagne. Cette université dépendait de la cour de Weimar-Eisenach, où une femme d'une âme élevée et d'un esprit délicat, la grande-duchesse Anne-Amélie, avait appelé les hommes les plus éminents dans les lettres et dans les arts, et avait entouré ses fils d'un cercle brillant dont faisaient partie Gœthe et Schiller, Herder et Wieland. L'université d'Iéna était digne de la cour de Weimar. Schiller y enseigna l'histoire ; Reinhold, Tennemann et Fichte y professèrent la philosophie ; Döderlein,

Eichorn, Griesbach, Paulus, Schütz y ouvrirent des
cours de savante littérature et de haute théologie.
C'est dans une chaire d'Iéna que Gœthe fit monter, en
1798, Schelling, qui ajouta bien vite à la célébrité de
cette grande école. Il y parut d'abord à côté de Fichte,
dont il balança la renommée, et lorsque Fichte, peu
de temps après, quitta Iéna pour Berlin, Schelling y
domina seul. « Une étoile se couche, » disait Gœthe,
« une autre se lève. »

Il se leva en effet avec splendeur sur l'horizon de la
philosophie, cet astre nouveau. Si de sa flamme généreuse Fichte avait échauffé les âmes, Schelling, par
son éclatante lumière, allait éblouir les esprits. Il devait entraîner à sa suite ceux qui l'écoutaient, séduits
par les attraits d'une imagination créatrice et rassurés
par les explications plausibles d'une haute science. Autour de sa chaire se trouvaient des auditeurs d'un
grand esprit, destinés eux-mêmes, après avoir reçu de
lui l'impulsion philosophique, à produire des systèmes
célèbres : Krause, Steffens et surtout Hégel, qui vint
s'asseoir aux pieds de son ancien condisciple devenu
son maître. L'un d'entre eux, l'aimable et pieux Schubert, retrace les effets de son enseignement en une vive
peinture.

« Qui traversait dans ce temps-là, » dit-il, « le mar-
« ché d'Iéna à l'heure tardive de l'après-midi, rencon-

« trait un concours d'étudiants plus nombreux qu'à nul
« autre moment de la journée. Jeunes et vieux, gens
« de tout esprit et de tout état, se rendaient en foule
« au cours de Schelling sur la philosophie de la nature.
« Qu'était-ce donc qui les y attirait si puissamment?
« Qu'il me soit permis de parler de ma propre expé-
« rience. L'impression que j'ai reçue de Schelling était
« tellement extraordinaire, qu'aucun de mes maîtres
« ne m'en a jamais fait éprouver de semblable. Schel-
« ling était encore un jeune homme parmi nous autres
« jeunes gens, et le respect avec lequel nous le consi-
« dérions s'adressait en lui à une dignité qu'exprimait
« tout son être et qui différait de celle dont l'âge en-
« vironne une tête blanchie. Sa parole vivante rayon-
« nait d'une force à laquelle ne pouvait se dérober
« aucune âme, pour peu qu'elle fût susceptible d'inspi-
« ration. Souvent, pendant qu'il parlait, nous croyions
« entendre le prophète d'un monde transcendant et ca-
« ché qui n'est ouvert que pour des yeux sacrés. Son
« discours, mathématiquement précis et comme rédigé
« en style lapidaire, renfermait une matière inépui-
« sable. Pénétré de la vérité interne de ses idées, il
« était si persuadé de ce qu'il avait saisi et conçu, que
« sa conviction se communiquait aux autres avec une
« puissance victorieuse. »

Le système qu'il développa si merveilleusement dans

ses cours, il l'avait déjà exposé en partie dans ses livres. Il aborda les problèmes les plus mystérieux, en prenant pour méthode l'intuition intellectuelle, sorte d'inspiration réfléchie qui crée en quelque sorte les choses en les pensant. Afin d'apprécier le caractère et la portée de son effort, il faut connaître l'état de la philosophie contemporaine au moment où il construisit l'imposant édifice dont beaucoup de matériaux sont d'emprunt, mais dont l'ordonnance fut de génie.

L'Allemagne était dans le plus bel âge de son esprit. Au moment où les liens des États s'y relâchaient, ceux des intelligences s'y resserraient dans une sorte de fédération glorieuse, que formaient, d'un bout du pays à l'autre, l'épique Klopstock, le profond Lessing, le tragique Schiller, le spirituel Wieland, l'ingénieux Herder, l'universel Gœthe, et cette foule variée de poètes, de critiques, de savants, parmi lesquels apparaissent avec grandeur trois philosophes qui ont laissé leur trace dans l'histoire de la pensée.

Il ne faut pas l'oublier, chaque nation a son génie propre dont l'originalité se remarque au milieu même de la diversité de ses œuvres. Chez les Allemands, l'imagination se fait jour dans la science en même temps qu'elle domine dans la poésie, et elle pénètre dans la métaphysique comme elle se déploie dans l'art. Naïfs en étant profonds, mêlant le fantastique au réel,

et restant un peu vagues sans être toujours légers, ils
suivent encore plus l'inspiration qu'ils ne s'astreignent
à l'expérience. Ils observent avec conjecture, concluent
avec hardiesse, peignent avec excès, et, capables d'atteindre les vérités les plus hautes par l'élan de la pensée, de parvenir aux découvertes les plus difficiles par
la clairvoyance de l'imagination, ils peuvent tout à la
fois concevoir le chimérique système de l'*harmonie
préétablie* et inventer le puissant calcul de l'infini,
comme l'a fait Leibniz; se livrer aux hypothèses d'une
mystique rêverie et trouver les trois grandes lois mé-
caniques des sphères célestes, comme l'a fait Képler.
Cet esprit contenu dans Kant, enhardi dans Fichte,
éclate dans Schelling, ces trois représentants d'une des
grandes crises philosophiques de la pensée humaine.

On a comparé les philosophes allemands, allant à la
recherche de la vérité, aux Israélites s'avançant vers
la terre promise, précédés d'une colonne de feu qui les
guide dans la nuit, entourés d'une nuée qui les cache
dans le jour. Pour apercevoir la lumière vers laquelle
ils se dirigent, il faut traverser les ténèbres au sein
desquelles ils s'enveloppent. Si l'on ne pénètre au milieu d'eux, on ne peut ni saisir ni suivre leur marche,
et, lorsqu'on y entre, on court le risque, en participant
à leur lumière, de tomber dans leur obscurité, de voir
au dedans et de ne pas faire voir au dehors. Essayons

cependant de percer la nuée, sans la laisser se refermer après s'être ouverte, et rendons, s'il se peut, les conceptions allemandes accessibles à des esprits français.

Voulant combattre la doctrine alors dominante de la sensation qui rétrécissait tout, et le scepticisme plus redoutable de Hume qui détruisait tout, Kant, en observateur idéaliste et en profond psychologue, prit la raison qui connaît et qui pense pour le ferme appui de sa philosophie. Il la jugea d'abord dans sa nature, puis dans son action. Appliquant une rare puissance d'analyse à l'instrument même de la connaissance, à la raison pure, il en détermina l'essence, en assigna la portée. L'espace au milieu duquel la raison aperçoit les objets, le temps dans lequel se succèdent pour elle les actes de la connaissance, les caractères divers qu'elle leur trouve en les appréciant, parurent à Kant les conditions nécessaires du savoir et les formes mêmes de l'intelligence.

Ces lois intérieures de la raison, qu'il décrit avec une sagacité pénétrante et démontre avec une singulière vigueur, doivent-elles être transportées dans le monde extérieur et nous donner de ce qu'il est et de ce qui s'y passe une certitude conforme à l'impression que nous en recevons? Sont-elles autre chose que la projection hors de nous de nos conceptions nécessai-

res? Ont-elles une réalité externe et, comme il a été
dit depuis lors, objective? Peuvent-elles nous garantir
l'existence du monde, reflet de notre pensée ; celle de
Dieu, conception de notre esprit ; notre propre existence même comme sujet permanent des phénomènes
passagers dont nous avons conscience, ces trois idées
de la raison pure élevées au-dessus de toute expérience? Sur toutes ces questions Kant nous a refusé
une certitude scientifique, et ce n'est qu'à l'aide de la
notion du devoir, loi universelle et absolue de toute
volonté intelligente, qu'affirmant la liberté humaine,
il a établi l'immortalité de l'âme, conclu l'existence de
Dieu, et sauvé par la morale, dans l'examen de la *raison pratique*, les vérités compromises par la métaphysique dans l'examen de la *raison pure*.

Fichte suit Kant, en allant bien au delà. Afin d'é-
chapper à son conceptualisme sceptique, il se précipite
dans un idéalisme outré. L'objet à connaitre et le sujet
qui connaît sont l'œuvre commune du *moi* créateur,
principe à la fois de l'être et de la connaissance. Selon
Kant, le monde n'existe qu'au dedans de nous ; selon
Fichte, il ne se réalise qu'autant qu'il est pensé par
nous. Dans les deux systèmes il garde un caractère idéal,
puisque le premier en fait une conception de la raison,
le second une création de l'intelligence.

Après le sévère observateur qui démontre la pensée

sans oser affirmer le monde, après le logicien hardi qui
de la pensée déduit le monde dont il lui attribue la
création par cela même qu'elle en a la connaissance,
vient le poëte philosophe qui les identifie par un audacieux effort d'esprit et avec une grande beauté d'imagination. La distinction établie par Kant entre les choses en soi et leurs phénomènes, Schelling la résout
dans une égalité absolue que manifeste le développement parallèle des corps et des idées, développement
qu'il expose dans deux ouvrages distincts, dans l'*Es-
quisse d'un système de la philosophie de la Nature*, et
dans le système de l'*Idéalisme transcendantal*.

A l'origine des choses, Schelling pose l'absolu. De
ses muettes et obscures profondeurs où dorment con-
fondus la pensée et l'être, sortent par une expansion
divine, et passent par des évolutions successives, la
nature et l'intelligence, sa double manifestation. Identiques et inertes au sein de l'absolu, elles en partent
comme d'un point central pour se déployer avec harmonie dans deux directions différentes. Conservant,
dans leur déploiement distinct, les traces de leur union
primitive, elles se ressemblent et se reflètent. Dans le
monde réel, l'idée se revêt de matière et apparaît sous
une forme visible; dans le monde idéal, l'essence devient savoir et prend une forme intellectuelle. La première évolution produit l'univers, la seconde produit

la connaissance. C'est ainsi que la pluralité vient de
l'unité, que l'infini pénètre le fini, que l'identité se
concilie avec le progrès, que la nature et l'intelligence
se rapprochent et s'accordent, la nature en s'organi-
sant par l'intelligence, l'intelligence en se réfléchissant
dans la nature.

Depuis la pierre inerte composée d'après les lois
chimiques de l'agrégation jusqu'aux astres infatigables
qui roulent dans l'espace selon les lois géométriques
du mouvement : depuis le simple lichen, où l'organisation est à peine indiquée, jusqu'à l'être le plus com-
pliqué dans sa contexture et le plus élevé dans son
existence, règne un seul et même principe d'action. Ce
principe, luttant avec la matière brute, lui imprime
des caractères plus ou moins bornés, analogues aux
conceptions de notre esprit qu'ils tendent à reproduire
indéfiniment.

Schelling suit pas à pas cette combinaison de l'esprit
originairement infini et de la matière primitivement
illimitée, qui se déterminent en se rencontrant, et pro-
cèdent par leur opposition comme par leur accord à la
formation de l'univers. Il décrit avec profondeur et
subtilité l'organisation progressive de la nature, montre les deux puissances qui la composent, passant de
sphère en sphère, montant de degré en degré, ramenées chaque fois, par l'influence d'une troisième, à

une unité plus haute d'où procède une nouvelle évolution. Il développe, aussi ingénieusement qu'il l'explique, la transformation graduelle de cette force,
d'abord mécanique et chimique dans l'ordre inférieur
des corps inanimés, puis vitale dans l'ordre plus relevé des êtres organisés; enfin parvenant à sa plus
haute puissance et à sa perfection suprême par l'avénement de l'homme et le progrès de l'humanité.

Avec l'homme apparaît la face idéale du système.
A la suite des corps qui ont la propriété de s'organiser sans le savoir, au milieu des êtres qui ont la faculté d'agir sans le vouloir, il en est un qui connaît
les autres et qui dispose de lui-même, auquel a été
accordé le pouvoir de varier ses procédés et d'améliorer ses œuvres, qui ne tourne pas mécaniquement
comme les astres dans un cercle inflexible, qui n'obéit
pas, comme les végétaux, à des impulsions périodi-
quement semblables et aveuglément organiques, qui
ne suit pas comme les animaux des instincts invariables et ne se meut point pour contenter des appétits
invincibles et grossiers; mais qui, doué d'intelligence
et de volonté, capable de comprendre l'arrangement
de l'univers et d'y concourir, est la raison finie détachée de la raison suprême pour refléter les lois du
monde. Les modes d'existence dans la nature se transforment en notions abstraites dans l'esprit de l'homme.

ses objets s'y retracent en images, ses qualités s'y retrouvent en idées ; en un mot, ce qui est en elle se sait en lui. Cette merveilleuse relation entre la substance corporelle et la pensée spirituelle, cette admirable harmonie de l'intelligence et de la matière qui permet à l'existence de devenir connaissance, l'homme qui vit et qui pense, en est à la fois le théâtre et le spectateur.

C'est ce qu'expose Schelling dans la philosophie transcendantale, contre-épreuve de la philosophie de la nature. Il y indique l'origine de la conscience intellectuelle, y décrit ses procédés, y raconte ses actes, y retrace ses époques, y marque leur progrès successif, avec non moins de développement et en y portant autant de rigueur arbitraire que dans la déduction du monde inorganique et du monde vivant. Le système s'achève dans la clarté naissante de celui que Schelling appelle l'*identique-absolu*. « Ce soleil éternel du « royaume des esprits, dit-il, qui se cache dans l'éclat « de sa resplendissante lumière, d'où émane la con- « formité à la loi dans la liberté, et la liberté dans la « soumission du monde moral à des lois, échappe à « la connaissance et ne peut être l'objet que de la « foi. » Mais l'histoire, dans son ensemble, en est une manifestation continue. Auteur des lois nécessaires qui régissent le monde, principe de la liberté intelli-

gente qui anime l'homme, Dieu, médiateur perpétuel
entre l'action abstraite de l'esprit et l'existence positive des corps, a conformé la pensée des êtres à la réalité des choses et a maintenu leur indépendance dans
leur concert. Ainsi qu'une trame savamment tissée
par une main inconnue, l'ordre idéal se développe
dans l'histoire où les hommes jouent leur rôle librement, selon le plan divin, et dont l'ordonnance a été
conçue par un poëte qui a mis d'avance en accord la
marche générale de l'ensemble et le libre arbitre de
chacun. Manifestation progressive de Dieu, qui ne s'y
réalise jamais complétement, l'histoire est le grand
miroir de l'esprit universel, le poëme de l'imagination éternelle.

Au terme de cette double et parallèle évolution du
monde de la nature et du monde de l'histoire, il reste
au *moi* à prendre conscience de l'identité du monde
idéal et du monde réel, de la raison et de l'univers.
C'est dans le produit de l'art, œuvre commune de
l'inspiration involontaire et de la science réfléchie, que
l'intelligence parvient enfin à découvrir la parfaite
identité des deux activités nécessaire et libre qui se
sont développées dans la nature et dans l'histoire, et
à la reconnaître comme semblable à celle dont le
principe est en elle-même. Cette œuvre peut seule
réfléchir l'absolu qui, dans l'histoire, sous le nom de

destin, achève l'action imparfaite de la liberté humaine et réalise des fins que l'homme n'avait pas en vue, et dans l'art, sous le nom de génie, inspire à l'artiste des productions dont la portée infinie le surpasse lui-même. L'art est le seul et véritable organe de la philosophie transcendantale. « Il ouvre, dit « Schelling, le sanctuaire où brûle en une flamme « unique, dans une union originelle et éternelle, ce « qui existe séparé dans la nature et dans l'histoire, « ce qui se fuit constamment dans la vie et dans l'in- « telligence. Pour l'artiste comme pour le philosophe, « la nature n'est que le monde idéal apparaissant sans « cesse sous des formes finies, le pâle reflet d'un « monde qui n'a de réalité que dans sa pensée. »

Produit d'une spéculation transcendante et d'un raisonnement laborieux, ce système embrassait tout l'univers et en suivait le progrès dans tous les détails de l'ordre physique et de l'ordre intellectuel. Mais Schelling y confondit ce qu'il y a de divin dans l'existence du monde et dans l'esprit de l'homme avec Dieu lui-même. L'univers ne fut l'œuvre de Dieu qu'en étant une partie de son être. Dieu le créa en se développant lui-même. Il ne s'y manifesta point comme dans son image, il y subsista en quelque sorte comme dans sa forme.

L'audacieux penseur semble avoir assisté à la formation des mondes et des existences. Il sait de quelle manière, à quels moments, par quels procédés, dans quel ordre, elle s'est produite. On dirait qu'il a vu Dieu sortir de sa solitude inerte et de son repos silencieux, pour apparaître sous ses deux faces, comme matière et comme esprit, dans la nature qui s'organise et dans l'intelligence qui s'éclaire graduellement avant de se révéler à elle-même comme divine dans l'homme.

En même temps qu'elles furent vivement admirées, les vastes conceptions de Schelling furent vivement attaquées. Les objections ne manquent jamais aux systèmes. Aucuns n'y échappent, pas plus ceux qui étendent que ceux qui restreignent leurs explications. Dans les trop ambitieux on fait voir ce qu'il y a de chimérique, comme dans les trop étroits ce qu'il y a d'insuffisant. On s'éleva contre cet esprit de Dieu qui dort dans la pierre, qui rêve dans l'animal, qui s'éveille dans l'homme. Comment admettre que Dieu ait besoin de la vie pour se développer et de l'humanité pour se connaître ; qu'il ne soit pas au commencement ce qu'il devient à la fin, et qu'il se perfectionne avec son œuvre ? Sans doute Dieu révèle sa présence dans la nature, déploie son action dans l'humanité. L'ordre physique le rend visible et l'ordre moral le rend adorable. Sa puissance comme sa sagesse éclatent dans l'arrangement sans lui incompréhensible de l'univers. Mais de ce que Dieu est par sa pensée dans le monde, il ne s'ensuit pas qu'il y soit par son essence : de ce que l'homme en est l'image affaiblie, il ne faut pas en conclure qu'il en soit l'incarnation ; de ce que dans l'homme la connaissance est unie à l'existence, il n'y a pas lieu d'établir par leur union leur identité : elles s'accordent et ne se confondent pas. La coïncidence entre la vue de l'esprit et le spectacle du monde, entre les lois des choses et les pensées de l'entendement, est un fait dont l'évidence est certaine et dont la raison est insaisissable. M. de Schelling ne la donne pas plus qu'un autre. Il affirme bien l'identité du connaissant et du connu, mais il ne la prouve point, et démontrât-il, ce qu'il suppose, que l'être qui connaît dans l'esprit est l'être qui est connu dans la nature, il n'expliquerait pas mieux le moyen par lequel l'existence parvient à la connaissance.

Schelling, qui devait porter son enseignement dans les diverses parties de l'Allemagne, où ses livres répandaient son système et sa renommée, ne passa que cinq ans à Iéna. Dès 1803, Maximilien Ier, alors électeur et bientôt roi de Bavière, l'attira par les offres les plus séduisantes dans la vieille capitale de la Franconie, dans la cité cléricale de Wurzbourg, dont il voulait rendre l'université célèbre et fréquentée. Ce premier souverain de la branche des Deux-Ponts, pen-

dant un long séjour dans notre pays, y avait puisé,
avec les lumières généreuses du siècle, le goût d'une
culture intelligente et polie. Redevable à la France,
dont il suivit longtemps la fortune, de son agrandis-
sement territorial et de sa couronne royale, il devint
le fondateur d'une dynastie éclairée qui a fait de Münich une grande école d'idées, un magnifique temple
des arts, un lumineux foyer des sciences, son fils et
son petit-fils étant devenus, l'un avec une poétique
imagination, l'autre avec un discernement élevé, les
continuateurs de sa pensée et de ses œuvres. A Wurzbourg, où Maximilien avait appelé des maîtres habiles,
tels que Paulus et Hufeland, Schelling eut des flots
d'auditeurs, et, tout en transformant un peu sa doctrine, il fut l'objet de la même admiration qu'à Iéna.

Mais lorsque, en 1805, celui que son irrésistible
épée rendait l'arbitre souverain de l'Europe eut détaché Wurzbourg de la Bavière et l'eut donné à l'archi-
duc Ferdinand, grand-duc de Toscane et électeur de
Salzbourg, l'intolérance y reparut et la philosophie en
sortit. Schelling alla s'établir à Münich, où le nouveau
roi avait libéralement réorganisé et magnifiquement
doté l'Académie des sciences, depuis lors digne émule
de l'Académie de Berlin et de la Société royale de
Göttingue. Il en devint membre, et bientôt même ce
qu'il avait de goût délicat dans l'esprit et de grand

éclat dans le talent le fit nommer secrétaire général
de l'Académie récemment fondée des Beaux-Arts.

Schelling rencontra à Münich, dans le président
même de l'Académie des sciences, dans le célèbre
philosophe Jacobi, l'un de ses plus rudes et de ses
plus éloquents adversaires. Cet ancien et ingénieux
interlocuteur de Rousseau comme de Voltaire, qui
avait correspondu avec l'altier tribun Mirabeau et le
sage publiciste Ferguson, était ami des investigations
libres mais réglées, dévoué à la science, mais à la
science certaine. Il ne partageait pas l'avis trop para-
doxal de Fontenelle « que les opinions communes
« sont la règle des opinions saines, pourvu qu'on les
prenne à contre-sens. » Il repoussait les principes
hardis affirmés au nom seul du génie spéculatif, et
soutenait au contraire les témoignages du sentiment
universel, de ce qu'il appelait la *foi instinctive, le
credo primitif de l'Église invisible de l'humanité*. Dans
un livre qu'il publia sur les *choses divines et leur manifestation*, Jacobi, examinant avec une véhémente
sévérité la doctrine de Schelling, l'accusa de panthéisme, et il attaqua vivement la conception d'un
Dieu d'abord sans connaissance et toujours sans per-
sonnalité. « Si la raison, dit-il, s'élève à juste titre
« contre ceux qui attribuent à Dieu la forme humaine,
« des passions humaines, un entendement humain, ce

« qui doit la révolter bien plus, c'est l'idée d'un Dieu
« qui a fait l'œil et **qui ne** voit point, qui a fait l'oreille
« et qui n'entend point, qui, étant la source de l'in-
« telligence, est lui-même sans intelligence ; d'un Dieu
« qui est tout et rien, plus semblable à un polypier
« qu'à l'homme, et qui n'a conscience de lui que dans
« la conscience humaine. »

Schelling ne resta point sans défense. Il poussa
même la défense jusqu'à la plus hautaine agression,
dans un écrit qu'il intitula avec une ironie superbe :
*Monument que s'est élevé M. F. H. Jacobi dans son
livre des choses divines.* Dans ce mémorable débat, Jacobi soutint qu'on ne pouvait pas allier le théisme et
le panthéisme, accorder Leibniz avec Spinosa ; Schelling prétendit au contraire les unir sans effort par
sa théorie, et, tout en plaçant Dieu dans la nature et
dans l'intelligence, le reconnaître bien avant elles,
l'élever bien au-dessus d'elles et en faire, comme il le
disait, l'*alpha* et l'*omega* de l'univers.

La gloire de M. de Schelling n'eut point à souffrir
de ces luttes trop vives, et plus tard, après que Jacobi
eut renoncé à la présidence de l'Académie, il y fut
remplacé par son illustre adversaire. Déjà le roi Louis,
ayant érigé en 1825, le lendemain de son avénement
au trône de Bavière, une université dans la ville de
Münich, y rappela Schelling, qui était allé professer

dans la savante université d'Erlangen. Il lui confia le
haut enseignement de la philosophie et lui donna
pour disciple son propre fils, le prince Maximilien, qui
règne aujourd'hui en Bavière. M. de Schelling exerça
à Münich la même domination qu'à Iéna; ses cours y
eurent le plus grand éclat. Des auditeurs de toutes les
nations venaient l'y entendre, et l'on peut juger de leur
enthousiasme par les vers de l'un d'entre eux, le comte
Platen, qui a exprimé leur admiration commune dans
de poétiques sonnets :

> Comme nous étions suspendus à tes lèvres,
> Comme chacun de nous t'écoutait avec avidité,
> Tandis que les éclairs immenses de ton génie
> Pénétraient et se pressaient coup sur coup dans notre âme !
>
> . . . .
>
> Qui est toujours roi dans l'empire du Vrai
> Ne commande-t-il pas aussi dans le royaume du Beau?
> Toi, tu les vois tous les deux s'unir dans un règne suprême,
> Semblables à des sons qui se perdent les uns dans les autres.

La philosophie de Schelling était entrée alors dans
sa dernière phase. Les contradictions du sens commun, les répugnances du sens moral, des études nouvelles et peut-être des scrupules anciens l'avaient conduit à la réformer en la complétant. Il l'avait rendue
moins exclusivement idéale et plus religieuse. Ce
grand changement s'était produit peu à peu dans ses
ouvrages comme dans son esprit. La cosmogonie géné-

rale qu'il avait exposée, à Iéna, dans ses cours et dans
ses livres sur la *philosophie de la nature*, sur l'*idéalisme
transcendantal* et sur *l'âme du monde*; qu'il avait expli-
quée par les idées divines dans ses dialogues du *Bruno*,
sorte de *Timée* de ce nouveau Platon; dont il avait suivi
la déduction variée dans ses brillantes *leçons sur la
méthode des études académiques*, s'était déjà tournée,
à Würzbourg, en une *théosophie* physique, en une
théogonie spirituelle, dans son bel ouvrage publié en
1804 sous le nom de *Philosophie et Religion*, et il avait
tenté, dès 1809, de sauver l'indépendance de la créature morale dans son important écrit sur la *nature de
la liberté humaine*. Dans sa dissertation sur *les divinités
de Samothrace* en 1815, et surtout dans ses Méditations
à *Erlangen* après 1820, se rapprochant de plus en plus
de son dernier et religieux système, il y arriva pleinement dans son cours sur les *âges du monde*, qu'il ouvrit à Münich vers 1827.

Le propre des grandes doctrines est d'exercer une
influence étendue. A travers les degrés divers du développement de la sienne, Schelling fut le souffle qui
agita une partie notable de ses contemporains en Allemagne. Penseurs, écrivains, archéologues, artistes,
ceux qui l'admirèrent comme ceux qui le combatti-
rent se ressentirent plus ou moins de ses idées dans
leurs systèmes et dans leurs œuvres. Il ouvrit même

de nouveaux aspects à la science. La théorie de l'*iden-*
tité l'avait conduit, dans l'organisation des corps animés, à la grande vue de l'*unité de composition,* déjà
pressentie par Buffon, par Gœthe, et qu'un jeune savant français, le futur créateur de l'*anatomie philoso-*
phique, Étienne Geoffroy Saint-Hilaire, avait émise de
son côté dans sa *Théorie des analogues.* Schelling avait
dit : « Ces transformations générales et constantes, que
« la nature opère dans la production des diverses es-
« pèces, proviennent d'un seul et même type fonda-
« mental qui se répète sans cesse avec des rapports qui
« changent toujours. » Une loi d'unité interne fut
reconnue comme le caractère des forces universelles.
Elle devint le principe suprême qui servit à expliquer
la liaison des formations chimiques avec les développement organiques, les rapports étroits de l'anatomie et
de la physiologie comparées. On observa le travail
mystérieux de la nature et, comme s'exprimèrent les
savants sortis de son école, le côté *nocturne* de la création. Le système de Schelling fut transporté dans les
sciences naturelles par des hommes dont les noms et
les travaux n'ont pas été sans célébrité en Allemagne :
par Oken dans la zoologie, par Steffens dans la géologie, par Döllinger, Görres et Schubert dans la physiologie; par Marcus, Troxler, Jahn dans la pathologie.
Il donna naissance à une physique spéculative et même

à une médecine pratique. Toutes les deux étaient certainement fort hasardeuses, et peut-être eût-il été aussi
peu sûr d'admettre les hypothèses de l'une que peu
prudent de se confier aux remèdes de l'autre.

C'est surtout en philosophie que se fit sentir sa féconde influence. Des écoles diverses sortirent de son
enseignement. Selon les époques et les aspects successifs de ses doctrines, il eut pour disciples des panthéis-
tes décidés qui étudièrent la nature en identifiant Dieu
et le monde, l'âme et le corps ; des théistes savants à
tendance un peu mystique, qui placèrent Dieu dans la
nature tout en le reconnaissant au-dessus d'elle, et qui
recherchèrent les lois de la matière, où ils introduisi-
rent l'esprit transformé en principe générateur et vital
des êtres ; enfin des chrétiens raisonneurs et érudits
qui poursuivirent les solutions suprêmes à l'aide de
la pensée mêlée aux saintes traditions. C'est encore à
lui qu'il faut faire remonter en partie l'œuvre de Hégel, qui lui emprunta son premier système en l'exagé-
rant.

La doctrine de Hégel, née de la sienne, mettait la
dialectique à la place de l'imagination. Elle déduisait
mieux en apparence et ne hasardait pas moins. Bornée
dans son principe, vaste dans ses développements, arbitraire sous un appareil algébrique, séduisante par la
hardiesse comme par l'universalité de ses conclusions,

elle avait gagné depuis quelque temps les esprits en Allemagne et s'y était établie. A l'identité primitive de l'être et de la pensée dont Schelling fait la source commune de la nature et de l'humanité, Hégel, dans l'intérêt d'une unité plus rigoureuse, substitua l'idée absolue, l'idée pure, l'idée logique, qui, par sa propre et seule activité, devient successivement nature et esprit, monde physique et monde moral. Dans ce système, l'essence des choses était dans leur connaissance, et l'idée produisait l'être.

Ramenant tout l'univers à une simple notion, Hégel la poursuivit dans le cours de son existence compliquée et de ses métamorphoses progressives, la montra passant, en vertu de sa force et comme de sa dialectique instinctive, d'une sphère inférieure à une sphère plus haute, d'une forme moins parfaite à une forme plus achevée. Cette notion se produit d'abord en sortant de Dieu, qui, avant de se réaliser par l'idée, est une pure abstraction, et elle va d'évolution en évolution jusqu'à ce qu'elle finisse par se perdre dans le muet abime du néant originel d'où elle s'est tirée on ne sait comment et où, après une course aussi vaine que laborieuse, elle retourne on ne sait pourquoi. Hégel en retraça néanmoins la marche à travers toutes les crises de la nature, toutes les phases de l'humanité, parmi tous les éléments comme sous les lois de la physique, entre les

causes comme au milieu des événements de l'histoire.
Avec une habile pénétration et une incontestable puissance, il l'observa et la décrivit dans la matière, dans
la science, dans l'État, dans l'art, dans la religion,
dans la philosophie, et montra l'être *pur* se réalisant
dans la nature, puis la nature devenant esprit, enfin
l'esprit devenant Dieu. La philosophie de Hégel était
un panthéisme abstrait et absolu. Elle enlevait au
monde, son auteur ; à la création, sa sagesse ; à la vie,
sa raison divine et sa fin morale ; à l'âme humaine, son
immortalité. Elle partait du néant de l'être, passait
par le néant du devenir, aboutissait au néant de la
mort, en traversant d'une manière fatale, par un progrès sans motif, une existence sans but.

Ce fut surtout pour s'opposer aux progrès de cette
périlleuse doctrine que M. de Schelling fut appelé en
1841 à Berlin. Déjà en 1834, trois ans après la mort
de Hégel, il avait hautement désavoué une philosophie
qui s'était donnée comme l'achèvement de la sienne, et
il vint alors la combattre dans le lieu même où elle
avait été enseignée. Il ne se sentait plus suffisamment
libre à Münich, où la domination catholique avait gêné
depuis quelque temps l'indépendance intellectuelle, et
il céda sans peine aux propositions du roi de Prusse,
qui lui offrait une entière liberté et une existence opulente. A son arrivée à Berlin, l'Académie qu'avait fon-

dée Leibniz, et qui ne s'était ouverte ni à Fichte ni à
Hégel, le reçut parmi ses membres. Le public fut avide
d'apprendre sa doctrine, que Frédéric-Guillaume IV
croyait destinée sans doute à arrêter le panthéisme
triomphant. Après un long silence, Schelling reprit la
parole au milieu d'auditeurs accourus pour contem-
pler et pour entendre ce célèbre interprète de la nature, ce profond adorateur de Dieu qui, le regard
encore plein de feu sous une tête blanchie, allait
livrer éloquemment le secret de ses dernières méditations.

« Il y a aujourd'hui quarante ans, dit-il, que je suis
« parvenu à tourner un nouveau feuillet de l'histoire
« de la philosophie. Une seule page de ce feuillet est
« actuellement remplie, et j'aurais vu avec plaisir
« qu'un autre que moi, tirant de cette découverte tout
« ce qu'on en peut tirer, eût écrit la page restée en
« blanc. » On ne l'a pas fait, et, loin de compléter la
philosophie, on l'a compromise : les libres recherches
ont été rendues suspectes par des conclusions irréli-
gieuses, et en ébranlant la morale on a déconsidéré la
pensée. Il apporte à la philosophie les secours qu'elle
a droit d'attendre de lui. « J'ai fait la moitié d'une
« chose, ajoutait-il plus tard avec une ironie assez hau-
« taine, et Hégel l'a prise pour le tout. Dieu a deux
« faces : j'ai donné la déduction logique de son être

« par le développement de son idée, il l'a prise pour la
« démonstration effective de son essence métaphysi-
« que. » Ce qu'un autre n'a pas entrepris, il va l'accomplir lui-même. Il achèvera ainsi la doctrine qui fut
l'invention de sa jeunesse.

Transporté au milieu d'auditeurs dont la plupart,
déjà gagnés à d'autres idées, doivent être moins accessibles aux siennes, il flatte leur patriotisme et les dispose à la persuasion en ménageant leur indépendance.
Il assure que rien de ce qu'a acquis la véritable science
depuis Kant ne sera perdu. Son unique but est d'étendre et de perfectionner la philosophie. Il la glorifie en
la rattachant à l'histoire de son pays. Elle y est née,
lorsque le grand acte de la délivrance spirituelle fut
accompli par la réformation, et, en exaltant naguère le courage de la jeunesse aux jours des malheurs de l'Allemagne, elle a contribué à la délivrance nationale. Pour lui, Allemand par le cœur,
ayant tour à tour ressenti les souffrances et les prospérités de la patrie, il conjurait les Allemands de ne
pas laisser se dissiper et se perdre cet héritage de la
science qui était leur honneur comme il avait fait leur
salut ; il ajoutait avec non moins de bonheur que d'é-
loquence :

« Je suis venu au milieu de vous, n'ayant d'autre
« arme que la vérité, ne prétendant à d'autre pro-

« tection qu'à celle que la **vérité** offre par sa propre
« force, ne demandant d'autre **droit** que celui que je
« désire voir conserver à **chacun** de vous, le droit de
« rechercher librement ce qu'il convient de croire, de
« communiquer librement ce que j'aurai découvert...
« Je me voue tout entier à la mission dont je me suis
« chargé : je vivrai pour vous, pour vous je ne cesserai
« de travailler tant qu'il y aura en moi un souffle de
« vie et tant que le permettra Celui, sans la volonté
« duquel un cheveu ne saurait tomber de nos têtes,
« encore moins une parole profondément sentie sortir
« de notre bouche ; Celui sans l'inspiration duquel
« une idée lumineuse ne peut s'élever dans notre es-
« prit, ni une pensée de vérité et de liberté éclairer
« notre âme. »

La philosophie nouvelle que M. de Schelling professa
à Berlin, il l'avait déjà exposée à Münich. Par le système
de l'identité, il avait conduit toutes choses vers Dieu ;
mais si Dieu y était proposé pour l'unité nécessaire,
il n'y était pas compris dans la réalité de son existence,
ni montré dans l'acte de la création. Dieu traversait
tout et dépassait tout ; il était dans tout, sans demeurer
en rien. Source de l'être et terme de la pensée, ce Dieu
tombé dans l'imperfection de l'existence passagère,
obscurci par les ténèbres de la connaissance bornée,
ayant produit sans volonté, perfectionnant sans amour,

tantôt moins, tantôt plus que l'homme; ce Dieu qui avait un développement et non une providence, auquel on arrivait non par l'adoration, mais par la déduction, qui n'était pas le recours de l'âme, mais le but de la logique; ce Dieu impersonnel, ne pouvait pas plus suffire à la raison que contenter le sentiment du genre humain.

Sans renoncer à cette doctrine, Schelling la transforma. Il s'arrangeait avec beaucoup d'art pour être fidèle à lui-même tout en se modifiant. Les conceptions ne coûtaient rien à sa facile fécondité, et il les plaçait savamment dans un accord harmonieux. C'est ainsi qu'il sut faire de la seconde phase de son système le complément de la première. Dans la première il n'obtenait, par l'esprit, qu'un Dieu abstrait, et il l'appela philosophie *rationnelle* ou *négative*, comme n'établissant rien que l'idéal; dans la seconde, qu'il nomma *positive*, il s'éleva au Dieu réel, placé non-seulement au delà, mais au-dessus de l'existence, dont il est plus que la fin, dont il est la cause.

La philosophie *négative* monte les degrés divers de l'existence et atteint, de progrès en progrès, à l'idée du dernier principe qui, n'étant plus une forme, mais la substance même de l'être, demeure la réalité absolue, puisqu'elle ne peut plus se résoudre en autre chose. L'homme parvient ainsi à Dieu par l'idée, et en Dieu il

trouve un idéal au moyen duquel il s'élève au-dessus
de lui-même. Mais le principe retrouvé par là est uniquement le produit de la pensée. Afin de le réaliser et
d'en faire la base vivante de la science, il faut passer à
la philosophie *positive*, qui se transporte, par un élan
immédiat et direct, jusqu'au *prius* absolu, comme il
l'appelle, descend ensuite de Dieu au monde, du Créateur à la création, de l'existence nécessaire à l'existence contingente.

Comment Schelling montre-t-il le Dieu réel, prouve-
t-il le Dieu créateur? L'homme lui en offre le moyen.
En acquérant la connaissance de soi-même, l'homme
aperçoit en lui une opposition intérieure dont il ne
saurait triompher tout seul; il sent de plus que l'ordre de choses dans lequel il vit est accidentel et pouvait ne pas être. Libre vis-à-vis du monde, il comprend que le monde est librement produit. Le sentiment profond d'une incontestable liberté est la raison
métaphysique qui le conduit à un Dieu, auteur volontaire du monde. La vue de son infirmité morale lui
attestant sa séparation de celui en qui est le souverain
bien, la pleine connaissance, la tranquille félicité, et
lui faisant désirer avec ardeur sa réunion à lui, est la
raison pratique qui le conduit à un Dieu personnel et
libre. Ainsi le Dieu auquel Schelling arrive est un Dieu
dont l'existence est antérieure à toute volonté, à toute

pensée ; qui, en même temps qu'il est tout, contient en soi le principe de tout.

Parvenu à cette notion véritable de Dieu, à ce profond théisme qui est le terme de toute vraie philosophie, Schelling fit un pas de plus ; il devint philosophiquement chrétien. Sans s'éloigner de son ancien système, il exposa une interprétation originale et savante des anciennes religions et particulièrement du christianisme. Il enseigna ce qu'il a appelé une *philosophie des mythologies* et une *philosophie de la révélation.*

Selon M. de Schelling, l'homme en qui se sont concentrées les puissances divines pour former une nouvelle unité, ayant comme esprit une action libre, a pu se transporter dans un nouveau développement, y entraîner les puissances théogoniques elles-mêmes, se séparer arbitrairement de Dieu, et, avec lui, en séparer le monde. C'est alors que les puissances théogoniques qu'il a égarées et auxquelles il reste assujetti, conservant encore quelque chose de leur nature divine, produisent dans la conscience humaine une série de fausses images qui composent la succession des mythologies. Ces mythologies, dont l'évolution est représentée par les divers peuples, ne sont pas seulement les produits de la pensée, elles sont les reflets des puissances engagées dans la construction de la nature. Les conceptions religieuses se perfectionnent

ainsi graduellement, moins à l'aide d'un savoir plus
étendu découvrant mieux l'ordonnance du monde et en
faisant mieux connaître l'auteur, que par l'action que
ces puissances exercent sur l'intelligence et sur la foi
des hommes. Avec elles M. de Schelling avait composé
le monde, par elles il fonde les religions ; il montre et
il explique la succession de celles-ci depuis le poly-
théisme qui fait illusion à l'homme jusqu'au christianisme qui l'éclaire et qui le sauve. Le christianisme
est seul vrai et seul complet à ses yeux. En le consi-
rant comme l'œuvre de la puissance théogonique spirituelle qui s'incarne et se sacrifie pour vaincre le
mal dans le monde et ramener l'homme à Dieu, le
philosophe en déduit spéculativement la trinité et en
tire la rédemption terrestre et la vie future, en se rapprochant de son mieux, quoique bien arbitrairement,
des textes évangéliques.

Dans cette philosophie de la révélation qui fait suite
à la philosophie de la nature, M. de Schelling a dé-
ployé un savoir étendu, montré une originalité féconde, et, par des interprétations subtiles, développé
des déductions spécieuses. Est-il aussi concluant qu'ingénieux ? Malgré la rare habileté qu'on admire en lui,
on ne saurait se laisser convaincre en des choses où
il n'est guère possible que d'être persuadé. D'ailleurs
M. de Schelling n'accommode-t-il pas un peu trop les

faits à ses théories? Après l'avoir trouvé en bien des
rencontres conjectural comme savant, hypothétique
comme philosophe, il est bien difficile de ne pas voir
en lui un théologien fort hasardeux. Il met tant d'arbitraire dans l'explication de la nature, qu'il n'arrive
pas toujours à la science ; il porte tant d'imagination
dans la philosophie, qu'il affirme assez fréquemment
ce qu'il faudrait démontrer: il interprète si librement
le christianisme, qu'il court le risque de satisfaire
aussi peu la foi que la raison.

La philosophie de la révélation eut moins de succès
à Berlin que n'en avait eu à Iéna la philosophie de la
nature. Elle fut attaquée, et même raillée. Un célèbre
professeur d'Heidelberg, rationaliste non moins passionné qu'opiniâtre, le docteur Paulus, lié autrefois
avec Schelling d'une étroite amitié qu'avait alors rompue le désaccord des idées, parvint à se procurer ses
nouvelles leçons. Il les acquit à prix d'argent d'un des
auditeurs de Schelling, qui lui vendit le manuscrit où
il les avait rédigées, après les avoir entendues. Sans
scrupule et sans ménagement, le docteur Paulus fit
imprimer le manuscrit sous ce titre mordant : *La
Philosophie de la révélation enfin révélée*. Il poursuivit
le système de ses arguments et l'auteur de ses sarcas-
mes. Cette publication irrégulière et peu exacte causa
du scandale en Allemagne, et, un instant, trou-

bla la paix de Schelling. Faite à son insu par l'infidélité d'un élève et la haine d'un adversaire, il s'en
indigna comme d'un larcin, et la désavoua comme une
contrefaçon. Mais, malgré son désaveu, et quoique la
vente en fût d'abord interdite en Prusse, cet ouvrage
se répandit beaucoup, et servit à faire juger son système sans le faire complétement connaître.

La contradiction ne lui manqua point de la part des
Hégéliens, en face desquels il était venu planter son
drapeau. Appelé à Berlin pour les combattre, il ne
souffrit point qu'on les empêchât de lui résister. L'un
des plus fidèles comme des plus résolus disciples de
Hégel l'attaquait tous les jours. Schelling refusa d'être
protégé contre ses vives agressions : « Si l'on ôte la
parole à Marheineke, dit-il, je me tais. Je ne veux
pas qu'on m'appelle le philosophe du roi de Prusse. »
Il souhaitait la liberté pour lui et la réclamait aussi
pour les autres, ne croyant pas qu'on pût commander aux esprits, y introduire les idées par voie d'autorité ou les y étouffer sous la compression du silence.

Il continua son enseignement jusqu'à un âge fort
avancé. Alors le roi lui-même, malgré le prix qu'il
attachait à la propagation de sa doctrine parmi la jeunesse de l'université, le pria de garder sa belle position sans porter les charges trop fatigantes du profes-
sorat. Redevenu silencieux, mais resté méditatif,

Schelling achevait laborieusement son œuvre, dont il mettait d'accord les diverses parties, et qu'il considérait comme la première philosophie universelle, puisqu'elle embrassait dans ses explications Dieu et le monde, la nature et l'humanité, la science et l'histoire, les idées et les religions, l'existence actuelle et la vie future. Il préparait ces nombreux volumes que publie aujourd'hui la pieuse et savante sollicitude d'un fils non moins versé dans ses doctrines que dévoué à sa gloire.

Une modération réfléchie, une dignité sereine, l'ardeur avec la régularité, la tempérance dans la force, les belles satisfactions des sentiments de l'âme, les purs et grands exercices de l'intelligence, aidèrent M. de Schelling à atteindre de longs jours et à les remplir. Mais la mort attend les philosophes qui connaissent le plus la vie et qui en usent le mieux, tout comme elle frappe ceux qui la traversent avec inexpérience et qui l'épuisent sans discrétion. M. de Schelling n'était pas loin de sa quatre-vingtième année. Les effets de l'âge ne se remarquaient point dans son esprit, dont s'était conservée la vigoureuse intégrité. Mais le corps s'affaissait depuis quelque temps, et, pour en remonter les ressorts, il allait d'ordinaire prendre les eaux de Carlsbad ou de Pyrmont. Dans l'été de 1854, se sentant de plus en plus affaibli, il se rendit aux eaux de Ragatz en

Suisse, afin d'y chercher, sinon un remède, du moins un soulagement au mal de la vieillesse qui ne se guérit pas. Il était accompagné de sa femme qui ne devait lui survivre que de quelques mois et d'un de ses fils, professeur de droit à Erlangen. Une brusque inflammation d'entrailles l'enleva en quelques jours.

M. de Schelling mourut le 20 août 1854, loin des capitales qu'il avait remplies de sa parole et de sa renommée, et ses restes furent déposés dans l'humble cimetière d'un petit village des Alpes. Au moment où la dépouille mortelle de ce grand philosophe, qui avait voulu montrer Dieu dans le monde et trouver le christianisme par la raison, fut rendue à la terre, les dissidences des cultes cessèrent sur sa tombe et les ministres de deux Églises en désaccord lui donnèrent les bénédictions de l'Église universelle. Un sage prêtre, le doyen de Ragatz, déclara qu'il n'hésitait point à accorder les prières catholiques à un pareil protestant, devant lequel devaient s'abaisser les barrières qui séparaient les confessions chrétiennes, et rappela, en la lui appliquant, la promesse évangélique : *Il n'y aura qu'un seul pasteur et qu'un seul troupeau.* Un docte et pieux ministre du Würtemberg, le fils même de Schelling, qui n'avait pu accourir assez vite pour lui fermer les yeux, l'accompagna jusqu'à sa dernière demeure, et, dans sa tristesse et sa soumission, il dit comme Job :

Le Seigneur l'avait donné, le Seigneur l'a ôté, que la volonté du Seigneur soit faite! Avec une admiration émue et une foi reconnaissante, il parla de ce que le suprême dispensateur des dons de l'esprit et des vertus de l'âme avait accordé à son glorieux père qui, après avoir été l'un des plus éclatants flambeaux allumés pour éclairer l'œuvre divine, était retourné là-haut pour s'éclairer complétement lui-même à la lumière éternelle. Singulier et bel exemple de conciliation religieuse bien digne d'être donné sur la tombe de ce grand conciliateur qui, durant près de soixante années, avait cherché à tout unir en expliquant tout!

Cette tombe creusée au pied des montagnes, dans une vallée retirée que baignent les premiers flots du Rhin et sur laquelle les cimes des Alpes, étincelantes aux rayons du soleil, projettent soir et matin leurs reflets d'or, semblait un lieu choisi tout exprès pour le repos de ce lumineux ami de la nature, de ce poétique interprète de l'univers. Une simple croix en marqua d'abord la place; mais bientôt, à côté de la croix du chrétien, le roi de Bavière Maximilien II, en prince des plus éclairés et en disciple reconnaissant, a fait ériger un monument au philosophe. Ce monument, que surmonte le buste de Schelling, représente en un bas-relief animé l'éloquent professeur qui du haut de sa chaire communique ses idées à des auditeurs atten-

tifs, parmi lesquels le roi lui-même écoute avec recueillement celui qu'il appelle son maître chéri. On
y lit la glorieuse inscription : *Au premier penseur de
l'Allemagne.*

M. Schelling est en effet un penseur aussi éclatant
que profond. Il a saisi avec puissance et traité avec
originalité les grands problèmes qui s'offrent à l'esprit
avide de découvrir son origine, de connaître sa nature,
de pénétrer sa destinée et qui le tourmentent d'âge
en âge. On peut ne pas trouver ses explications con-
cluantes, mais on ne saurait méconnaître ce qu'il y a
de grand dans ses idées ; son génie qui s'élève vers les
régions inaccessibles peut sembler téméraire, mais il
surprend et il enlève par la force de ses élans, il frappe
par l'étendue de ses pénétrantes suppositions, il éblouit
par la beauté de ses constructions majestueuses. S'il
ne parvient pas à convaincre, il émeut la pensée et
l'entraine à demi séduite dans les mystérieuses con-
templations de l'univers et de Dieu. Schelling n'a vécu
que pour le perfectionnement de la science dont il avait
le culte et dont il était comme le prophète. Il a fait du
monde une œuvre d'art, de la philosophie une religion.
S'il n'est pas de ces génies mesurés et circonspects qui
découvrent les vérités partielles par l'observation, il
est de ces génies entreprenants et hasardeux qui s'élan-
cent vers la vérité universelle par l'inspiration, con-

çoivent ce qui ne se démontre pas, entrevoient ce qui ne s'atteint pas, et parviennent à Dieu par la trace que Dieu a mise de ses desseins dans le monde et de son esprit dans l'homme. La diversité de ces génies aide également à la marche du genre humain : les uns, en l'éclairant d'une abondante et forte lumière sur quelques points de la route ; les autres en lui montrant les plus lointains horizons à travers de vacillantes mais magnifiques lueurs.

PORTALIS

NOTICE

LUE A LA SÉANCE PUBLIQUE ANNUELLE DU 26 MAI 1860

Messieurs,

« Il y a, dit Cicéron, une loi véritable, la droite raison, conforme à la nature, universelle, invariable, éternelle..., qui n'est pas autre dans Rome, autre dans Athènes, autre aujourd'hui, autre demain, qui s'impose à toutes les nations et à tous les temps, » la loi morale que M. Étienne Portalis, exprimant d'un mot heureux la belle pensée du grand orateur

15

romain, a appelée le *droit commun de l'univers*. Ce
droit général, qui domine les législations particulières, doit être le guide des peuples, et à la longue
devenir la règle du genre humain. Tiré du fond
même de l'humanité, exposé comme doctrine par les
philosophes, prescrit comme obligation par les législateurs, ce droit, vers le développement duquel s'a-
vancent les générations à mesure qu'elles s'éclairent,
que les sociétés observent de mieux en mieux en se
polissant de plus en plus, est le type divin de l'équité
humaine, dont les arrangements civils doivent se
rapprocher toujours davantage en se perfectionnant.

La morale dans la loi n'étant pas autre chose que
la justice dans la société, la Révolution française, dont
il ne faut pas ici rappeler les violences, mais considérer les principes, a eu le dessein de recourir à
l'une pour faire prévaloir l'autre. Ce beau dessein
s'est en partie réalisé de nos jours et sous nos yeux.
Deux hommes qui ont siégé dans cette enceinte, et
qui se sont illustrés par leurs travaux comme par
leurs talents, ont eu leur part dans cette œuvre, en
contribuant à l'accomplir ou à l'étendre et à la conserver. Jurisconsultes philosophes et moralistes civils,
les deux Portalis se ressemblent et se continuent. Le
second a suivi, en les dépassant quelquefois, les

grandes traces du premier, dont il n'était pas seulement le fils, mais le disciple. Ils avaient tous deux un esprit éminent, le père plus facile, le fils plus profond. La mémoire de l'un était prodigieuse comme la science de l'autre, et rien n'égalait l'aisance élégante du premier, si ce n'est la forte réflexion du second. Savants et penseurs, cherchant la raison du droit dans la condition des choses, s'en inspirant, l'un pour faire, l'autre pour interpréter la loi, l'un pour donner la règle, l'autre pour rendre la justice, ils ont offert le rare spectacle de deux générations consacrées à la même œuvre et dirigées vers le même but, avec des diversités dans le rôle, mais sans infériorité dans l'esprit.

Joseph-Marie Portalis naquit à Aix le 19 février 1778. Par son père et par sa mère, il appartenait à deux familles importantes de la bourgeoisie de Provence. Les Siméon, l'un son aïeul et l'autre son oncle maternels, s'étaient héréditairement distingués comme habiles avocats au barreau d'Aix, et ils avaient conduit, comme administrateurs élus, les affaires d'une province qui, conservant encore la plupart de ses vieilles libertés, se gouvernait presque en république sous la monarchie. Ainsi qu'eux, son père Étienne Portalis

en avait dirigé avec éclat l'administration pendant
deux années, en qualité de consul et d'assesseur du
pays. Versé dans la science des lois, doué d'une forte
raison qu'ornait une brillante parole, il était grand
jurisconsulte et orateur séduisant. Son esprit, pénétrant et étendu, s'élevait haut sans cesser de voir de
près. Rien de ce qui y entrait n'en sortait, et M. Portalis se souvenait toujours de ce qu'il avait appris
une fois. Sa mémoire était comme un immense dépôt
de faits et d'idées où il puisait sans embarras ce qu'il
y avait déposé sans confusion. Beaucoup savoir l'ai-
dait à bien conclure, et il pouvait écrire avec élégance
en pensant avec promptitude.

Il avait été singulièrement précoce. N'ayant encore
que dix-sept ans, il avait publié sur l'*Émile de J. J.*
Rousseau et sur les *préjugés* deux écrits, dans lesquels
il s'élevait avec bon sens contre un système d'éducation éloquemment chimérique et prouvait avec esprit
qu'il ne suffisait pas toujours qu'une chose fût ancienne pour être mauvaise et transmise pour être
fausse. S'il repoussait des innovations outrées, il se
déclarait en faveur de réformes nécessaires. Il fit, à
l'âge de vingt-quatre ans, sur les mariages des protestants, mis depuis plus de trois quarts de siècle hors
de la société civile par l'intolérance religieuse, une
consultation étendue, dans laquelle le droit était

rendu si certain avec une habileté si touchante, que le défenseur de Calas et de Sirven, le vieux Voltaire émerveillé écrivit en marge du manuscrit précieusement conservé dans les archives de la famille Portalis : — « Ce n'est pas une consultation; c'est un traité de philosophie, de législation et de morale. » — Imprimé partout en 1770 et partout applaudi, ce traité contribua à former l'opinion publique qui disposa la royauté à reconnaître, par l'édit de 1788, l'existence légale des protestants, dont M. Portalis eut la gloire de constituer, trente et un ans après, l'existence religieuse.

Premier avocat du barreau de Provence, qui comptait alors des membres si éminents et où il se montra l'adversaire spirituel du mordant Beaumarchais, et l'antagoniste heureux de l'éloquent Mirabeau, M. Portalis fut lui-même l'instituteur de son fils. Il développa de bonne heure son intelligence et l'instruisit surtout en le faisant réfléchir. Il l'éleva au milieu des affaires et, pour ainsi dire, dans le culte du droit. Montesquieu était l'objet de son admiration, il le lui donna pour guide. A l'âge de dix ans, le jeune Portalis analysait l'*Esprit des Lois*. Ce grand livre fut comme la Bible de la famille juridique des Portalis; il était le texte des leçons que le père donnait au fils. Celui-ci en saisissait avec justesse les pensées, lors même qu'il ne les rendait pas dans toute leur grandeur. Ainsi qu'il le dit ingénieusement, ses extraits reproduisaient *l'Esprit des Lois*, comme une lunette d'approche, dont on se servirait à l'envers, reproduit un paysage. Sous une aussi forte discipline son esprit mûrit de bonne heure : il n'eut presque pas d'enfance, et ne devait jamais sentir le déclin.

Il entrait dans sa douzième année, lorsque survint la Révolution de 1789 qui bouleversa bientôt toute l'existence de son père. Obligé de quitter la ville d'Aix, parce qu'il n'y était plus en sûreté, Étienne Portalis se retira avec sa famille, en 1790, dans sa terre héréditaire des Pradeaux, au village du Beausset, non loin de Toulon. Menacé de mort dans cette retraite, où il continuait l'éducation de son fils et où il écrivait un ouvrage sur les sociétés politiques, il chercha, en 1792, un asile à Lyon. Après le siége de cette ville infortunée, prise par l'armée de la Convention et livrée aux exécutions les plus sanglantes, M. Portalis, ne voulant pas émigrer comme il l'aurait pu, eut, au plus fort de la Terreur, l'étrange hardiesse de se réfugier à Paris. Il y avait été précédé par une dénonciation de la nouvelle commune de Lyon, qui invitait toutes les autorités de la République à se saisir de *Jean-Étienne Portalis, homme de loi et contre-révolutionnaire échappé à la vengeance des lois. Il ne*

pouvait manquer d'être découvert ; découvert, d'être
emprisonné, et la prison était à cette époque l'ave-
nue de l'échafaud. Il fut assez heureux pour trouver
un protecteur dans celui-là même qui devait l'arrêter.
Ce protecteur inattendu était un ancien clerc de pro-
cureur qu'il avait traité avec bienveillance à Aix, et
qui le lui rendit à Paris avec une gratitude courageuse. Il s'appelait Desvieux : au pouvoir que lui
donnaient la présidence d'un des tribunaux de Paris
et la qualité de membre de sa redoutable commune,
se joignait la faveur du tout-puissant Robespierre.
Montrant à M. Portalis l'accusation dont il était l'objet, il lui offrit, pour s'y soustraire, ou un passe-port
qui l'aiderait à sortir de France, ou une maison de
détention qui, assurait-il, lui permettrait d'y rester
en sécurité. Avec une témérité singulière, M. Portalis
préféra l'emprisonnement à l'émigration.

Prisonnier par choix, il fut enfermé dans une maison privilégiée et célèbre de la rue de Charonne. Le
jeune Portalis l'y visitait chaque jour. Il partageait
ses soins et ses heures entre sa mère, plongée dans la
plus douloureuse anxiété, et son père, que la reprise
de l'accusation pouvait, de moment en moment, conduire devant le tribunal révolutionnaire. Ce péril se
présenta bientôt. L'agent national de la commune de
Paris, Payan, qui avait connu M. Portalis dans le Midi,

d'où il était lui-même, l'avait dénoncé à Robespierre,
et Robespierre l'avait porté sur la liste meurtrière
qu'il adressait chaque jour à l'accusateur public,
Fouquier-Tinville. Ne pouvant plus empêcher la
poursuite, le zélé Desvieux voulut faire différer le
jugement. Il courut, avec le jeune Portalis consterné,
chez Fouquier-Tinville, qui, se refusant d'abord à
ses instances, lui répondit qu'il ne se souciait pas,
pour préserver la tête d'autrui, d'exposer la sienne,
et finit par lui dire, en lui montrant un amas de dossiers : — « Tu vois ces dossiers, tous les accusés qu'ils
concernent me sont désignés par Robespierre : ar-
range-toi pour que le dossier de celui auquel tu t'in-
téresses arrive des derniers. » Desvieux plaça le
dossier de M. Portalis au-dessous de tous les autres,
ne négligea aucune des précautions propres à faire
gagner du temps, et dit au jeune Portalis, pour le
rassurer : — « Ne craignez rien ; avant peu Robespierre prendra toute l'autorité ; il deviendra le modérateur de la Révolution et le dictateur de la République. Je le seconderai dans son entreprise. Lorsqu'il
aura réussi, pour prix des services que je lui aurai
rendus, je lui demanderai, et il ne pourra pas me
refuser, la vie de votre père. »

Il l'engagea à suivre assidûment les séances de la
Convention, où il verrait bientôt s'accomplir le des-

sein dont il lui faisait confidence, et dont il ne mettait pas en doute la réussite. M. Portalis n'en manqua aucune. Il était dans les tribunes de la Convention, lorsque Robespierre, avec un visage hautain, par un discours étudié prononcé d'une voix impérieuse, commença, le 8 thermidor, la formidable lutte qu'il reprit le 9, et dans laquelle, rencontrant d'abord, chez cette assemblée jusque-là soumise, les hésitations de la défiance, excitant ensuite la révolte de la peur, il fut décrété d'accusation, et succomba au lieu de triompher. Le fils de M. Portalis n'assista pas sans émotion à ce combat de l'issue duquel paraissait dépendre la vie d'un père, que la défaite du sanguinaire prétendant à la dictature assura bien mieux que ne l'aurait fait sa victoire. La chute de Robespierre marqua la fin de la Terreur, et M. Portalis ne fut pas sauvé seul, il le fut avec tout le monde.

Mais la Révolution réservait aux Portalis d'autres épreuves et de nouveaux périls. Trois ans après, le père et le fils erraient, déguisés, sur une route d'Allemagne, cherchant un asile vers le fond du Nord. Comment M. Portalis fuyait-il, sous le Directoire, son pays qu'il n'avait pas voulu quitter pendant les jours les plus sinistres de la Convention? Élu membre des conseils législatifs qu'avait créés la Constitution de l'an III, il avait pris une grande place à celui des

Anciens, où l'avait fait entrer son âge. Il y avait
exercé toute l'influence que donne dans une assemblée la raison quand elle sait être éloquente. S'élevant avec succès contre des lois iniques et des mesures inhumaines, il fit rejeter la spoliation des
ascendants des émigrés, qui était un attentat aux
droits sacrés de la nature; il combattit l'immorale
facilité des divorces, qui dissolvait les familles, élément fondamental de l'État; il s'opposa au dangereux
rétablissement des sociétés populaires, capables de
perdre les républiques aussi bien que de renverser
les monarchies; il repoussa le bannissement cruel des
prêtres non assermentés, auxquels l'intolérance re-
fusait l'exercice de leur culte et la proscription enlevait leur patrie; il sauva de la mort ces naufragés de
Calais, tristes épaves de l'émigration, que la violence
de la tempête avait jetés sur les côtes de la France,
et que la barbarie de la loi envoyait à l'échafaud.
Réputé contre-révolutionnaire, parce qu'il n'avait
pas été inhumain, traité en conspirateur royaliste,
parce qu'il s'était montré législateur libéral, il fut
compris dans le coup d'État du 18 fructidor. Il n'é-
chappa que par la fuite à la déportation.

Retiré d'abord à Zurich, puis dans un obscur village du Brisgau, il se trouvait trop près de la main
menaçante du Directoire, qui s'emparait alors de la

Suisse. Il se disposait à descendre avec son fils en
Italie, lorsqu'un autre proscrit de fructidor, le général Mathieu Dumas, réfugié dans le Holstein, l'invita,
au nom du comte Frédéric de Reventlau, à se rendre
au château d'Emckendorff, où des bannis comme lui
recevaient la plus sûre et la plus gracieuse hospitalité.
Ce château, situé au milieu d'un pays agréable, à côté
d'un beau lac, non loin d'une vaste forêt, offrit au
père une douce retraite et au fils une résidence charmante aussi bien qu'instructive. Il devint pendant
leur séjour une sorte d'académie européenne. Le comte
de Reventlau, ancien ministre de Danemark dans
plusieurs des grands États de l'Europe, avait l'esprit
très-cultivé, et sa femme, la comtesse Julie, unissait
à l'âme la plus noble l'imagination la plus délicate.
Épris du talent, charmés par le savoir, empressés pour
l'infortune, ils avaient attiré auprès d'eux plusieurs
des hommes célèbres de l'Allemagne et quelques-uns
des proscrits distingués de France.

Leurs illustres et poétiques parents, les comtes
Christian et Léopold de Stolberg, y venaient de leur
terre de Tremsbüttel ; leur ami, l'éloquent philosophe
Jacobi, y faisait de longs séjours ; avec le fameux voyageur Niebuhr, dont le fils devait accroître la renommée par l'originalité de ses travaux historiques, ils y
recevaient les savants professeurs de l'université voi-

sine de Kiel et surtout le fécond historien Hegewisch ;
Klopstock, alors plein d'ans et de gloire, s'y rendait
souvent de Hambourg, et le plus pénétrant comme le
mieux instruit des historiens du dernier siècle sur les
peuples et les États du Nord, Auguste-Louis Schlösser
y arrivait quelquefois de Göttingue. Au nombre des
Français qu'ils y accueillirent ou, pour mieux dire,
qu'ils y appelèrent, se trouvaient le général Mathieu
Dumas, dont l'esprit était aussi ferme que l'âme, et
qui, après avoir été l'invariable défenseur des principes de la Révolution, l'adversaire résolu de ses excès,
devait être le narrateur tempéré de ses grandes guerres ; Quatremère de Quincy, l'un des persécutés du
Directoire et le futur auteur du *Jupiter Olympien*.

C'est dans cette charmante demeure, au milieu
d'une société si éclairée, que vécurent les deux Portalis pendant la durée de l'exil que la proscription
avait imposé à l'un et l'amour filial commandé à l'autre. C'est là que le père, déjà presque aveugle, dicta au
fils son remarquable ouvrage sur *l'Usage et l'abus de
l'esprit philosophique au dix-huitième siècle*. C'est là
que le fils traita lui-même avec succès un sujet de
haute littérature historique. L'Académie royale des
inscriptions et belles-lettres de Stockholm avait proposé la question suivante : « Du devoir qu'a l'historien de bien considérer le génie de chaque siècle, en

jugeant les grands hommes qui y ont vécu; » à vingt ans il eut l'ambition de la résoudre.

Dans son ouvrage, qui fut couronné par l'Académie de Stockholm, on reconnaît le disciple assidu de Montesquieu. Il y montre un savoir aussi solide que varié, et l'on n'y trouve pas sans surprise les vues élevées ou ingénieuses d'un esprit qu'a mûri la réflexion, et qui par la sagacité supplée à l'expérience. Ce juge précoce des grands hommes ne laisse voir sa jeunesse qu'à son enthousiasme. Il célèbre avec éclat les beaux actes accomplis, les utiles découvertes opérées en l'honneur ou au profit du genre humain par ceux qui ont eu la glorieuse mission de le conduire et de l'éclairer. Ses aperçus dénotent un penseur et son style annonce un écrivain. Quelquefois seulement, trop de subtilité lui donne un air de recherche, et il se livre à des mouvements d'éloquence qui ne sont pas assez éloignés de la déclamation. Ses jugements, tout en étant très-philosophiques, sont trop oratoires : heureux défaut d'une noble intelligence ouverte aux belles choses, excusable intempérance de la louange envers le génie qui sert l'humanité. M. Portalis, en se passionnant pour la grandeur, ne la sépare pas de la justice, et il ne ressent que des admirations honnêtes.

Il n'obtint pas seulement à Emckendorff son premier succès littéraire, il y trouva la plus grande félicité de sa vie. Le comte et la comtesse de Reventlau avaient auprès d'eux une nièce qu'ils avaient adoptée comme leur fille. La jeune comtesse Ina de Holk, descendant d'une illustre famille dont a parlé Schiller dans son *Histoire de la guerre de Trente ans* et dans sa tragédie de *Wallenstein*, avait une beauté noble, un esprit élevé, une douceur charmante, les agréments qui attirent et les mérites qui attachent. M. Portalis sut lui inspirer les tendres sentiments qu'il ressentit pour elle, et il épousa bientôt cette femme rare, qui lui donna près d'un demi-siècle de bonheur.

La chute de Robespierre avait rendu Étienne Portalis à la liberté, le renversement du Directoire le rendit à sa patrie. Après le 18 brumaire, il fut rappelé en France, au moment où devait enfin s'y accomplir, dans l'ordre civil, la réforme la plus étendue et la plus heureuse qui se soit encore opérée en aucun temps et en aucun pays. Besoin irrésistible d'un grand peuple, cette réforme fut l'œuvre durable d'un grand homme. Le général Bonaparte se fit en cela l'exécuteur civil de la Révolution de 1789, dont il méconnut les principes politiques, qui devaient reparaître après lui et survivre à sa puissance, condamnée à se perdre faute d'être contredite et contenue.

M. Portalis fut, en ce beau travail de la reconstruc-

tion sociale, l'un de ses plus habiles coopérateurs.
En quatre mois, il acheva tout un Code civil, de concert avec le profond Tronchet et le judicieux Bigot de
Préameneu. Fidèle représentant de cette loi romaine
qui avait constamment régi le pays de sa naissance,
à laquelle avait été donné le nom mérité de *raison
écrite*, il en accorda la vieille sagesse avec l'esprit
généreux de la Révolution française, qui, ayant pour
principe l'égalité humaine, devait avoir pour conséquence l'équité civile, et, visant au triomphe du droit,
devait aboutir à l'établissement de la règle la plus
juste comme la plus utile. Aussi dans le grand édifice
légal auquel il mit si fortement la main, il fit entrer
les matériaux les meilleurs venus des temps anciens
ou trouvés dans les temps modernes, et il unit la législation avec la morale, qui n'est au fond que la perfection de la justice. En effet, la justice la plus pure
et la plus haute présida aux dispositions du Code qui
fondait l'état et les droits des personnes, déterminait
la nature, l'acquisition, la jouissance, la transmission,
le partage des biens, fixait les formes et les conditions
des contrats, d'après une équité souveraine, tirait les
rapports des hommes de la loi même des choses, et
donnait le droit le plus beau à la société la plus perfectionnée. Principal rédacteur de ce vaste Code,
M. Portalis en présenta, avec une sorte de grandeur

et une simplicité élégante, le magnifique ensemble
dans le discours préliminaire qui en est la théorie
éloquente, discours qui obtint l'admiration et qui la
conserve.

Après avoir été l'interprète de l'équité naturelle et
de la raison civile, il concourut à la pacification des
croyances. Pieux et politique, en même temps qu'il
gardait à la religion chrétienne la plus entière fidélité, M. Portalis avait le plus ferme attachement à
l'État, et il savait avec précision ce que réclamait la
liberté de l'une et ce qu'exigeait la souveraineté de
l'autre. Il éclaira les grands instincts du premier consul des sûres lumières de sa science dans cette négociation du concordat de 1801, qui fut le traité du gouvernement français avec le gouvernement pontifical
pour la restauration de l'Église catholique. La conclusion de ce mémorable accord fut suivie d'une loi
qui constituait l'existence publique des cultes chrétiens. Œuvre de M. Portalis, cette loi, connue sous le
nom d'*Articles organiques*, réglait les conditions de
leur exercice placé sous l'autorité de l'État, qui nommait ou confirmait leurs ministres, pourvoyait à leur
subsistance, respectait en eux les droits religieux sans
souffrir de leur part des usurpations politiques.

Outre les œuvres importantes auxquelles M. Portalis eut la gloire d'attacher son nom, il eut le mérite

moins connu d'inspirer une grande création. Le temps avait sécularisé l'intelligence, la Révolution devait séculariser l'enseignement. Faire donner par l'État, et à tous les degrés, l'instruction dans tout le pays, fut le problème difficile que tentèrent tour à tour de résoudre les assemblées et les gouvernements de la France depuis 1789. Les essais avaient été multipliés. Après le vaste et ingénieux système, exposé par M. de Talleyrand, sous l'Assemblée constituante, qui le décréta sans le réaliser, s'étaient succédé sous la Convention, le Directoire et le Consulat, des conceptions chimériques ou des établissements imparfaits. Un jour, à Saint-Cloud, le grand réorganisateur qui avait refait l'administration de l'État, qui avait réglé la société civile, qui avait opéré la pacification religieuse, voulait pourvoir aux besoins de l'intelligence en fondant l'instruction publique. Il s'en entretenait avec Fourcroy, qui en avait alors la direction. M. Portalis assistait à cette conférence et y développa le plan d'après lequel l'enseignement serait confié à un grand corps qui l'animerait de son esprit et le donnerait avec efficacité. Il proposa de rendre ce corps universel, comme le demandait un pays devenu homogène ; d'accorder à ses membres, sortis d'un séminaire laïque et formant une sorte de clergé intellectuel, des priviléges qui n'altéreraient pas le droit commun et

d'exiger d'eux des engagements qui n'aliéneraient pas
leur liberté, de les distribuer en une hiérarchie régulière ayant à sa tête un chef, conduite par un conseil suprême, soumise à une juridiction spéciale,
possédant une dotation particulière, vivant sous une
loi respectée et capable par là de remplir avec sécurité et avec habileté l'important service moral de
l'éducation publique. Ce projet, qui empruntait quelques formes au passé, en les associant à quelques
vues du présent, était la centralisation séculière de
l'intelligence et de l'enseignement dans une corporation tout à la fois éclairée et libre, constituée bientôt
en Université de France. Dans cet entretien, M. Portalis avait soutenu la prééminence des lettres qui
donnent l'instruction fondamentale et forment l'esprit général, sur les sciences qui ont des objets spé-
ciaux et ne pourvoient qu'à une instruction particu-
culière. Aussi Napoléon ne fit pas d'un savant célèbre,
mais d'un lettré éminent le grand maître de l'Université, et il remplaça M. Fourcroy par M. de Fontanes.

Pendant que M. Portalis servait ainsi son pays au
dedans, son fils apprenait à le servir au dehors. Dès
l'année même de leur retour en France, il était entré
dans la carrière diplomatique. Il y assista, pour ses
débuts, à ces premières transactions du siècle, qui

eurent tant d'éclat et qui devaient avoir si peu de durée ! Il suivit aux congrès de Lunéville et d'Amiens le plénipotentiaire Joseph Bonaparte, et il vit conclure les négociations glorieuses qui consacrèrent la grandeur déjà acquise de la France, que ses victoires avaient étendue jusqu'au Rhin et jusqu'aux Alpes, et qui redonnèrent pour un moment la paix générale au monde. Chargé de porter à Paris le traité d'Amiens, il fut le messager heureux de la réconciliation trop passagèrement rétablie entre les deux puissants pays restés les derniers sous les armes. Tour à tour premier secrétaire d'ambassade à Londres, de légation à Berlin, et accrédité comme ministre plénipotentiaire auprès de l'électeur archichancelier de l'Empire à Ratisbonne et de la diète germanique, il resta cinq ans dans cette carrière où il s'était avancé avec rapidité et qu'il aurait parcourue avec distinction.

Mais il en sortit le 2 juin 1805, rappelé auprès de son père, tout à fait privé de la vue, pour être son auxiliaire dans l'administration des cultes. Nommé secrétaire général de ce ministère nouveau, il entra, peu de temps après, au conseil d'État comme maître des requêtes en service ordinaire. Il prit part alors à un acte considérable qui compléta l'organisation des cultes. Cet acte fut une sorte de concordat avec la race israélite. La Révolution française de 1789 avait relevé

et affranchi les restes de cette nation, si petite par
l'espace qu'elle a occupé sur la terre, si grande par le
rôle qu'elle a joué dans l'histoire, qui, dispersée pendant tant de siècles au milieu des autres peuples, y a
vécu, abaissée sous leur mépris, sans rien perdre de
ses vieux sentiments, opposant la grandeur de ses
immortels souvenirs à l'opprobre de ses relations présentes, et résistant à la ruine comme à l'oppression
par ses invincibles espérances. Tirés de cet état
d'abaissement et devenus citoyens d'un pays dont il
ne leur avait pas été toujours permis d'être les habitants, les israélites, pour lesquels la Bible et le Tal-
mud formaient le droit en même temps que le culte,
devaient renoncer à certaines dispositions de leur ancienne loi et adopter la morale civile de leur nouvelle
patrie. C'est afin de mettre en harmonie les usages
juifs et les lois françaises que se réunirent à Paris,
en 1806, deux assemblées solennelles de notables et
de docteurs en Israël, auprès desquelles M. Portalis
fut nommé commissaire, avec M. Pasquier et M. Molé,
pour opérer cette importante transformation.

Dans l'assemblée politique et dans le grand Sanhé-
drin religieux, les députés et les rabbins israélites
décidèrent, sous la direction des commissaires impé-
riaux, conformément aux articles qui leur furent présentés par eux, que la famille juive aurait les mêmes

fondements et serait soumise aux mêmes conditions
que la famille chrétienne; que le juif, malgré l'au-
torisation contraire de la Bible, ne prendrait jamais
qu'une seule femme par une union contractée devant
le magistrat avant d'être bénite dans la synagogue;
qu'il ne lui serait permis de la répudier, selon le rit
mosaïque, qu'après avoir fait prononcer le divorce en
justice; qu'il reconnaissait avec bonheur la France
pour sa patrie, était obligé de la défendre, serait glorieux de la servir; que le Français n'était pas pour lui le
nochri ou l'étranger du Deutéronome, mais son propre
frère; qu'il était tenu de remplir envers lui tous les
devoirs de la charité civile, et ne pouvait pas plus
faire usage du *neschek*, ou du prêt à intérêt, envers
ce compatriote par la loi, qu'il ne le faisait envers son
ancien compatriote par le sang.

Après les belles et touchantes délibérations de ces
assemblées, le culte israélite eut non plus un exercice
toléré, mais une constitution régulière dans l'État;
l'assimilation des races fut complétée sur le sol de
la France, la communauté de la règle morale et l'u-
nité de la législation civile y prévalurent sans obstacle
et sans exception. Jamais rien de semblable n'avait
été accompli parmi les hommes. Diverses religions,
toutes protégées par l'État et maintenues, sous sa
souveraineté, dans le plein exercice de leurs droits

spirituels en même temps que contenues dans les bornes sociales d'un respect mutuel, satisfaites sans pouvoir être dominatrices, protégées sans pouvoir devenir intolérantes ; tout ce qui naissait et vivait en France, formant le même peuple, possédant les mêmes droits, astreint aux mêmes obligations, soumis à la même justice : ce fut la plus entière homogénéité civile sous la plus parfaite uniformité légale.

M. Portalis eut peu de temps après la douleur de perdre son père, enlevé en 1807 à son respect et à sa tendresse. Son deuil fut un deuil public. Les restes de ce grand serviteur de la France furent portés au Panthéon avec une pompe nationale. L'administration des cultes fut laissée quelque temps à son fils comme un héritage paternel. Objet d'une faveur persevérante, M. Portalis fut bientôt nommé conseiller d'État, créé comte de l'Empire, chargé de la direction importante de l'imprimerie et de la librairie. Il servait plus qu'avec zèle, il servait avec admiration. L'autorité à laquelle, toute sa vie, il a porté un respect si continu ne pouvait pas l'avoir alors pour contradicteur, encore moins pour adversaire. Comment encourut-il l'animadversion de celui dont il n'apercevait pas les fautes, néanmoins bien visibles, et qui l'accusa de le trahir, lorsqu'il n'était pas même capable de le désapprouver ?

L'empereur Napoléon s'était emparé, en 1809, des États pontificaux, et il avait fait saisir dans le Vatican le pape Pie VII, qui de Rome, où il régnait, avait été conduit prisonnier à Savone. Dans la lutte bien inégale qui s'était établie entre le vénérable captif et le maître du monde, Pie VII s'était servi de l'arme plus qu'affaiblie de l'excommunication, dont il avait lancé dans l'ombre, contre Napoléon, des coups qui n'avaient pu l'atteindre. Il l'avait inquiété davantage en usant des pouvoirs que lui reconnaissait le Concordat de 1801, et il avait refusé l'institution canonique à tous les évêques désignés pour remplir les siéges vacants. Il paralysait ainsi dans l'empire la haute administration religieuse. Napoléon, éludant alors les refus du souverain pontife, fit accorder par les chapitres diocésains la suprême juridiction aux prélats qu'il nommait et qui n'administraient plus en qualité d'évêques, mais de vicaires capitulaires. Le pape, à son tour, ne souffrit point cette annulation indirecte de ses pouvoirs. Il adressa de sa prison, soit aux chapitres qui déléguaient cette juridiction diocésaine, soit aux évêques qui l'acceptaient, des brefs interdisant aux uns, sous peine d'infidélité religieuse, de la conférer; aux autres, sous peine de désobéissance filiale, de l'exercer.

C'est l'un de ces brefs qui attira sur la tête fort

innocente de M. Portalis l'explosion de la colère impé-
riale. A la mort du cardinal de Belloy, le cardinal
Maury avait été nommé archevêque de Paris. Ce prélat
spirituel et ambitieux, que le saint-siége avait recueilli
dans sa défaite durant la Révolution, et qu'il avait
récompensé de la mitre épiscopale et de la pourpre
romaine comme un éloquent défenseur de l'Église à
l'Assemblée constituante de France, lassé sans doute
d'être toujours avec les vaincus, avait délaissé la cause
du pape captif pour suivre la fortune du dominateur
heureux à qui tout avait réussi jusque-là. Il avait
porté dans la défection la même hardiesse qu'autrefois dans la fidélité. Il avait accepté, que dis-je? recherché le grand archevêché qu'avait refusé l'oncle
même de l'Empereur, le cardinal Fesch, et, à défaut
de l'institution canonique, il avait reçu du chapitre
métropolitain les pouvoirs de vicaire capitulaire. Le
pape interdit aussitôt, par un bref apostolique, au
cardinal Maury l'administration du diocèse de Paris,
et le rappela à l'administration du diocèse de Mon-
tefiascone. Une copie de ce bref fut envoyée de Savone
à l'abbé d'Astros, chanoine de Notre-Dame et vicaire
général, qui s'était fortement opposé dans le chapitre à l'investiture détournée que n'avait pas reçue
sans peine le cardinal Maury. Cousin germain de
M. Portalis, dont le père l'avait utilement employé,

lors du Concordat, dans les négociations les plus dé-
licates avec les évêques, M. d'Astros était un prêtre
ardent et un serviteur résolu du saint-siége.

Le 24 décembre 1810, la veille de Noël, après avoir
assisté, chez M. Portalis, au repas de famille, M. d'Astros prit à part son cousin, et le correspondant du
pape montra au conseiller d'État de l'Empereur le
bref qui lui avait été transmis de Savone, et le questionna assez indiscrètement sur ce qu'il avait à en
faire. Le très-prudent M. Portalis lui recommanda de
le tenir secret, dans l'intérêt de l'Église et dans celui
de la religion. Un proche parent de M. Portalis, l'abbé
Guairard, qui participait à cette confidence, pressant
encore plus M. Portalis, l'interpella en ces termes :
— « Que dirait le directeur général de l'imprimerie,
si ce bref venait à être clandestinement imprimé? —
Le directeur général de l'imprimerie, répondit
M. Portalis, en empêcherait la distribution et la cir-
culation comme d'une pièce sans authenticité, sup-
posée et dangereuse. » — M. Portalis ne se borna
point à détourner son cousin d'en faire usage, il
avertit officieusement son ami M. Pasquier, alors conseiller d'État et préfet de police, de l'existence de ce
bref sans lui en désigner le dépositaire, ce qui n'eût
pas été une précaution de sa prudence, mais une
délation contraire à son honneur. Il ajouta que l'on

en préviendrait la publicité en déclarant aux membres les plus considérables du chapitre qu'ils en seraient rendus responsables. Le bref ne fut ni publié
ni répandu; mais le gouvernement, qui en eut connaissance, intercepta d'autres brefs dont les dispositions plus impérieuses étaient conçues en des termes
plus alarmants. L'un d'eux, daté du 18 décembre,
était adressé directement par Pie VII à l'abbé d'Astros
pour être communiqué au chapitre métropolitain de
Paris, et interdisait toute immixtion dans ce diocèse
au cardinal Maury, que le pape traitait en transfuge et
en usurpateur. Napoléon, irrité au dernier point de
l'opposition religieuse qu'il avait suscitée, voulut en
arrêter le cours et maintenir l'Église dans la soumission
par l'épouvante.

Le 1er janvier 1811, en recevant dans le palais des
Tuileries le clergé métropolitain, il s'arrêta devant
l'abbé d'Astros, qu'il accusa avec emportement de
semer le trouble dans les consciences et de s'élever en
factieux contre son autorité. Après cette violente apo-
strophe, le vicaire général, conduit au ministère de la
police, fut insidieusement interrogé, puis arbitrairement enfermé au donjon de Vincennes. Se laissant
surprendre à un piége qui lui fut tendu, non-seulement il avoua l'existence du bref pontifical dont il
avait reçu la copie, mais il convint de l'avoir commu-

niqué à M. Portalis et à l'abbé Guairard. La scène
du palais impérial fut suivie, quatre jours après, d'une
scène plus véhémente encore au conseil d'État, que
vint présider Napoléon.

A peine assis, l'Empereur, dont la colère était en
partie calculée et qui voulait intimider la désobéissance religieuse en frappant un conseiller d'État après
avoir fait emprisonner un prêtre, demanda si M. Portalis était présent. M. Portalis ayant répondu et s'é-
tant levé : « Comment, lui dit l'Empereur, avez-vous
osé paraître dans cette enceinte, après la trahison dont
vous vous êtes rendu coupable? » Il reprocha alors
à M. Portalis d'avoir été comblé de ses faveurs, investi de sa confiance, et d'avoir méconnu ses obligations en recevant communication d'une bulle lancée
contre lui. « C'est une ingratitude et une perfidie,
ajouta-t-il. Pourquoi n'êtes-vous pas venu me découvrir le coupable et ses machinations? » M. Portalis,
troublé d'une pareille accusation, ayant répondu que
M. d'Astros était son cousin : « Votre faute n'en est
que plus grande, reprit avec courroux l'Empereur.
Lorsque quelqu'un est tout à fait à moi, comme vous
l'êtes, il répond de ceux qui lui appartiennent. Ses
proches sont affranchis de toute police et ne relèvent
que de lui. Voilà quelles sont mes maximes; il faut
être tout à moi et tout faire pour moi. En ne m'aver-

tissant pas, vous m'avez trahi. Vous avez manqué à la reconnaissance et à votre devoir : Sortez ! »

Il n'était pas aisé de répondre à un aussi foudroyant quoique si injuste accusateur, qui érigeait les besoins de son autorité en règles de droit et qui exigeait qu'on fût délateur pour être tout à fait fidèle. Éperdu d'une attaque à ce point violente et imméritée, M. Portalis sortit, en disant d'une manière trop timide qu'il avait la conviction de n'avoir manqué à aucun de ses devoirs. Il avait recommandé de tenir le bref secret, servant ainsi l'Empereur par les conseils de sa prudence beaucoup mieux que l'Empereur ne se servait lui-même par les éclats de sa passion. Il était entré vis-à-vis du préfet de police dans une confidence plus que suffisante : il avait averti sans dénoncer. C'est ce qu'il aurait dû dire avec fermeté et ce que M. Pasquier dit avec courage, au milieu du conseil d'État consterné, à l'Empereur qui ne voulut voir qu'un ami dans le défenseur de M. Portalis, et qui n'écouta pas avec plus de patience les paroles généreuses que M. Regnaud de Saint-Jean d'Angély hasarda en sa faveur. Le soir même, il destitua de tous ses emplois M. Portalis, qui s'attendait à être conduit avant le jour dans une prison d'État et qui en fut quitte pour l'exil.

Cet exil, qui dura près de trois années, il put le passer en Provence, où il trouva de chers souvenirs,

de fidèles amitiés, que ne lui fit pas perdre sa disgrâce, et les doux travaux des lettres, qui ne pouvaient
pas lui être enlevés avec ses fonctions. Les Mémoires
de la docte Académie d'Aix, dont il était membre et
dont en 1815 il devint président, contiennent de lui
un fort beau discours et des communications variées. M. Portalis, qui faisait très-agréablement les
vers, y lut même des fragments d'un poëme de che-
valerie qu'il avait composé au château d'Emckendorff.

C'est aux Pradeaux, dans les loisirs de sa féconde
retraite, que M. Portalis prépara la grande introduc-
tion au livre sur *l'Usage et l'abus de l'esprit philosophique au dix-huitième siècle*. Il la publia plus tard,
en tête des deux volumes de son père. Son *Essai*,
comme il l'appelle, *sur l'origine, l'histoire et les progrès de la littérature française et de la philosophie*, est
un tableau abrégé de l'esprit humain dans sa marche
et de l'esprit français dans ses œuvres. Dans cette composition, courte mais substantielle, ingénieuse et savante, se remarquent des connaissances sûres et des
appréciations fermes, de fortes maximes et des
aperçus très-fins. Les développements y manquent,
mais les effets y abondent, et, tout en courant sur le
sommet des choses, M. Portalis pénètre aussi quelquefois dans leurs profondeurs. Nulle part il n'a donné à

sa pensée des allures plus vives sous une forme plus
brillante.

Depuis longtemps M. Portalis n'était plus en exil.
Napoléon l'en avait tiré quelques mois avant de tomber du trône. Le 14 décembre 1813, réparant l'injustice du 5 janvier 1811, il lui avait conféré la première présidence de la cour d'Angers. Du siége de
celte magistrature, M. Portalis vit tomber deux fois
l'Empire et deux fois restaurer la monarchie des
Bourbons, sans applaudir à aucune chute, mais non
sans adhérer à toutes les élévations. Son caractère
l'éloignait de l'infidelité autant que de la désobéissance, et son esprit lui fit adopter dès ce moment
pour système ce que tant d'autres ont pratiqué alors
et depuis par intérêt, le service invariable du pays
dans la mobile succession de ses gouvernements.
Même en certains cas, on peut dire qu'il poussa bien
loin son système. Selon lui, exercer des fonctions sous
tous les pouvoirs, c'était consentir à être utile dans
tous les temps. Aider au salutaire maintien de l'ordre
social, concourir à la sage distribution de la justice,
seconder la marche habile de l'administration, quelle
que fût la forme politique de l'État, n'était pas seulement, d'après sa théorie, le droit mais le devoir d'un
bon citoyen. M. Portalis en faisait une obligation fort
commode à suivre et à laquelle il ne manqua jamais.

Il resta toujours fidèlement à son poste, et même il se laissa placer dans des postes meilleurs où ses talents rares lui permettaient de rendre des services plus grands.

Sous la seconde Restauration, il devint conseiller à la Cour de cassation et redevint conseiller d'État. Il put être, au sein de ces deux corps, un profond interprète de la loi en vue de la justice, et un savant régulateur de l'administration dans l'intérêt de l'État. Il y porta son grand esprit, qui pénétrait tout avec aisance et s'appliquait à tout avec sûreté; son sens parfait, qu'accompagnait toujours la justesse dans l'élévation, et son habileté expérimentée, qui ne séparait point la convenance du droit. Après y avoir été fort utile assez obscurément, il fut appelé à remplir une mission qui eut beaucoup d'éclat.

La paix, violemment rompue avec le pape sous l'Empire, avait été naturellement rétablie sous la Restauration. Ce gouvernement voulut avoir son Concordat, et il le conclut en 1817, à la suite de longues négociations. Aussitôt que M. de Blacas, ambassadeur de Louis XVIII, l'eut signé au nom du roi son maître, la cour de Rome voulut le rendre irrévocable en le rendant public. Mais, pour atteindre trop vite le but, elle le manqua. Le Concordat de 1817 abolissait le Concordat ainsi que les articles organiques de 1801. Il

rétablissait ouvertement l'ancien régime de l'Église,
et faisait craindre qu'on ne revînt, quand on le pourrait, à l'ancien régime de l'État. Dans la France, réduite aux frontières de 1790, trente-deux siéges épiscopaux étaient ajoutés aux soixante siéges qui avaient
suffi à la France portée jusqu'au Rhin et jusqu'aux
Alpes. Dans cette transaction, le pape, en traitant avec
le Roi Très-Chrétien, ne connaissait pas le roi constitutionnel, et le roi, en concluant une convention avec
le pape, lui sacrifiait une loi. Ces créations mal conçues de diocèses mal distribués, ces infractions ouvertes à notre droit fondamental, ces suppressions par
des traités particuliers de règles consacrées par la
volonté publique, rencontrèrent l'opposition la plus
vive et la plus générale. Il y avait alors des Chambres
dans lesquelles les sentiments du pays se faisaient
entendre et ses intérêts se faisaient respecter. Elles
accueillirent si mal le projet de loi sur la dotation
financière des siéges nouveaux et les dispositions
vagues destinées à remplacer les garanties précises des
articles organiques détruits, que le gouvernement le
retira, de peur qu'il ne fût rejeté.

Mais on ne pouvait pas rester sans relation avec la
cour pontificale, le Concordat de 1801 étant supprimé
à Rome, et le Concordat de 1817 n'étant pas admis à
Paris. Il fallait engager une nouvelle négociation

et par un nouveau négociateur. M. Portalis, envoyé à Rome, où ne cessa point de résider M. de Blacas, fut adjoint à l'ambassadeur qui avait fait le concordat pour l'aider à le défaire. Mais comment ramener en arrière la Cour qu'on avait soi-même poussée en avant, et lui reprendre ce qu'on lui avait concédé? M. Portalis fut chargé de cette négociation difficile et y réussit. Il est vrai qu'il y mit du temps. Avec une patience adroite et par une habileté persuasive, il parvint, au bout de dix-sept mois, à faire comprendre au sage pontife Pie VII, à l'aide de l'intelligent cardinal Consalvi, la convenance et la nécessité de revenir au grand pacte religieux que le Saint-Siége avait conclu dix-huit années auparavant, et qui avait ramené la France à l'Église. Il obtint, à titre de suspension momentanée, l'abandon du concordat qui venait d'être conclu ; à titre provisoire, le retour au concordat qui venait d'être aboli. Jusque-là, le pape n'avait reconnu que l'autorité du roi ; M. Portalis le décida à reconnaître le régime de la Charte et à convenir, dans un manifeste pontifical, des empêchements que les formes constitutionnelles de la monarchie pouvaient apporter aux actes du gouvernement. Moyennant quelques siéges épiscopaux de plus, établis à mesure que le permettraient les ressources financières de l'État, dont les Chambres se-

raient juges, l'institution canonique, suspendue pour
les siéges qui vaquaient depuis 1809, fut accordée. Il
est vrai que ce résultat, fort considérable, sans le paraître, ne devait être que provisoire. Mais, après quarante et un ans, ce provisoire dure encore et peut
être regardé comme définitif. Ce succès de M. Portalis
fit grand honneur à son habileté diplomatique et à son
patriotisme religieux. Le concordat et les articles
organiques de 1801 continuèrent à régler les rapports
avec Rome et furent la loi de l'Église vis-à-vis de l'É-
tat. M. Portalis s'associa à l'une des plus belles œuvres
du temps ; il eut le mérite de rétablir ce que son
père avait eu la gloire de fonder.

Pendant qu'il poursuivait si habilement cette négociation, M. Portalis avait été nommé membre de la
Chambre des pairs. A son retour de Rome, il siégea
dans cette assemblée, où il se distingua près de
trente années par ses profondes connaissances en
matière de législation et ses sentiments tempérés en
matière politique. Universellement instruit, infatigable au travail, doué d'une conception vive, habitué
à une rédaction prompte, prêt sur tout et ne se refusant à rien, il y eut peu de délibérations importantes
auxquelles il ne prît part, peu de grands objets qu'il
n'éclairât de ses abondantes lumières, et, soit comme
rapporteur, soit comme orateur, il montra souvent

dans l'examen des lois et dans le jugement des affaires
toutes les ressources d'un esprit solide et tous les
mérites d'une capacité éprouvée. Ses talents bien plus
que ses goûts l'appelèrent deux fois au gouvernement
pendant la Restauration, la première comme sous-
secrétaire d'État dans le dernier ministère modéré du
règne de Louis XVIII, la seconde comme ministre dans
le seul cabinet libéral du règne de Charles X. En 1828,
il entra dans ce cabinet qui tenta d'accorder ensemble la dynastie ancienne et la France nouvelle, **en**
conciliant l'autorité régulière de la couronne et l'esprit légitime de la Révolution; qui pratiqua avec sincérité le régime constitutionnel et développa avec mesure ces libertés publiques, vœu fondamental et fin
inévitable de la grande réforme de 1789, honneur et
besoin de notre pays, aussi nécessaires à la bonne
conduite des affaires de l'État qu'à la sécurité des
droits des particuliers, tant de fois perdues et tant de
fois recouvrées, que leur abus peut compromettre,
que leur privation fait désirer, dont l'exercice outré
a quelquefois donné l'injuste dégoût, mais dont l'ab-
sence instructive a constamment préparé le retour.

L'un de ces retours avait été décidé par les élections libératrices de 1827, à la suite desquelles avait
été renversé le long ministère qui, durant six années,
avait gouverné pour le compte et dans l'intérêt d'un

parti, attaquant partout les principes de la Révolution et partout en menaçant les résultats. M. Portalis,
sans le poursuivre d'une opposition déclarée qui n'é-
tait pas dans les allures de son esprit, et qui était
moins encore dans les habitudes de son caractère,
avait maintes fois, à la Chambre des pairs, combattu
ses tendances rétrogrades. Il avait voté contre le rétablissement de l'inégalité dans la famille civile par
le droit d'aînesse ; à l'aide de considérations profondes, exposées avec une éloquence grave, il avait fait
modifier considérablement la loi sur le sacrilége, qu'il
n'avait pu empêcher d'admettre ; par un rapport décisif,
il avait réduit le ministère à retirer le projet de loi qui
aurait anéanti la presse quotidienne déjà censurée.

Devenu, avec M. de Martignac, membre principal
du cabinet nouveau, M. Portalis y fut d'abord ministre de la justice, puis ministre des affaires étrangères. Il prit part à toutes les mesures qui au dehors
signalèrent une politique libérale avec générosité, au
dedans affermirent l'ordre légal avec prévoyance. Nos
soldats et nos savants furent portés sur les plages de
la Grèce, par un acte de piété spirituelle et de reconnaissance filiale envers les restes d'un ancien peuple
auquel l'Europe devait les commencements de sa civilisation et auquel la France allait assurer le rétablissement de son indépendance. Les élections avaient

été altérées, on les purifia. La sincérité des suffrages électoraux dut faire de la Chambre des députés la représentation exacte du pays, et du vote éclairé des lois l'expression réelle de ses vœux. La presse, soustraite au joug de la censure, délivrée des procès de tendance, releva désormais pour des infractions précises d'une justice qui n'eut rien d'arbitraire. Ouvrage de M. Portalis, la loi destinée à la régir reposa sur des principes conformes à l'intérêt général qui, chez une nation librement constituée, veut que la presse ne soit pas asservie, salutaires à l'ordre public qui demande qu'elle ne soit pas licencieuse, lui permettant de se livrer à la discussion la plus étendue sur les actes du gouvernement sans menacer son existence, d'éclairer l'opinion sans troubler l'État.

Un ancien et religieux député de la noblesse d'Auvergne aux états généraux de 1789, le comte de Montlosier, qui avait fait entendre ces belles paroles à l'Assemblée constituante, lorsqu'elle avait décrété la vente des biens de l'Église : « Vous ôtez aux évêques leur croix d'or, ils auront une croix de bois, et c'est une croix de bois qui a sauvé le monde, » avait naguère, dans une pétition célèbre adressée à la Chambre des pairs, réclamé contre les empiétements illégaux du clergé et contre l'existence irrégulière d'une congrégation religieuse dont les établissements cou-

vraient déjà la France. Rapporteur de cette pétition,
M. Portalis avait conclu, au nom de la Chambre, à
son renvoi au gouvernement et dès lors à l'exécution
des lois. Ce qu'il avait proposé comme pair, il l'accomplit comme ministre. Il sut obtenir le rétablissement
de l'ordre légal du roi Charles X, dont il éclaira la
piété, et auquel il persuada que remplir lés devoirs
d'un prince sage n'était pas manquer aux obligations
d'un catholique zélé. Il lui fit rendre les deux mémorables ordonnances de juin 1828, qui réglèrent les
droits respectifs de l'Église et de l'État en matière
d'enseignement. Plus généreusement dotés, les petits
séminaires, qui avaient été complétement transformés
en écoles laïques, ne furent plus appelés qu'à former
des prêtres, selon leur vraie destination. La société
fameuse que les anciens parlements de France avaient
condamnée, que tous les rois de l'Europe avaient
dissoute, qu'un pape avait abolie et qui, dans huit
maisons, donnait à la jeunesse française, malgré la
loi du pays, une instruction contraire à l'esprit du
temps, reçut la défense d'enseigner. Le religieux
M. Portalis fit fermer ces maisons interdites par la
main même du roi très-chrétien agissant en roi constitutionnel. L'enseignement reprit sa marche régulière et fut remis dans tout son lustre. La grande école
normale précédemment licenciée fut rétablie, et plu-

sieurs des chaires les plus élevées de la Sorbonne virent reparaître des professeurs dont la voix, après
cinq ans de silence, se fit alors éloquemment entendre dans cette docte enceinte, retentit plus tard
dans toute la France du haut de la tribune nationale
avec d'autres voix non moins admirées, et aujourd'hui
ne peut plus être écoutée que dans nos séances académiques. Ils redonnèrent à l'enseignement de la
philosophie, de l'histoire, de la littérature, cette
grandeur et cet éclat qui ajoutèrent à leur illustration particulière comme à la gloire publique.

En même temps que le ministère, dont il faisait
partie, préparait l'organisation constitutionnelle des
communes et des départements, M. Portalis réglait les
matières des conflits entre les tribunaux civils et les
tribunaux administratifs, et il décidait que les lois
dont le texte ne serait pas clair et dont le sens paraî-
trait incertain ne seraient plus interprétées par le conseil d'État, en vertu du décret de 1807, mais par les
Chambres législatives, conformément à la Charte. Sous
le régime impérial, l'interprétation des lois pouvait
être dévolue au corps qui les avait conçues; sous le
régime constitutionnel elle devait être renvoyée aux
assemblées chargées de les établir.

Ce ministère, si utile à la monarchie, ne conserva
pas longtemps, je ne dirai pas la faveur mais l'appui

du monarque. Ce qui aurait dû faire son mérite causa
sa chute. Le roi se crut exposé par la politique libérale de ses ministres. Après un voyage triomphal
dans les départements de l'Est, où il avait été l'objet
d'enthousiastes démonstrations, les applaudissements
accordés au roi constitutionnel encouragèrent le roi
absolu, et Charles X se fit illusion sur l'étendue de sa
puissance par une fausse interprétation de sa popularité. Il projeta d'appeler dans ses conseils des hommes chers à ses affections, qu'il croyait capables de
maintenir dans sa plénitude l'autorité royale et qui
devaient la perdre. M. Portalis, qu'on a, bien à tort,
accusé d'avoir facilité leur avénement au pouvoir,
n'oublia rien pour l'empêcher. Dans un mémoire où
la raison la plus prévoyante s'exprimait dans le plus
noble langage, où le sens politique le plus ferme ap-
puyait le plus sincère dévouement, il fit connaître au
roi l'état réel de la France, les exigences de l'opinion,
les intérêts de la couronne; il exposa ce qu'offrait
d'avantageux, ce qu'avait de nécessaire le mode de
gouvernement suivi depuis plus d'une année; il montra ce que provoquerait de défiance de la part du pays,
ce qu'entraînerait de périls pour la dynastie un système différent mis en œuvre par des hommes redou-
tés. Son mémoire tenait du conseil et de la prédic-
tion. Mais ni les avertissements de sa loyauté, ni les

prévisions de sa clairvoyance n'éclairrèrent et n'arrêtèrent le roi Charles X.

Lorsque la session législative de 1829 fut terminée,
le roi, trouvant le ministère ébranlé par les modifica-
tions peu prudemment apportées dans la Chambre
des députés au projet de loi sur l'administration dé-
partementale, donna cours à ses desseins, et il forma
le cabinet fatal qui, pour étendre sa prérogative, devait exposer sa couronne. La veille même de la formation de ce cabinet, à la tête duquel était le prince
de Polignac, le 7 août, le roi fit venir à Saint-Cloud
M. Portalis, alors ministre des affaires étrangères,
pour lui demander sa démission et celle de ses collègues. Il lui dit sans détour qu'il s'était trompé depuis
deux années en adoptant leur système de concessions,
et qu'il avait résolu de changer de ministère pour ne
pas compromettre davantage la monarchie. M. Portalis soutint avec une persistance respectueuse l'utilité de ce système, et il assura au roi que, pour la
monarchie comme pour le pays, il n'y avait qu'une
seule voie de salut, la pratique entière et sincère des
principes de la Charte et un régime de légalité absolue. Il ajouta que les concessions dont parlait le roi
étaient les conséquences mêmes de notre droit public
et avaient produit d'excellents effets, comme le roi
l'avait reconnu en 1828 ; qu'il n'y avait à se mépren-

dre ni sur la situation des choses, ni sur l'état des
esprits ; que le pays était dans la défiance, que cette
défiance s'accroîtrait par le changement de ministère, et que le roi, dont les intentions étaient mises
en doute, serait dans la nécessité de donner de nouvelles garanties, parce qu'en nommant des ministres
accusés d'être hostiles au régime constitutionnel, il
faudrait racheter l'impopularité des hommes par la
popularité des mesures.

Charles X ayant déclaré qu'il n'entendait pas plus
faire des concessions de choses que des concessions
de personnes : — « En ce cas, dit M. Portalis, je crains
que Votre Majesté ne soit contrainte à faire des coups
d'État. » — Charles X lui prit alors la main, le regarda
en souriant, et ajouta : — « Croyez-vous que je puisse
faire des coups d'État sans monter à cheval? — Non,
Sire, répondit M. Portalis, et je ne sais encore s'il
suffirait, pour y réussir, que Votre Majesté montât à
cheval. — Eh bien! mon cher, continua le roi, exa-
minez-moi, et voyez si je dois vouloir monter à cheval à mon âge. — Je ne le pense pas, Sire; mais on
arrive souvent où l'on n'avait pas l'intention d'aller,
en s'engageant dans une voie qui mène plus loin qu'on
n'a cru et qui ne laisse pas la liberté du retour. » —
Crainte prophétique! inutile avis de la prévoyance
fidèle à la confiance aveuglée! Le lendemain même,

le roi Charles X fit le premier pas dans cette voie sans retour, qui n'avait d'autre issue que le coup d'État et l'insurrection, et, selon que dans cette lutte de l'autorité et du droit se déclarerait la victoire, la perte de la liberté ou la chute de la couronne. Moins d'un an après, il s'acheminait une troisième fois vers la terre étrangère, et allait terminer ses jours dans l'exil.

M. Portalis était sorti du pouvoir pour ne plus y rentrer. Après la révolution de 1850, il demeura étranger au maniement des affaires politiques, sans l'être aux intérêts fondamentaux du pays. A la Chambre des pairs, dont il devint un peu plus tard vice-président, il prit une part active et considérable à tout ce qui se fit en matière de législation et d'état. Défenseur habile et opiniâtre de la constitution essentielle de la pairie sous une monarchie représentative et de l'organisation naturelle de la famille dans une société bien réglée, il ne put pas sauver l'hérédité de l'une, mais il préserva l'indissolubilité de l'autre. Les grandes vues et les paroles admirées de deux orateurs n'avaient pu faire admettre, par la Chambre des députés, le principe héréditaire dans la portion de la législature à laquelle ce principe est nécessaire pour être complétement indépendante et opportunément conservatrice. M. Portalis ne parvint pas mieux, au moyen d'un de ses discours les plus solides comme les plus

beaux, à le faire maintenir par la Chambre des pairs.
En ce moment, les exigences jalouses de l'esprit d'égalité prévalaient sur les salutaires précautions de l'esprit de liberté. L'entraînement démocratique, en ce
qui concernait la famille, étant moins irrésistible qu'en
ce qui touchait l'État ; la raison naturelle et la morale
civile pouvaient être soutenues avec plus de succès
pour garder inviolable la constitution domestique.
Une mémorable lutte législative s'engagea sur la rup-
ture ou l'indissolubilité du mariage entre la Chambre des députés et la Chambre des pairs. Les deux
champions qui tinrent la lice furent deux jurisconsultes, devenus depuis membres de cette Académie,
dont l'un exposa les motifs saisissants qui rendaient,
en certains cas, impossible la durée d'une union déjà
brisée sans être dissoute, et dont l'autre présenta les
considérations profondes puisées dans la loi naturelle,
dans l'intérêt permanent de la famille, dans l'ordre
essentiel de l'État, qui devaient rendre cette union
nécessairement indissoluble. Les efforts habiles de
M. Odilon Barrot firent rétablir le divorce par la
Chambre des députés, et les hautes raisons éloquemment données par M. Portalis le firent rejeter par la
Chambre des pairs.

Au sein de cette Académie, dans des occasions multipliées, il a fait connaître, je dirais volontiers admirer,

en matière de droit, l'abondance de son savoir, la
profondeur de sa doctrine, la fécondité de son esprit.
Soit qu'il posât pour vos concours de beaux problèmes
de législation et d'histoire, soit qu'il vous communi-
quât ses propres vues, aussi fortes qu'élevées, il déployait la même étendue de connaissances, la même
hauteur de jugement. Parmi ses œuvres académiques,
il en est une qui surpasse les autres, c'est le vaste et
magnifique Traité de législation comparée qu'il vous a
lu sur le Code civil de France et le Code civil de Sardaigne, promulgués à trente ans de distance, sans
que le plus récent se soit placé au niveau du plus ancien. M. Portalis embrasse leurs dispositions sur les
personnes, sur les biens, sur les contrats dans leur
ensemble et les apprécie dans leur détail, avec une
puissance et une sûreté égales. Des deux codes, dont
la distribution est la même et dont l'esprit est différent, puisque le Code sarde, rétrogradant vers le passé,
restaure dans l'État l'élément religieux et rétablit dans
la famille l'inégalité aristocratique au lieu de la règle
séculière et de l'équité sociale, consacrées par le Code
français, l'un est la copie volontairement imparfaite
et systématiquement inférieure de l'autre. M. Portalis
saisit et développe les conséquences diverses que produisent des principes opposés. Juge accompli des législations civiles qu'il décompose en savant, et qu'il

apprécie en jurisconsulte, il ne se contente pas de faire voir ce qu'elles sont, il ose dire ce qu'elles devraient être, et signale les changements heureux que pourrait recevoir le code même le plus perfectionné. Le magistrat peut apprendre de lui à mieux connaître l'esprit de la loi, et le législateur à en améliorer quelques dispositions.

Je ne saurais omettre l'un de ses écrits les plus recommandables et qu'il publia dans un moment bien troublé. Qui ne se souvient de l'année 1848, où s'accomplit une révolution sans raison fondée comme sans objet utile? Cette révolution renversa le gouvernement tempéré et libéral qui, sorti du triomphe de la loi en 1830, ne l'avait pas une seule fois enfreinte; qui, fidèle aux conditions de son origine, à l'esprit du temps, au vœu du pays, n'avait violé aucun droit, retiré aucune garantie, et avait maintenu la France dans la prospérité la mieux affermie, sous la législation la plus rassurante, avec la liberté la plus étendue. A la suite de ce bouleversement politique, tout l'ordre social fut mis en question. Des sectes ignorantes et violentes, méconnaissant la nature de l'homme, les sentiments de la famille, les lois du travail, les droits de la propriété, les conditions des gouvernements, les besoins des sociétés, visaient, par des systèmes impraticables, à des arrangements impossibles. Nées

d'un grand désordre dans les idées, elles ne pouvaient
que jeter un grand trouble dans l'État, compromettre
les droits réels à la recherche de droits chimériques,
perdre par les armes ce qui avait été précédemment
acquis par les lois, et briser la liberté contre deux
écueils bien connus sur lesquels elle s'était déjà perdue une fois, et qui ne pouvaient pas être évités dans
l'orageuse traversée de la république. Après avoir fait
la guerre au sens commun, elles livrèrent bataille
à la société civilisée. Elles furent vaincues, mais
leur déroute ne suffit pas. Il fallait achever l'œuvre
matérielle des armes par l'action morale des idées,
et poursuivre dans les esprits les dangereuses doctrines qui avaient été défaites dans les rues.

Dépositaire des sciences sociales, l'Académie fut in-
vitée par le chef du gouvernement, le général Cavai-
gnac, à en répandre les salutaires principes. Elle le fit
à l'aide de la philosophie, de la morale, de la législation, de l'économie politique, de l'histoire, dans de
petits traités contenant des notions vraies exposées dans
un langage simple, et développant une science saine
avec une sollicitude persuasive. Parmi ces traités se
trouvent ceux de M. Portalis sur *l'Homme* et *la Société*.
M. Portalis y pénètre jusqu'au fond de la nature humaine et y assoit les bases de l'ordre social. Il établit
que l'homme se montre toujours à l'état d'association,

et qu'il a été partout le même avec des différences
qui viennent des temps où il est né, des lieux où il a
vécu, des agrégations politiques dont il a fait partie et
qui constituent des nationalités que M. Portalis appelle les vêtements extérieurs de l'humanité. Interro-
geant l'homme en lui-même pour connaître la loi de
sa nature, l'étudiant dans l'histoire pour indiquer la
loi de son développement, il ne construit pas de système arbitraire d'association politique; il suit le grand
plan de la Providence, d'après lequel se forment les
nations et s'accomplissent les destinées générales du
genre humain.

Dans cette belle étude M. Portalis démontre que la
société est l'union morale des hommes, et n'en est
pas la combinaison mécanique, ce qui fait que la société est formée pour rendre les hommes libres et
heureux, et que les hommes ne sont pas destinés à
devenir les ressorts contraints de la société organisée.
L'homme, en un mot, est la fin de la société, et la société est un moyen pour l'homme. Au lieu d'être un
rouage vivant de cette machine agitée où, d'après les
novateurs, il a sa fonction bornée comme sa place
restreinte, l'homme doit se servir d'elle pour jouir
avec plus d'étendue de sa liberté, et pourvoir avec
plus de sécurité à son bien-être. Aussi M. Portalis
renverse ces conceptions fausses, réfute ces dangereux

systèmes, contraires à la raison, qui les repousse, à
la morale, qui les condamne, et à la société humaine,
dont ils méconnaissent les causes, bouleversent les
lois et anéantiraient les progrès acquis. Observateur
profond de l'homme, théoricien éloquent de la famille, organisateur judicieux de l'État, docte appréciateur de la civilisation, il a mis dans ces deux petits
traités un savoir solide, un sens imperturbable et un
talent rare comme son esprit.

Mais nulle part sa supériorité n'a été plus éclatante
qu'à la Cour de cassation, où il a siégé durant trente-
huit années, d'abord comme conseiller, ensuite comme
président de chambre, et depuis 1829 comme premier président. Il y était prisé d'autant plus haut qu'il
y était vu de plus près, et cette grande compagnie reconnaissait en lui son légitime chef, moins à la prééminence du rang qu'à l'autorité du savoir et de l'esprit. M. Portalis aimait les travaux de l'audience, et il
y était assidu. Tant que duraient les débats, il écoutait
imperturbablement la discussion, à laquelle il laissait
la plus entière latitude, et il supportait les longueurs
des avocats ou leurs redites sans les interrompre jamais. Il répétait volontiers cette belle parole de Pline
le Jeune : *Patientia judicis, magna pars justitiæ*, la
patience du juge est une grande partie de sa justice.
Si la vertu du magistrat se montrait à l'audience, sa

raison se déployait dans la chambre du conseil.

Les délibérations intérieures acquièrent une grande importance à la Cour de cassation, qui est le siége d'un enseignement doctrinal intermédiaire entre les expédients de la pratique et les abstractions de l'école, et où les questions s'élèvent à la généralité des principes du droit, sans pouvoir sortir des limites du fait précis que le procès particulier offre à juger. M. Portalis y parlait le dernier, et il attendait que chacun eût développé son opinion pour faire connaître la sienne. Alors que tout semblait avoir été dit dans la discussion épuisée, après que tant d'arguments divers avaient été produits par tant d'esprits différents, il lui arrivait fréquemment de présenter la question sous un aspect nouveau, et toujours d'en agrandir la portée. Il avait une aptitude particulière à rendre raison des motifs vrais de la loi et à y ramener les solutions juridiques. Familier avec le droit public et le droit des gens, avec les législations et les littératures étrangères, versé dans la connaissance de l'histoire, en possession des théories générales et fort au courant des problèmes philosophiques, il voyait les questions de haut et les abordait par les grands côtés. Le magistrat de la Cour de cassation s'identifiait avec le législateur. Il comprenait à fond la mission de cette Cour conservatrice des règles légales, et n'oubliait jamais

que, juge des arrêts et non des procès, elle était uniquement destinée à ramener les tribunaux au strict
respect de la loi et à son inviolable observation. Il savait et il enseignait que la jurisprudence de la Cour
de cassation, commentaire vivant et supplément perpétuel de nos lois, gardienne spéciale de leur unité,
doit, comme elles, aspirer à la généralité des décisions, et, comme elles, ne faire aucune acception des
personnes. C'est ainsi que durant tant d'années, placé
à la tête du grand corps chargé d'être le régulateur
suprême des tribunaux, il a plus qu'un autre contribué à prévenir l'arbitraire dans la justice en maintenant l'empire du droit, et concouru à assurer cette
uniformité de jurisprudence qui affermit l'unité de
législation. Près d'un quart de siècle, la Cour de cassation, où il a moins cherché à commander qu'à convaincre, et où il a toujours été suivi sans vouloir jamais conduire, l'a considéré comme sa lumière et sa
gloire. Il aurait pu l'être encore, lorsqu'il fut enlevé
à ses travaux judiciaires dans la plénitude de ses
hautes facultés. En le voyant quitter un siége qu'il
avait tant illustré, il fut permis de regretter que la
Cour de cassation ne pût s'honorer de ses vieillards et
profiter des bienfaits de leur expérience.

Retiré depuis lors à Passy, il y vécut dans une maison agréable et modeste qu'il y avait fait construire

lui-même, au milieu d'un jardin dont il avait planté
les arbres. Tous les samedis, il quittait sa retraite
pour venir à vos séances, où il était aussi heureux
qu'assidu. Il ne manquait pas non plus d'assister aux
diverses assemblées de bienfaisance dont il avait toute
sa vie mêlé les œuvres aux œuvres de la justice, conti-
nuant à être utile là en dépit de son âge qui s'opposait
à ce qu'il le fût ailleurs. Aider l'infortune à tous les
degrés ne l'avait pas moins occupé que servir l'État
dans toutes les positions, et il savait être obligeant
avec autant de bonne grâce qu'il mettait de soin
à être secourable. Les nobles plaisirs de l'intelligence avaient pour lui un attrait presque égal aux
douces satisfactions de la bonté. Il s'y livra jusqu'au
bout. Il poursuivait d'un esprit ferme des travaux qui
sont malheureusement restés inachevés, et, d'un style
qu'animaient les souvenirs de ses jeunes ans, il retraçait dans des Mémoires historiques, commencés trop
tard et arrêtés trop tôt, les tableaux les plus exacts
comme les plus intéressants des temps passés; il y
racontait les scènes de la révolution dans des pages
instructives et émouvantes. Il écrivait les dernières,
la veille même de sa mort.

Tous les ans, avec la louable curiosité de connaître
ou dans le désir touchant de se rappeler, il entreprenait un voyage, à l'automne, avant d'aller aux

Pradeaux passer sous le soleil de la Provence les mois
les plus rudes de l'hiver. En 1857 il avait parcouru
l'Allemagne, et il avait fait comme une visite d'adieu
à cette terre qu'il appelait sa seconde patrie, parce
qu'il lui avait dû sa compagne bien-aimée. « J'ai
voulu revoir, écrivait-il avec émotion, le Holstein et
Dresde, afin de relier les deux bouts de ma vie et de
respirer encore une fois l'air suave que nous avions
respiré ensemble. » Dans ce pieux pèlerinage, il était
accompagné de ses petits-enfants et de leur mère, la
fille de son vieux ami Mounier, madame Frédéric Portalis, qui ne le quittait jamais et qui, par son aimable
esprit et les soins dévoués de sa filiale affection, a répandu tant de charmes et de si grandes douceurs sur
sa vieillesse.

Ce voyage devait être le dernier. M. Portalis avait
fini sa quatre-vingtième année et il touchait au mois
d'août, pendant lequel il n'entreprenait jamais rien.
C'était pour lui un mois funeste, rempli des plus tristes
souvenirs et tout traversé de funérailles. Il avait perdu
son père le 25 août 1807 ; le 25 août 1814, sa mère,
atteinte d'une maladie de cœur, avait succombé aux
émotions de ce douloureux anniversaire ; à quelques
années d'intervalle, il avait vu mourir le 25 août deux
de ses enfants en bas âge. Sa femme avait été frappée
au mois d'août 1838, et c'était aussi au mois d'août

1846 que son fils aîné, enlevé à la magistrature où il
continuait l'honneur de son nom, avait laissé dans le
deuil une famille dont l'aïeul était devenu le père.
M. Portalis appréhendait le retour de ce mois funèbre
qui lui rappelait tant de malheurs et qui pouvait en
apporter quelque nouveau autour de lui. Le 1er août
1858, il écrivait à l'un de ses fils : « Voilà ce fatal
mois d'août qui commence. » Quelques jours après il
n'était plus. Dans la nuit du 4 au 5 août, il quitta doucement la vie, dont, la veille même, il était en pleine
possession. Les tristesses de la maladie lui furent
épargnées comme les angoisses de la mort. Presque
debout, il fut frappé soudainement, et, sans éprouver
une souffrance, sans pousser un soupir, il s'éteignit
entre les bras de ses petits-enfants. Si la mort le saisit,
elle ne le surprit pas. Le vieillard y était préparé par
son âge, le chrétien l'attendait avec une pieuse rési-
gnation, et l'homme juste, qui avait fait souvent du
bien à ses semblables et ne leur avait jamais fait de
mal, l'accueillait avec une sérénité confiante.

HALLAM

NOTICE

LUE A LA SÉANCE PUBLIQUE ANNUELLE DU 4 JANVIER 1862

Messieurs,

Y a-t-il une philosophie de l'histoire? Les fondateurs de votre Académie l'ont pensé. Ils n'ont pas
admis que l'histoire fût une succession d'événements
arbitraires dépourvus de signification et de lien. Ils
ont cru que les faits humains ont leurs lois aussi bien
que les faits matériels. Ils ont donc compris l'histoire
générale au nombre des sciences qui intéressent l'ordre moral et politique, et ils en ont fait une grande
section de votre Académie.

Sans doute ce qui n'est pas variable de sa nature

peut seul donner lieu à une science exacte. La liberté
de l'homme se refuse à se laisser enfermer dans des
cadres inflexibles. L'humanité ne suit pas une marche
dont on puisse calculer tous les mouvements. Elle
s'avance par des routes qu'elle ne connaît souvent
qu'après s'y être engagée, vers des fins qui s'agran-
dissent à mesure qu'elle en approche. C'est successi-
ment qu'elle acquiert des connaissances de plus en
plus étendues, qu'elle puise tout à la fois dans l'observation de la nature et dans l'étude d'elle-même. Ainsi
se forme l'expérience.

Nier le pouvoir de l'expérience serait méconnaître
notre plus beau privilége, notre évidente et noble destination. Pourquoi l'intelligence nous aurait-elle été
donnée, si nous n'étions pas faits pour apprendre?
pourquoi la volonté libre, si nous ne devions pas nous
en servir pour nous redresser et nous améliorer sans
cesse? Si l'expérience n'est ni soudaine ni complète ;
si la vérité ne dissipe pas entièrement l'erreur, si les
lumières de la raison n'empêchent pas toujours les
égarements de la passion, il ne faut pas en conclure
la vanité de l'expérience. Encore insuffisante, elle n'est
cependant pas inutile, et viendra le temps où la vérité, plus répandue, réduira l'erreur moins obstinée,
où l'ordre croissant de la justice l'emportera sur la
turbulence affaiblie de la passion.

Cette expérience du genre humain, l'histoire l'accroit et l'étend. Elle le fait moins encore par des récits qui plaisent ou des peintures qui émeuvent, que par des recherches approfondies qui pénètrent les causes cachées des événements, au moyen de considérations qui en font saisir l'enchaînement et la portée, à l'aide de jugements honnêtes, d'où sortent des leçons propres à élever les hommes et ces grandes lueurs qui servent à guider les peuples. C'est cette mission morale de l'histoire que M. Hallam s'est surtout proposée ; c'est elle aussi qui a consacré son nom. M. Hallam occupe une place à part, une place éminente parmi les historiens contemporains les plus célèbres, et, en Angleterre, il est à la tête des rares historiens qui ont porté, dans la connaissance et le jugement du passé, la pénétrante clairvoyance d'un esprit libre et la ferme équité d'un esprit philosophique. Aussi avez-vous compris de bonne heure parmi vos illustres associés le savant auteur de l'*Europe au moyen âge*, cette vaste composition dans laquelle il embrasse d'une vue haute et puissante dix siècles de l'existence sociale et de la condition spirituelle du monde occidental ; l'habile écrivain qui a donné une grande histoire politique de l'Angleterre, à partir de l'époque des invasions jusque vers nos temps, en retraçant sa libre constitution qu'il a saisie dans ses ori-

gines, suivie dans sa lente formation, exposée dans ses
laborieuses vicissitudes, et montrée dans la perfection
de son esprit comme dans la beauté de son mécanisme ; enfin l'appréciateur judicieux de la littérature
de l'Europe pendant les trois siècles où se sont développées avec un éclat varié dans chaque pays les lettres et les sciences qu'il a présentées quelquefois en
critique délicat, toujours en docte historien.

Henry Hallam naquit à Windsor le 9 juillet 1777. Il
était fils unique d'un dignitaire très-distingué de
l'Église anglicane, le docteur Jean Hallam, chanoine
de Windsor et doyen de Bristol. Remarquable par une
certaine candeur antique et par la sainte honnêteté de
toute sa vie, fort versé dans les lettres humaines quoique adonné avec préférence à la culture des lettres
sacrées, le père laissa au fils l'héritage d'une vertu qui
ne pouvait pas être surpassée et d'un savoir qui fut
par lui singulièrement agrandi. Originaire de Boston,
dans le comté de Lincoln, la famille de M. Hallam
était ancienne. Vers les commencements du quinzième
siècle, elle avait donné au siége de Salisbury un évé-
que qui fut député du clergé anglais au concile de
Constance, cette grande assemblée représentative de
la chrétienté encore unie, convoquée pour réformer

l'Église, comme on le disait alors, dans son chef et dans ses membres, en rendant l'autorité du pontificat moins absolue et la conduite du clergé plus régulière. Comme la réforme ne put pas s'opérer alors légalement dans le pouvoir et dans les mœurs, elle s'accomplit plus tard révolutionnairement jusque dans le dogme. La famille de M. Hallam l'embrassa avec ardeur. Il paraît même que la plupart de ses ancêtres appartiennent à la secte austère des puritains, dont il lui resta quelque chose, sinon dans les croyances, du moins dans les sentiments. Sa mère, sœur du docteur Roberts, prévôt d'Eton, femme d'un rare mérite, lui communiqua les dons d'une intelligence ferme et d'une âme délicate. Le jeune Hallam, dès son enfance, montra un talent inaccoutumé. A l'âge de quatre ans il parcourait toute espèce de livres, et il écrivait des sonnets à l'âge de dix ans. Ses vers se lisent encore dans le recueil des « *Muses d'Eton*, » collège célèbre fondé par Henry VI, fréquenté par ce que l'Angleterre offre de plus élevé ou de plus opulent, qui, après avoir été l'école du père, devint celle du fils, de 1790 à 1794. D'Eton, où il avait été le plus remarqué des écoliers, il alla, comme étudiant, poursuivre ses études universitaires à Oxford, et y prit ses grades académiques en 1799.

Le siècle finissait, lorsqu'il sortit de l'Université

pour entrer au barreau. M. Hallam fut d'abord avocat
et suivit les assises dans le circuit d'Oxford en y plai-
dant durant quelques années. Sans avoir cette conception prompte, cette argumentation vive, cette chaleur
féconde, cette élocution soudaine et brillante qui font
les habiles avocats et les orateurs éclatants, il était
doué d'une pénétration si grande, il avait un esprit
si vigoureux, un sens si juste, il acquit de la loi une
connaissance si étendue et si profonde, il était capable
de raisonner avec tant de force et de parler avec tant
d'autorité que les plus hautes dignités de la magistrature, réservées en Angleterre aux hommes les plus
éminents du barreau, lui auraient été tôt ou tard
accessibles. Il aurait pu s'asseoir un jour sur le banc
du roi, comme grand juge, et peut-être même sur le
sac de laine comme chancelier; mais sa vocation l'en-
traînait ailleurs. Il rechercha une autre magistrature,
et il abandonna la plaidoirie pour l'histoire.

Si son génie naturel l'y destinait, son heureuse position lui permit de s'y préparer avec maturité. Bien
jeune encore, il disposa d'un revenu qui lui assurait
une entière indépendance et le laissait maître de bien
faire en le dispensant de faire vite. A sa fortune héréditaire il ajouta la rétribution d'une charge de commissaire au bureau du timbre. C'était un office qui occupait peu et qui rendait beaucoup. M. Hallam eut ainsi

le loisir et le moyen d'apprendre tout ce qu'il fallait pour être un savant historien, tandis qu'il possédait les dons supérieurs qui l'appelaient à être un historien philosophe. Il avait deux genres d'esprit, qui, sans s'exclure, s'unissent rarement ensemble : l'esprit d'observation et l'esprit de conclusion. Il avait étudié les langues et les auteurs de l'antiquité, comme les savaient trois siècles auparavant les érudits de la Renaissance. Le goût des lettres, dont il aimait les mâles beautés ou les irréprochables délicatesses, lui inspira pour la naissante et déjà célèbre *Revue d'Édimbourg* des articles d'une critique élevée et sévère, qui le firent appeler avec ironie « *le classique Hallam* » par lord Byron, dans une satire où, à côté des mérites éclatants du poëte, se révélaient les animosités orgueilleuses de l'homme. A cette forte littérature M. Hallam joignit la connaissance parfaite des langues de l'Europe et l'étude approfondie de son histoire. Bien qu'il eût montré un talent précoce, il fut un auteur tardif.

Ce n'est qu'après plus de dix ans de recherches opiniâtres et d'un travail fécond, qu'il fit paraître, en 1818, son premier livre : *l'Europe au moyen âge*. En quatre volumes il embrasse dix siècles d'histoire, et de quelle histoire ! La fin violente d'un monde et l'enfantement confus d'un autre. Depuis l'invasion des peuples que la Providence semblait tenir en réserve

comme pour abattre ce qui était mort, renouveler ce
qui était épuisé, jusqu'à la formation des grands États
modernes, provenus de la conquête et sortis peu à peu,
bien qu'inégalement, des désordres où les avaient
jetés la barbarie humaine et la décomposition territoriale, M. Hallam déroule les annales compliquées du
moyen âge.

A peu près identique dans sa composition, tout à fait
uniforme dans sa croyance, à bien des égards analogue
dans ses coutumes, l'Europe, durant celte époque, a
une histoire commune en ce qui concerne son régime
moral et son gouvernement spirituel. La foi chrétienne, qui répand des sentiments pareils et donne des
directions générales, y fonde une organisation universelle de la société religieuse soumise au même pouvoir
comme à la même règle. Les idées transmises par la
civilisation ancienne pour entrer dans la composition
du monde moderne et les institutions nées de la conquête germanique qui se mêlent aux restes d'une
législation civile perfectionnée, s'étendent sur toutes
les régions à des degrés différents. De la combinaison
un peu diverse de tant d'éléments semblables sortent,
avec des intérêts distincts, sur des territoires circon-
scrits, des États utilement séparés au milieu de la
grande communauté européenne dans laquelle ils
sont compris.

L'histoire de tant de siècles qui se succèdent et de si nombreux pays qui se forment ne saurait être présentée que dans ses traits les plus essentiels et les plus saillants. La considérer sous son aspect philosophique sans lui enlever son intérêt ; exposer l'organisation, saisir l'esprit, indiquer la marche progressive de l'Europe, se réglant dans le désordre et se dégageant de la confusion ; décrire ses révolutions pendant toute cette importante période du moyen âge, qui est le berceau des nations modernes ; assigner les causes, marquer l'établissement, apprécier les effets du pouvoir spirituel qui la domine moralement et du régime féodal qui l'enlace politiquement ; prendre chaque pays dans sa forme particulière, chaque État dans son existence séparée, les suivre avec les développements qu'ils reçoivent, les institutions qu'ils se donnent, les idées qui les éclairent, les hommes qui les conduisent, les destinées qui les attendent ; montrer ainsi ce que sont et ce que deviennent, durant dix siècles, l'Italie, la France, l'Allemagne, l'Espagne, l'Angleterre, sans rien omettre des grands faits qu'il importe de connaître, sans mentionner les incidents qu'il serait superflu d'apprendre : voilà ce que M. Hallam a entrepris avec une immense étendue de savoir, et ce qu'il a exécuté avec une rare fermeté de talent.

L'un des derniers fils de ce dogmatique et superbe

dix-huitième siècle, qui, se plaisant dans les idées,
avait pour ainsi dire les faits en dédain, et dont les
généreuses aspirations vers l'avenir étaient les con-
damnations systématiques du passé; né et élevé dans
cette Angleterre passionnée et opiniâtre où les sentiments décident surtout des pensées, et les pensées se
transforment si souvent en habitudes, M. Hallam ne
reçut aucune des préventions de son temps, ne prit
aucun des préjugés de son pays. Il porte dans l'histoire une vue haute, un sens net, une intelligence
libre, un art simple. Il n'embrasse pas les événements
dans des récits étendus, la forme de ses ouvrages s'y
oppose ; il ne les colore pas dans des scènes animées,
la nature de son talent ne s'y prête pas; au lieu de
raconter, il expose ; au lieu de montrer, il explique.
Il a encore plus l'intelligence que le sentiment des
temps passés ; il en pénètre la signification bien mieux
qu'il n'en reproduit la vie. Il manque de cette imagination qui fait les grands narrateurs, tandis qu'il est
doué de cet esprit vigoureux qui fait les grands juges.
Les uns animent l'histoire comme des poëtes, les
autres la comprennent comme des philosophes. Les
premiers y offrent les hommes en spectacle et tirent
des événements un drame ; les seconds traduisent les
faits en enseignements et donnent les peuples en
exemple.

M. Hallam se place entre les historiens purement
narrateurs et les historiens tout à fait philosophes,
aussi savant et plus scrupuleusement exact que les
premiers, aussi pénétrant et plus circonspect dans ses
conclusions que les seconds. Sur tous les objets de
quelque importance pour la société humaine, la formation des États, le régime des mœurs, l'origine et le
développement des institutions, il recueille les témoignages les plus certains comme les plus solides, et
des hauteurs d'une science étendue, avec une raison
ferme, il prononce des décisions magistrales. C'est
en effet un magistrat de l'histoire. Il érige son tribunal au milieu des générations passées dont il juge
les fautes pour l'exemple et au profit des générations
futures. Il n'admet pas que les méchants actes trouvent leur excuse dans la perversité des temps, et les
vices d'un siècle ne le rendent pas indulgent pour les
écarts des hommes. Les violences et les corruptions,
la faiblesse et la tyrannie, les maux de l'ignorance et
le mépris de l'humanité, tout ce qui nuit, altère,
trouble, opprime, abaisse, il l'enveloppe, avec une
volonté clairvoyante non moins que par une vertueuse
équité, dans les sévérités instructives de ses jugements.

Dix ans après qu'eut paru ce premier et grand ouvrage, M. Hallam publiait un livre d'un intérêt in-

comparable pour son pays, et il apprenait au monde
comment un peuple que l'exiguïté de son territoire,
la tristesse de son climat, la défaveur de sa position,
devaient laisser dans un rang inférieur parmi les
peuples, s'était élevé si haut par l'excellence de ses
institutions ; était devenu le plus opulent en étant le
plus libre, le plus habile en étant le mieux gouverné ;
avait suppléé aux disgrâces anciennes de la nature
par les précoces fécondités du travail, surmonté la
petitesse de son sol par la grandeur de sa puissance,
dominé les mers par ses vaisseaux, répandu ses produits sur les continents, et couvert de ses établissements la terre parcourue avec une infatigable ambition. Ce livre que donna M. Hallam en 1827 était
l'*Histoire constitutionnelle de l'Angleterre*. Si, aux
cinq volumes qu'il présente, on réunit le troisième
volume de *l'Europe au moyen âge*, qui concerne également l'Angleterre, on a l'histoire savante et complète de la société, de la législation, de la politique
de ce grand pays, depuis l'invasion des Anglo-Saxons
jusqu'au règne du Hanovrien Georges III. On remonte
aux origines lointaines de la constitution anglaise, on
suit les développements qu'elle reçoit, on voit s'accomplir les crises laborieuses d'où elle sort plus forte
et, à la fin, tout à fait achevée. M. Hallam ne sépare
point l'histoire des institutions de celle des événe-

ments, et les hommes figurent dans ses habiles appréciations autant que les choses dont ils sont tout ensemble les instruments et les auteurs. Son livre est le code historique des droits nationaux, et porte surtout témoignage des efforts séculaires d'un grand peuple pour parvenir à l'heureux gouvernement de lui-même.

Comment s'est opéré cet établissement unique dans les siècles qui ont précédé le nôtre ? Comment se fit-il que la société anglaise, composée presque des mêmes éléments que les autres États de l'Europe, se constitua tout autrement qu'eux ? La forme de son gouvernement en effet ne ressembla d'abord ni à la constitution fédérale de l'Allemagne, ni à la constitution républicaine et seigneuriale de l'Italie, ni aux constitutions qui aboutirent à la monarchie absolue en France et en Espagne. Pour la grandeur de l'Angleterre et l'honheur du peuple anglais, elle conserva intact le pouvoir royal et finit par le contenir ; elle admit la liberté publique et parvint à la régler. Elle ne rendit pas la royauté impuissante ou absolue, ce qui l'annule ou la perd ; elle ne fit pas, des barons féodaux, une troupe désunie de petits souverains turbulents, voués à la tyrannie ou à la sujétion ; elle ne transforma point les villes affranchies en républiques destinées à devenir la proie d'un usurpateur ou d'un conquérant. Par la plus harmonieuse des combinaisons, elle réunit ensemble la royauté qui, représentant l'unité de l'État, agrandit son territoire et sa puissance ; la grande noblesse qui, formant une aristocratie prévoyante et habile, fonda les institutions libres du pays auquel elle donna un esprit attentif et des desseins suivis ; la classe indépendante des propriétaires territoriaux et des communes urbaines, qui, admise à son tour dans le conseil national, y apporta avec la jalousie de ses droits et la clairvoyance de ses intérêts, l'attachement le plus fier et le plus dévoué à une patrie dont elle contribuait à régler les lois et à conduire les affaires. C'est ainsi que s'associèrent peu à peu dans une action commune les trois principes monarchique, aristocratique, populaire, qui ailleurs se constituèrent à part et se dominèrent réciproquement.

Les institutions politiques et les libertés civiles de l'Angleterre, sorties du fond de la société anglaise, eurent d'abord pour fondateurs et longtemps pour soutiens les principaux membres de l'aristocratie territoriale, qui, vers les commencements du treizième siècle, contraignirent la couronne à donner, à jurer, à observer la grande Charte. Œuvre libérale d'un siècle violent, conquête généreuse d'une classe partout ailleurs oppressive, la grande Charte consacra

les droits essentiels du pays, elle prépara la liberté
individuelle de tout sujet anglais au moyen de la justice du jury, et jeta les fondements de la puissance
législative de tout le peuple anglais par l'établissement du grand conseil national, dans lequel les députés des communes prirent bientôt place à côté des
lords et qui reçut le nom de Parlement. Dès le qua-
torzième siècle, la forme politique de l'État fut fixée ;
son administration judiciaire, qui remontait surtout
aux Anglo-Saxons, fut perfectionnée ; son régime féodal, qui venait des Normands, fut adouci, et le parlement, assemblée commune des deux races, conqué-
rante et conquise, devint l'instrument légal de leur
résistance et de leurs vœux.

Il ne faut pas croire cependant que ces belles institutions aient été aussi bien observées que prompte-
ment reconnues. Les mœurs en Angleterre ont été
longtemps en retard sur les lois. Malgré l'adoption de
la grande Charte et la convocation assidue des parlements ; bien que le droit d'*habeas corpus* et le jugement par jury protégeassent la sûreté des personnes,
que le vote des subsides servît de garantie aux propriétés et permit le contrôle du gouvernement, il y
eut de fréquentes atteintes portées à la liberté des
sujets, à la possession des biens, à l'exacte administration de la justice. Le successeur des rois de la con-

quête l'était aussi de leurs traditions et de leurs violences. Son pouvoir limité de droit se rendit souvent
arbitraire de fait. Ne voit-on pas, en effet, les rois de
la maison de Tudor et de la maison de Stuart se passer quelquefois des parlements en matière de subsides, annuler la loi commune en matière de droit,
prendre ce qui ne leur était pas offert, punir qui
n'était pas condamné, et se mettre au-dessus de la
règle publique comme de la justice privée? Ne les
vit-on pas établir eux-mêmes, bien que d'une façon
détournée, l'impôt par des emprunts exigés au moyen
d'ordres scellés du sceau royal, par des subsides contraints auxquels ils donnaient le nom menteur de
bénévolences, par des monopoles qu'ils concédaient à
leur profit ; ne les vit-on pas emprisonner les riches
qui n'accédaient pas aux taxes dont ils étaient frappés, condamner à la détention ou à l'amende les jurés
qui contrariaient leur désir en jugeant avec indépendance, poursuivre de leur redoutable animosité, et
mettre à la Tour de Londres les députés trop libres
qui se refusaient à leurs demandes et parlaient trop
ouvertement contre leurs actes? « On en était venu,
« dit M. Hallam, à nier l'existence de libertés tant
« de fois violées, et à prendre le mépris des lois pour
« la loi elle-même. »

Mais il existait deux instruments de liberté et de

justice : le parlement et le jury, qui devaient à la
fin, le premier affermir les droits du pays, le second consacrer la sûreté des personnes. Il est bien
donné à la faiblesse ou à la passion des hommes de
suspendre l'effet des institutions, mais la vertu des
institutions doit tôt ou tard triompher de la faiblesse
et de la passion des hommes. De cela seul qu'elles
subsistent, les institutions finissent par procurer ce
qu'elles étaient destinées à garantir. La durée a été
l'heureux mérite des lois anglaises, comme la constance a été la vertu féconde du peuple anglais. L'habile historien de la constitution d'Angleterre suit et
explique les vicissitudes du droit qui s'étend toujours
et de l'oppression qui se ranime quelquefois, en signalant leurs causes anciennes, en montrant leurs résultats nouveaux. La loi publique dans ses règles et la
prérogative royale dans ses prétentions, l'une éma-
nant du pays, l'autre venant de la conquête, la première invoquée avec une infatigable persévérance; la
seconde soutenue par la force, furent pendant bien
des siècles en lutte et se disputèrent, sous de nombreuses générations, le gouvernement de l'Angleterre.
Tantôt la loi s'établit sur la prérogative abattue; tantôt la prérogative relevée l'emporta sur la loi mécon-
nue. Bien des rois de caractères différents et appartenant à des dynasties successives opprimèrent mal-

gré la loi, et bien d'autres furent accablés sous elle.
Si plusieurs des altiers Plantagenets, des impérieux
Tudors, des infidèles Stuarts, se maintinrent au-dessus des droits qu'ils osèrent violer et qu'ils ne purent pas anéantir, d'autres princes de ces races au-
dacieuses furent moins heureux dans la poursuite
du pouvoir arbitraire et succombèrent en voulant
l'établir. Jean sans Terre déposé du trône, Henri III
devenu captif à la suite d'une défaite, Édouard II privé
de sa couronne, Richard II tué après avoir été dépos-
sédé, Charles Ier montant sur un tragique échafaud,
et son fils, Jacques II, exilé avec toute sa race, sont
comme les victimes royales sacrifiées au maintien du
droit national par un peuple plus décidé à conserver
les libertés publiques qu'ils n'étaient eux-mêmes hardis à les nier ou à les détruire.

La révolution nationale de 1640 prépara le triomphe définitif de la constitution anglaise que consacra
la révolution dynastique de 1688. A cette époque le
fameux bill des droits renouvela et étendit, en leur
donnant plus de précision et de développement, les
garanties privées et publiques reconnues par la grande
Charte, et en 1700 le bill d'établissement, en vertu
duquel la maison de Hanovre fut appelée au trône
d'Angleterre, ajouta de nouvelles garanties à celles
du bill des droits. L'inviolabilité des personnes, la

sûreté des biens, la régularité de la justice avec l'ina-
movibilité des juges, le vote constant des subsides, le
contrôle inévitable et la discussion parlementaire des
affaires de l'État, ont été dès lors proclamés et affer-
mis. Tout désormais releva de la loi, les prérogatives
de la couronne et les libertés de la nation. Le droit
de régner des princes et le droit des sujets de parti-
ciper au gouvernement eurent leur source et leur
sanction dans la souveraineté de la législature. L'Angleterre devint une république monarchique, qui,
placée sous l'unique domination de la loi, mise à
l'abri des luttes sanglantes par l'ordre tutélaire de la
royauté, laissée aux agitations fécondes par le libre
mouvement du pays, fut régie par les plus habiles que
désignaient les plus éclairés, dont la politique fut
conduite avec la plus grande vigueur dans la plus
grande liberté, et, en sachant toujours concilier les
intérêts des particuliers et ceux de l'État, assura la
prospérité et la grandeur de la nation.

M. Hallam était singulièrement propre à dérouler
et à expliquer les annales de la liberté britannique.
Sa pénétration égalait son jugement, et son savoir
était aussi profond qu'étendu. Le ton mâle de M. Hallam est constamment d'accord avec la fermeté de sa
pensée. Son style manque quelquefois de souplesse,
mais il est toujours puissant, et souvent il s'élève de

la gravité à l'éloquence, à une éloquence simple et
brève qui ne va jamais au delà de l'honnête élan parti
de son âme émue ou de l'idée généreuse conçue par
son noble esprit. Le contraste des droits aujourd'hui
respectés et des actes autrefois tyranniques lui inspire
même de poétiques paroles. Ainsi, en rencontrant
dans ses récits le lieu où s'exercèrent sous les Tudors
tant de persécutions ténébreuses, la Tour de Londres
dans laquelle, durant le règne d'Élisabeth surtout,
la torture, interdite par la loi anglaise, resta, comme
il le dit, rarement oisive, M. Hallam s'écrie : « Les
hommes qui se rappellent les annales de leur pays ne
peuvent voir ce lourd et sombre édifice sans qu'il fasse
naître en eux de tristes souvenirs... Cette tour, qui
présente un contraste si frappant avec les monuments
pleins de grâce et d'élégance élevés par la prospérité
et le goût moderne, témoignages éclatants dont nous
sommes redevables à la liberté civile et religieuse,
cette tour, dis-je, semble un tyran captif destiné à
orner le triomphe d'une république victorieuse, et
doit nous apprendre à juger, dans le transport de notre
reconnaissance, de combien nous avons surpassé nos
ancêtres en vertu et en félicité. »

Si M. Hallam porte dans l'appréciation des temps
passés les sentiments d'un Anglais libre, il ne s'y départ jamais des scrupules d'un écrivain équitable. Il

n'est pas plus exagéré par passion qu'indifférent par impartialité. Il intéresse alors même qu'il disserte. Son mémorable ouvrage, dans lequel les faits bien observés donnent lieu à des conclusions bien déduites, est une sorte de philosophie politique tirée de la pratique séculaire d'un grand peuple par un publiciste qui sait et un historien qui pense. Il a eu un succès solide autant qu'étendu. Apprécié en Europe, où il a été partout traduit, il a paru en France sous les auspices d'un des grands maîtres de l'art d'écrire l'histoire, M. Guizot, auquel ses récits et ses jugements sur la révolution d'Angleterre ont mérité que M. Hallam accordât la place la plus élevée parmi les historiens de son propre pays. Enfin il est devenu comme classique en Angleterre, où il est consulté par les hommes d'État, cité dans les chambres du parlement, et sert de texte à l'étude de l'histoire constitutionnelle dans les hautes écoles. On a même dit de lui avec une reconnaissante admiration : « L'ouvrage de M. Hallam sur la constitution d'Angleterre est une grande Charte de nos libertés et de nos droits, qui porte la signature non pas des rois et de leurs ministres, mais de la muse de l'histoire. »

M. Hallam ne prit jamais part à ce gouvernement dont il avait écrit l'histoire. En aucun moment de sa longue vie il n'appartint à la Chambre des communes.

Les fonctions qu'il exerçait au bureau du timbre l'excluaient du parlement. Ce n'est point qu'il préférât conserver l'opulente rétribution de cet office sans éclat, car, lorsque de lui-même il le résigna plus tard, il ne tenta pas davantage d'arriver au parlement, dont l'accès lui aurait été rendu facile par sa belle renommée et les plus illustres amitiés. Il était en accord d'idées et uni de sentiment avec les chefs du parti whig qui, depuis 1830, ont presque toujours dominé dans la Chambre des communes et le plus souvent dirigé le gouvernement de l'Angleterre. Mais il avait trop peu d'ambition pour aspirer à conduire les autres et trop d'indépendance pour consentir à être conduit. Quand l'autorité réside dans les assemblées, il s'y forme des partis qui en recherchent la possession pour l'exercer d'après des vues qui ne sont pas tout à fait les mêmes ou dans des intérêts qui sont assez différents, et sous la bannière desquels les hommes politiques s'enrôlent, manœuvrent, combattent, parlent, votent surtout avec un concert obéissant. M. Hallam n'aurait pas su se soumettre à cette discipline des opinions et des votes ; il n'aurait pu penser toujours avec déférence, adhérer quelquefois sans approbation, en aucun cas sacrifier l'indépendance de son esprit, sur aucun point renoncer à l'impartialité de son jugement.

Il s'intéressait néanmoins en bon citoyen à l'habile gestion des affaires de son pays et au sage ménagement de ses libertés. L'historien de la constitution anglaise craignit même un moment que les bases n'en fussent ébranlées par les mains généreuses mais peu prudentes de ses amis. C'était en 1831. La révolution qui venait de faire prévaloir le régime représentatif en France et devait communiquer peu à peu une impulsion libérale au reste de l'Europe, avait ramené le parti whig au pouvoir d'où il était éloigné depuis plus d'un quart de siècle. Le cabinet, que ce parti avait formé sous la présidence de l'éloquent et inflexible lord Grey, entreprit des réformes considérables. La principale consistait dans un changement vaste et profond du système électoral, qui pouvait altérer la composition du parlement et donner à la longue, avec un autre esprit, une autre forme au gouvernement de l'Angleterre. C'est ce que redoutait M. Hallam, et ce qu'il exprima avec beaucoup de force à l'un des membres les plus respectés et les plus influents du cabinet nouveau, en présence du duc de Broglie, leur ami commun, qu'une mission délicate avait conduit à Londres, et qui fut singulièrement frappé de cet entretien entre un juge expérimenté des institutions de son pays et un partisan dès longtemps éprouvé de la liberté politique : « Je suis whig ainsi que vous,

« disait M. Hallam à son illustre interlocuteur : une
« réforme me paraît nécessaire, mais celle que vous
« tentez est excessive. Il faudrait perfectionner, il ne
« faudrait pas transformer. Sans doute il est conforme
« au sens de nos libres institutions, et il peut être utile
« au développement de nos publiques destinées de
« supprimer certains abus du régime électoral et
« d'étendre le droit d'élire; mais il serait dangereux
« de l'accroître sans mesure. Ce droit ne saurait ap-
« partenir à tout le monde. En l'accordant avec une
« profusion périlleuse, on s'expose à altérer la vieille
« constitution anglaise et à troubler la bienfaisante
« harmonie des pouvoirs due à l'habileté de nos pères
« et à leur bonheur. C'est dans la Chambre des com-
« munes que s'opère aujourd'hui le rapprochement
« des trois pouvoirs, de la couronne, des lords, du
« peuple, que se prépare leur action concertée, que
« se fait, en un mot, leur équilibre. Cet équilibre est
« le gouvernement même de l'Angleterre. Si l'on
« change trop la composition de la Chambre des com-
« munes en rendant l'élection trop démocratique, on
« court le risque de le rompre, et de donner à l'État
« des impulsions irrégulières en y introduisant des
« éléments nouveaux. Une fois le principe du bill
« admis, les conséquences s'en étendront : les change-
« ments succéderont aux changements, et la réforme

« d'aujourd'hui en provoquera une autre demain.
« Alors, peu à peu, le gouvernement passera de la
« Chambre des communes sur la place publique. Les
« élus de la démocratie chercheront de quel côté souffle
« le vent de la multitude pour en suivre les incon-
« stantes directions, et, livrée à la mobilité populaire,
« la politique anglaise sortira de ses voies comme la
« constitution anglaise sera remuée dans ses fonde-
« ments. »

Étranger, autrement que par ses pensées et ses
sollicitudes, aux affaires de son pays, M. Hallam eut
une vie remplie de travaux, mais dépourvue d'événements. Quelques voyages en rompirent seuls la studieuse monotonie, et de grandes douleurs en trou-
blèrent à plusieurs reprises la douce sérénité. M. Hallam
s'était marié assez jeune. Il avait épousé en 1807 la
fille aînée du baronnet sir Abraham Elton, du comté
de Somerset. De cette union il avait eu onze enfants,
dont quatre seulement avaient survécu. Son fils aîné,
Arthur-Henry Hallam, faisait sa joie et son orgueil.
Doué d'une belle intelligence et de la plus noble figure,
ce jeune homme unissait beaucoup de maturité à
beaucoup de grâce, et, avec un savoir précoce, il avait
une imagination charmante. Il était fiancé à la sœur
de son condisciple et de son ami le poëte Tennysson,
à qui était réservé, après Wordsworth, le titre de

poëte lauréat de l'Angleterre, et qui devait continuer
la glorieuse liste sur laquelle étaient inscrits depuis
trois siècles tant de noms célèbres. Dans l'été de 1833,
M. Hallam et son fils visitèrent ensemble l'Allemagne.
Ils s'arrêtèrent à Vienne, où le jeune Arthur parut
fatigué. Cette fatigue cachait un mal profond qui devait
avoir bientôt une issue funeste. Un jour M. Hallam
sortit seul en laissant son fils endormi, et, lorsqu'il
rentra, il le trouva mort. Il s'était éteint sans agitation
et sans souffrance, à la même place où il semblait
reposer. Le désolé M. Hallam porta les restes de cet
enfant bien-aimé, des bords du Danube sur les bords
de la Saverne, au berceau de sa famille, dans le cimetière de l'église de Clavedon, situé sur une colline
solitaire qui domine le canal de Bristol.

C'est dans cette sépulture, où il devait être bientôt
rejoint par sa mère, par sa sœur, et un peu plus tard
par le second de ses frères, qu'Arthur Hallam fut déposé au milieu des regrets de l'affection, des plaintes
de la poésie. Celui dont il devait être le frère, Tennysson, dédia à sa mémoire une suite d'élégies immortelles. Dans une pathétique allusion, le poëte s'écrie :

« Le Danube a donné à la Saverne ce cœur qui ne
« bat plus. Ils l'ont étendu sur la côte riante et à portée
« d'entendre la vague. »

« Les grands vaisseaux s'avancent vers le port caché
« sous la colline ; mais où est le contact de cette main
« qui est devenue insensible, et le son de cette voix
« qui s'est éteinte ?

« Brise, brise, brise-toi aux pieds de tes rochers,
« ô mer ! mais la tendre grâce du jour qui est passé
« ne reviendra plus pour moi...

« Je ne le reverrai plus, jusqu'à ce que soit achevée
« ma course solitaire, celui qui m'était cher comme
« une mère l'est à son fils, plus cher pour moi que ne
« le sont mes propres frères. »

Le père infortuné exhala son affliction dans un écrit
qui ne fut pas destiné à devenir public et auquel il
donna le titre pieux de *Remains*. Il s'y nourrissait, en
effet, des souvenirs de ce fils de ses prédilections dans
une des œuvres les plus touchantes qui aient jamais
été consacrées à une affection détruite et à une espérance brisée. Un peu plus tard M. Hallam publiait, en
se hâtant, le dernier de ses ouvrages, auquel il se
croyait désormais moins en état de donner l'étendue
nécessaire et la perfection désirable, et il disait avec
une irrésistible tristesse : « J'ai d'autres avertissements de ramasser et de lier mes gerbes, tandis que
je le puis encore : ce sont mes années avancées et la
réunion dans le ciel de ceux qui m'attendent. »

Quelles étaient ces gerbes que M. Hallam tenait à recueillir pendant qu'il le pouvait encore? C'était la moisson aussi abondante que variée de tous les fruits du génie humain pendant les derniers siècles. M. Hallam, qui avait porté ses recherches sur les institutions des États, les avait étendues aux opinions des peuples, et, en même temps qu'il avait retracé leur histoire politique, il avait étudié leur histoire littéraire. Il n'avait pas suivi la réorganisation de la société européenne sans examiner avec une curiosité réfléchie et sans s'expliquer avec une sagacité savante la conduite de l'esprit humain à travers les âges et parmi la diversité des nations.

M. Hallam retrace l'*histoire de la littérature de l'Europe pendant le quinzième, le seizième et le dix-septième siècle*, en la faisant précéder d'un examen succinct des idées comme des travaux du moyen âge. Il entre dans cette région ténébreuse, et il en sort, pour ainsi dire, sous la conduite des deux grands papes Grégoire Iᵉʳ et Nicolas V. Le premier, auquel l'esprit chrétien fait prendre en mépris l'esprit profane, détourne le monde de l'étude des lettres et de la culture des sciences, et commence l'ère où la foi sera plus nécessaire que la raison, où l'on croira presque sans penser, et où il n'y aura guère, sur la terre envahie d'autre refuge qu'auprès des autels, et dans la vie bouleversée d'autre

consolation qu'en Dieu. Le second, admirateur de
l'antiquité retrouvée, recueille au Vatican l'immense
trésor de cinq mille volumes manuscrits, fait élégam-
ment traduire la plupart des ouvrages grecs, encou-
rage les progrès des lettres renaissantes, récompense
avec générosité les travaux célèbres, et inaugure l'ère
dans laquelle l'esprit, se relevant par le savoir, re-
prendra peu à peu la domination de l'univers, sou-
mettra tout à ses recherches, étudiera la nature,
s'étudiera lui-même, renouvellera l'art, agrandira
toutes les connaissances, et en perfectionnant la
pensée des hommes améliorera la condition de l'humanité. En plaçant ainsi aux confins de l'antiquité
et des temps modernes Grégoire Ier et Nicolas V,
M. Hallam dit avec une heureuse imagination : « Ces
« grandes figures, semblables aux statues de la Nuit
« et du Matin par Michel-Ange, apparaissent debout
« aux deux portes du moyen âge, emblèmes et pré-
« curseurs du long sommeil de l'esprit humain et de
« son réveil. »

L'ouvrage entrepris par M. Hallam n'était ni de
petite dimension, ni d'exécution facile. Il fallait, pendant trois siècles, suivre l'intelligence européenne
dans les routes multipliées qu'elle a parcourues, dans
les diverses œuvres qu'elle a produites. Comment
connaître tout ce qui a été pensé, sentir également le

beau sous toutes les formes, saisir fortement le vrai
dans toutes les langues, être en quelque sorte universel par le savoir et le jugement? Si l'on n'omet
rien, n'est-il pas à craindre qu'on ne devienne prolixe
en restant superficiel? Si l'on ne dit pas tout, n'en-
court-on pas le reproche d'être incomplet, sans éviter
même toujours celui de paraître sec?

M. Hallam n'a pas échappé toujours aux difficultés
de ce périlleux sujet, qu'il s'efforça d'embrasser dans
un espace restreint en le traitant sous son aspect philosophique. Cependant il est court plus qu'il n'est
aride, et il est substantiel dans sa brièveté. Chez lui
l'historien aide le critique. Le génie général de l'Europe civilisée, il l'a étudié à fond ; le génie particulier
de chaque peuple, et, chez chaque peuple, l'apparition
des grands hommes qui font de grandes œuvres, souvent il les explique avec sagacité et les caractérise
avec justesse. Ce livre considérable, où l'érudition
abonde et où le goût ne manque pas, exact malgré son
étendue, intéressant malgré sa rapidité, dans lequel,
tout en désirant quelquefois des développements plus
profonds et des décisions plus fortes, on ne saurait
méconnaître la variété des connaissances et l'élévation
des vues, est fort instructif pour ceux qui veulent
apprendre, et peut même être agréable à ceux qui
aiment à se souvenir. Pour les temps qu'il embrasse

et les pays qu'il parcourt, c'est presque l'histoire
sommaire de l'esprit humain.

Après la publication de cet ouvrage particulièrement
estimé en Angleterre, M. Hallam ne fit plus rien d'important. Il avançait en âge, et il avait atteint, par des
succès continus, une haute renommée. Il était l'ornement de plusieurs sociétés savantes qui le comptaient
avec orgueil dans leurs rangs. Trésorier de la Société
de statistique qu'il avait contribué à fonder en Angleterre, pour recueillir les faits sociaux dont la politique
peut s'éclairer et l'histoire se servir ; vice-président en
quelque sorte perpétuel de la Société des antiquaires
de Londres, aux lointaines recherches de laquelle il
concourait par son habile érudition ; membre éminent
de la célèbre Société royale des sciences, dont il avait
d'abord refusé d'être pensionnaire pour accepter ensuite l'office honoraire et gratuit de son historien, il
était glorieux d'appartenir à l'Institut de France par le
grand titre d'associé étranger. Lorsqu'il visitait le
continent et qu'il traversait notre pays, il assistait à
vos séances. Il parut au milieu de vous, en se rendant
en Italie, à la veille du dernier malheur qui l'y attendait.

Un seul fils lui restait. Cet enfant de son âge mûr,
auquel son vénérable ami, le marquis de Lansdowne,
avait servi de père devant l'Église et donné son

deuxième nom, Henry-Fitz-Maurice Hallam, était distingué comme l'avait été Arthur-Henry Hallam, quoique par d'autres mérites non moins rares. Dans sa jeunesse, lorsque ceux de son âge lisaient Walter Scott ou
Byron, lui étudiait Bacon ou se plaisait dans la lecture
de Dante. Il avait toujours été le premier dans les exa-
mens du collége à Eton et les épreuves de l'Académie
à Cambridge. Réservé, réfléchi, d'un caractère doux
et grave, d'un esprit solide et orné, sachant les mathématiques aussi bien que l'histoire, instruit dans la
science économique et versé dans l'étude des lois, connaissant bien les langues étrangères et parlant à mer-
veille la sienne, ce dernier des Hallam venait d'entrer
au barreau, où l'attendaient des succès certains. Il
avait été reçu avocat en 1850, et, après avoir suivi
pendant l'été les assises du circuit de Londres, il alla
dans l'automne rejoindre en Italie son père, qui, sans
oublier le fils qu'il avait perdu, semblait renaitre à
l'espérance dans le fils qu'il conservait encore. Hélas!
cette espérance ne dura point. Par une cruelle fatalité,
le voyage de Rome eut une issue aussi funeste pour
Henry-Fitz-Maurice Hallam que l'avait eue dix-sept
années auparavant le voyage de Vienne pour Henry-
Arthur Hallam. Une de ces fièvres terribles qui atta-
quent le principe même de la vie le saisit soudainement; on voulut, mais en vain, le dérober à ses mor-

telles atteintes, en fuyant vers le nord de l'Italie. Le malheureux jeune homme succomba à Sienne le 25 octobre, et son père, plus malheureux encore, le cœur à jamais sans consolation et la vie désormais sans but, accompagna les restes de son fils à l'église funèbre de Clavedon, où ils furent déposés, le 23 décembre, à côté de ceux de son frère, de sa sœur et de sa mère.

M. Hallam consacra aussi des pages touchantes à la mémoire de Henry-Fitz-Maurice. Ce fut son dernier écrit. Brisé par ce nouveau coup, mais non abattu, il vécut encore quelques années. Enfin, très-avancé en âge, parvenu, ainsi qu'il l'avait lui-même dit de son père, sur les confins des deux vies sans qu'il eût plus rien à désirer de celle-ci et rien à craindre de celle-là, il passa, le 21 janvier 1859, de l'une à l'autre, avec le calme d'un sage et la confiance d'un chrétien.

M. Hallam unissait les plus hautes qualités de l'âme aux plus solides mérites de l'esprit ; tout ce qu'il était, sa personne même le disait. Grand et d'une belle figure, l'élégante pureté de ses mœurs, la dignité soutenue de son caractère, l'active pénétration d'une forte intelligence, l'équité sans trouble d'un jugement supérieur, sa douceur tout à la fois aimable et ferme, sa tranquille modestie, son invariable droiture, se peignaient sur ses nobles traits. Son front était large

et serein, son œil vif et limpide, et ses lèvres pures et
véridiques, qui ne s'étaient jamais ouvertes à rien
d'équivoque ou de déloyal, laissaient entrevoir toute
la candeur de ses sentiments et toute l'honnêteté de
ses idées. Il était du commerce le plus agréable, et la
justice rigide qu'il exerçait dans l'histoire se conciliait
chez lui avec la pratique assidue de la plus rare bonté
dans la vie. Il savait être fort généreux et ne pouvait
pas s'empêcher d'être bienfaisant. Dans sa munificence
affectueuse il avait doté la fiancée même de son fils, et
il était si compatissant qu'on se faisait scrupule de
mentionner trop de misères devant lui : il soulageait
toutes celles qu'il connaissait. L'homme était aussi
révéré que l'écrivain était estimé. A l'illustration que
lui avaient donnée ses œuvres, le premier ministre
d'Angleterre avait voulu en ajouter une autre, et il
avait offert à M Hallam le titre de baronnet comme une
marque de faveur de la couronne pour l'historien qui,
dans son temps, honorait le plus son pays. M. Hallam
refusa avec une dignité triste : « Mon âge avancé,
« écrivit-il, et la perte de ceux qui auraient partagé
« ce titre avec moi, me détournent de changer mon
« nom. » Il resta avec ce nom simple, mais glorieux,
qu'il porta noblement jusqu'à sa quatre-vingt-deuxième
année, où, quittant la vie au milieu du respect universel, il laissa ce nom attaché à des monuments qui

ne périront pas, et qui le transmettront avec son honnête et solide éclat à la postérité, auprès de laquelle il demeurera recommandable tant que seront estimées les pures vertus et que seront lu les bons livres.

LORD MACAULAY

NOTICE

LUE A LA SÉANCE PUBLIQUE ANNUELLE DU 15 JUIN 1865

Messieurs,

Le grand historien anglais dont j'ai à vous entretenir aujourd'hui est venu au monde l'année même
où s'ouvrait en quelque sorte le siècle de l'histoire.
Il y est venu alors que se développait cette ère féconde
en mémorables événements et en prodigieux spectacles, si propres à frapper fortement l'imagination
humaine, et, par la vue saisissante du présent, à
donner le sens profond du passé. Révolutions dans les

idées des hommes suivies de changements dans la
condition des peuples ; deux états sociaux, l'un tirant
ses racines de ces siècles lointains où la force avait
fait presque uniquement le droit, l'autre s'élançant
vers les régions entrevues d'une équité supérieure ;
des chocs violents, des bouleversements formidables,
l'Europe entière en convulsion ; des trônes tombés et
relevés, des pays envahis et délivrés, des institutions
détruites et refaites, le continent traversé, occupé,
perdu par un conquérant dont la passion avait égaré
le génie, et, tandis que ce conquérant, sorti d'une
révolution populaire, abattait sous ses coups l'ordre
ancien du monde, un gouvernement aristocratique
fondé sur la liberté soutenant cet ordre ébranlé par
des moyens plus puissants que des armées et avec
une constance politique qui devait l'emporter sur
l'habileté militaire : en un mot, tout ce qui s'est accompli de nos jours sous les yeux des historiens
devait projeter pour eux une vive lumière sur tous
les horizons de l'histoire. Inspirés par ces grands
spectacles, ils ont pu tout à la fois acquérir la connaissance exacte des faits et reproduire avec force les
grandes scènes qui se jouaient sur le théâtre du
monde. Habilement ranimées et savamment jugées,
les générations qui ont vécu reparaissent alors pour
le plaisir et l'instruction des générations présentes.

C'est ainsi qu'a conçu l'histoire l'ingénieux et brillant
écrivain, si profondément versé dans la connaissance
du temps et du pays qu'il a fait revivre avec une si
dramatique exactitude, politique par le jugement,
peintre par la couleur, poëte par l'art, M. Macaulay,
que vous vous êtes associé au moment où son œuvre
la plus considérable donnait à sa renommée le plus
grand éclat, et dont je vais aujourd'hui rappeler devant vous la noble vie et les glorieux travaux.

Thomas Babington Macaulay naquit, le 25 octobre 1800 à Rothley-Temple, dans le comté de Leices-
ter. Une vieille demeure des anciens Templiers, avec
ses vingt-huit fenêtres de front, sa chapelle grise atte-
nant au manoir, son site agréable sur les confins de
la forêt de Charnwood, et où se trouvaient conservés
de respectables débris des temps passés, des casques
qu'avaient portés des guerriers du moyen âge, des
épées qui avaient été tirées dans le grand armement
de 1588 contre l'invasion projetée de Philippe II, fut
le berceau du futur et pittoresque historien. Sa famille était écossaise d'origine et presbytérienne de
croyance. Son père avait la foi rigide d'un puritain et
la vertu active d'un homme de bien. Zachary Macaulay
était, avec son célèbre et pieux ami Wilberforce, l'un

des principaux dans ce parti des saints, comme on l'a appelé, qui pendant plus de trente années a poursuivi l'abolition de la traite des noirs sur la côte d'Afrique et la suppression de l'esclavage dans les colonies. Poussé par le beau désir d'éclairer et de secourir ses semblables, il prit part aux plus bienfaisantes entreprises de son temps. Membre de la Société royale, il s'attacha à répandre l'instruction populaire, fut l'un des fondateurs de l'Université libre de Londres, se fit commissaire de la charité publique et volontaire, se montra surtout champion ardent de la liberté humaine. C'est de lui et à ce sujet que M. Gladstone a dit, dans la chambre des Communes : « Il y avait d'engagé dans cette cause un homme qui était un invisible allié de M. Wilberforce et le pilier de sa force, un honme d'une profonde bienveillance, d'une intelligence vive, d'une infatigable industrie, et de cette nature désintéressée qui se contente de travailler en secret, de céder à d'autres la récompense de la présente renommée et de chercher sa rémunération au delà du tombeau. » La renommée qu'il ne cherchait pas vint le trouver, et il donna la célébrité de sa vertu à un nom que son fils devait entourer de la gloire du talent.

Jusqu'à l'âge de douze ans, l'éducation de Thomas Macaulay se poursuivit à la maison sous les yeux de ce père attentif, et par les soins surtout de sa mère, femme pieuse et distinguée, qui unissait les ornements du savoir aux dons naturels de l'esprit. Fille d'un quaker, libraire à Bristol, miss Selina Mills avait été élevée par l'habile Hannah More. Cette docte puritaine, qui avait l'attachement de Wilberforce et de Burke, dont Garrick se plaisait à jouer les pièces au théâtre de Drury Lane, qu'ont louée, dans le dernier siècle, Samuel Johnson, au commencement de celui-ci, Walter Scott et Wordsworth, et qui a composé tant d'écrits lus autrefois, oubliés aujourd'hui, n'avait pas été étrangère au mariage de miss Selina Mills, la plus chère de ses élèves, avec Zachary Macaulay, l'un de ses amis les plus respectés.

L'enfant né de cette heureuse union donna bien vite tous les signes d'une supériorité précoce. Il avait une curiosité ardente et une mémoire extraordinaire. Il voulait tout savoir, demandait tout à lire, et, de tout ce qu'il apprenait, il n'oubliait jamais rien. Les grandes scènes de la Bible, le *Voyage du Pèlerin* dans le livre si éloquemment mystique et si poétiquement moral de Bunyan, les contes ravissants des *Mille et une Nuits* qu'il aurait pu réciter d'un bout à l'autre comme Schéhérazade, les majestueux poëmes de la *Lusiade* et du *Paradis perdu* qu'il savait par cœur, les créations historiques de Walter Scott qui faisaient ses

délices, étaient ses lectures de préférence. Il réflé-
chissait déjà en se souvenant, et, dans un âge encore
bien tendre, il ne pensait pas sans justesse et il composait même avec art.

En 1812, il était allé passer quelque temps chez
Hannah More, qui écrivait à Zachary Macaulay sur son
jeune fils Thomas : « Je n'ai jamais vu en lui aucun
mauvais penchant, rien excepté les faiblesses et l'ambition qui sont inséparables peut-être de talents si
précoces et d'une imagination si vive. Il paraît sincère, véridique, sensible et affectueux. » Thomas
Macaulay avait rencontré là un compagnon un peu
plus âgé que lui, qui suivait l'École de Woolwich et
se destinait à l'artillerie. Ces deux enfants discutaient
ensemble des questions qui paraissaient bien au-
dessus de leur esprit, et ils mettaient en parallèle
des hommes que jugeait leur hardie inexpérience.
« J'ai entendu, ajoutait Hannah More, un débat qui
s'était élevé entre eux sur la comparaison du prince
Eugène de Savoie et du duc de Marlborough, considérés comme généraux. La masse de lecture que Tom
a versée dans ce débat et la masse d'écriture qu'il en
a fait sortir sont étonnantes... J'observe un progrès journalier dans le développement de ses facultés
intellectuelles. Il tient tout ce qu'il a promis, et promet toujours davantage ; mais ce qu'il y a d'extra-

ordinaire, c'est qu'il a autant de justesse dans son expression que de verve et de vivacité dans son imagination. J'aime beaucoup que, tout en prenant intérêt à tous les événements de notre époque, il n'en reste pas moins écolier ; j'aime à le voir aussi enfantin qu'il est studieux, et ne s'amusant pas moins à faire un pâté de beurre qu'un poëme. »

Alors cependant, le jeune Macaulay construisait plus souvent encore des poëmes que des pâtés de beurre. Tout dans son esprit se tournait en poésie, et, chose surprenante, il avait déjà le goût de l'histoire et de la politique. Il entremêlait une adresse historique à Milton à des vers sur les grands événements contemporains. Il composait, en 1812, un poëme sur Moscou, comme il devait en faire un en 1815 sur Waterloo, et en 1813, après la funèbre retraite de Russie et le désastre accablant de Leipsick, à la veille du succès de son pays, il recommandait à l'Angleterre la mémoire de l'opiniâtre champion de sa cause, du second Pitt, qui avait succombé dans la lutte sans jamais désespérer de la victoire. Ces vers, tout à fait anglais par l'ambition comme par les sentiments, ne sont pas d'un jeune homme de treize ans. Je ne saurais m'empêcher de les donner ici, dans une prose qui ne peut que les affaiblir, moins pour montrer le caractère de sa poésie que la portée de son esprit.

« O Angleterre, île bien-aimée, lorsque les annales
« de ton histoire rediront les exploits de tes enfants,
« lorsque les accords des poëtes célébreront ta gloire
« et les succès obtenus par ta constance et ta va-
« leur ;

« Lorsque l'olivier et le palmier seront tressés pour
« ta couronne, lorsque tes arts, ta renommée, ton com-
« merce se seront agrandis, lorsque tes bras auront
« atteint les plus lointains rivages, que tu posséderas
« les triomphes de la guerre et les félicités de la
« paix ;

« Lorsque l'Océan, dont les flots t'entourent comme
« un rempart, portera tes ordres sur toutes les côtes
« de l'univers et que les bornes de la nature de-
« viendront celles de ton empire.....

« Souviens-toi de l'homme qui, dans la détresse et
« le danger, alors que ta gloire était évanouie et ton
« esprit abattu, quand tes espérances avaient été ren-
« versées par les armes de l'étranger et que tes ban-
« nières flottaient sous les dômes de l'ennemi,

« S'avança au milieu de cette tempête d'incertitudes
« et de désastres, sans assistance et seul, pour affronter
« le péril, soutint ta cause et tes droits, t'empêcha
« d'être conquise et t'aida à te sauver. »

Il fallut donner enfin à ce merveilleux enfant l'in-

struction régulière et forte qui se recevait dans les écoles
et dans les Universités d'Angleterre. Envoyé tour à tour
chez un M. Pritchard à Clapham, et auprès du révérend
M. Preston, à Shelford, il alla, vers l'âge de dix-huit
ans, faire ses études et prendre ses grades universitaires à Cambridge. Il y fut agrégé au collége de la Trinité, fondé par Henri VIII, et où les connaissances
classiques les plus abondantes fortifièrent en lui les
dons les plus heureux de l'esprit. Dès la première année, il obtint la distinction la plus enviée parmi les plus
hautes récompenses de l'Université, la médaille d'or du
chancelier, qu'il reçut solennellement des mains du
duc de Glocester pour son poëme sur *Pompéi*. Il ne
remporta pas seulement les prix de l'école, il conquit
ces riches prébendes de l'Université qui, sous le nom
de *Scholarship* et de *Fellowship*, donnent à leur victorieux possesseur, la première, le moyen de poursuivre
sans frais ses études ; la seconde, acquise au terme de
la carrière académique, la facilité d'attendre les succès
et les gains dans une autre carrière.

Après six années de travaux féconds, Macaulay quitta
l'Université tout rempli de son savoir et tout chargé de
ses honneurs. Il était devenu un lettré accompli. Mais
les lettres, qui commençaient sa célébrité, ne lui donnaient point un état. Il en chercha tout d'abord un au
barreau et consacra plusieurs années à la connaissance

fort compliquée des lois. Il avait étudié méthodique-
ment l'art oratoire à Cambridge, il étudia solidement
le droit anglais à Londres. Il suivit, comme avocat, le
circuit du Nord, aux assises duquel se rendaient à cette
époque les hommes les plus éminents du barreau. Il
n'y parut pas longtemps et n'y plaida pas beaucoup;
une seule et fort petite cause lui fut confiée dans la
quatrième session. Il s'agissait d'un vol de poules, dont
il parlait fort plaisamment dix ans plus tard à Calcutta,
en souhaitant aux avocats de l'Inde d'autres succès que
les siens. Habitué jusque-là à réussir en tout et vite, il
s'étonna sans doute de réussir au barreau si peu et si
lentement. Aussi quitta-t-il la plaidoirie qui n'abondait
point, pour la littérature où il devait exceller, et pour
la politique où l'attendait une des premières places,
sinon parmi les plus habiles, du moins parmi les plus
éloquents.

Il avait déjà publié des écrits fort remarqués dans
un recueil appelé le *Quarterly Magazine* de *Knight*,
lorsqu'il inséra dans la *Revue d'Edimbourg*, en ce moment si célèbre et dont il accrut encore la renommée,
ses grands *Essais* sur Milton et sur Machiavel. Le premier de ces deux essais est politique non moins que
littéraire. L'auteur du *Paradis perdu*, inspiré par la
Bible et la Révolution, l'altier adversaire des despoti-
ques Stuarts, le glorieux aveugle qui, sous la restau-

ration des fils du roi dont il n'avait pas craint de justi-
fier la mort tragique, composa, dans sa retraite dis-
graciée et pauvre, ces chants sublimes qui ont fait de
lui l'un des plus grands poëtes de l'Angleterre, trouva
dans Macaulay un historien et un appréciateur également enthousiastes. Le descendant encore exalté des
puritains, l'ami alors un peu outré de la révolution
anglaise, le jeune Macaulay raconta la vie agitée de
Milton et célébra son génie austère, avec une efferves-
cence tout à fait lyrique, dans une œuvre remplie d'i-
dées fortes et de beautés éblouissantes, mais quelquefois un peu déparée par la hardiesse trop véhémente
des jugements et la pompe trop continue du langage.
Moins oratoire, l'essai sur Machiavel se recommandait
par de pénétrantes appréciations et des vues où l'éclat
se mêlait à la profondeur. C'est ainsi que M. Macaulay
commença particulièrement sur des époques et des
personnages considérables de l'Angleterre, à partir du
règne d'Élisabeth jusqu'au règne de Georges III, depuis
Burleigh et Bacon jusqu'aux deux Pitt, en y comprenant et J. Hampden, et W. Temple, et Addison et Wal-
pole, cette série variée de belles études historiques et
littéraires dans lesquelles il a semé tant d'ingénieux
aperçus, porté des jugements si délicats et si fermes,
répandu des théories saines et hautes, où l'imagination
se montre souvent, l'esprit ne manque jamais, la pen-

sée éclate et le talent abonde. D'un ordre élevé et d'une exécution originale, ces études, qui ont fait appeler M. Macaulay dans son pays, par une expression inusitée dans le nôtre, le *Prince des essayistes*, sont des morceaux rares de littérature et d'histoire. M. Macaulay, y déployant un savoir non moins étendu que précis, montre les temps tout comme il caractérise les œuvres, peint les mœurs aussi bien qu'il juge les hommes, et considère d'une vue fine les événements qu'il raconte d'une manière attrayante. Il met dans ces compositions un art qui n'est que l'habileté de l'intelligence arrangeant tout ce qu'elle anime, et dans son style un agrément varié qui laisse à tout ce qu'il exprime son charme particulier.

De la vie littéraire, M. Macaulay passa bientôt dans la vie politique ; le rédacteur très-remarqué de la *Revue d'Edimbourg* devint membre du parlement d'Angleterre. Il entra dans la chambre des Communes par la porte étroite d'un bourg pourri. Le souvenir de ses succès à Cambridge, l'effet de ses récents écrits dans la *Revue d'Edimbourg*, l'ardeur manifestée de ses libérales opinions, le recommandèrent aux chefs des whigs comme un précieux auxiliaire de leur cause depuis quarante ans vaincue et sur le point de redevenir victorieuse. Sous le noble patronage du marquis de Lansdowne, qui disposait du bourg de Clane, il obtint, en janvier 1830, un siége dans cette chambre des Communes où il devait acquérir bien vite une grande célébrité oratoire.

Lorsqu'il y parut, la longue domination des tories approchait de son terme. Les beaux principes d'ordre social que le dix-huitième siècle avait fait prévaloir dans les esprits et que la révolution française avait eu pour objet de faire prévaloir dans les institutions, avaient été un moment compromis en France et arrêtés en Europe par la violence de la lutte ; mais ici bientôt, là un peu plus tard, à la fin partout, ils devaient ou doivent successivement se répandre et s'établir. Ainsi la tolérance religieuse envers tous ceux qui priaient Dieu diffféremment dans le même pays, l'égalité civile de tous ceux qui étaient nés sur le même sol, la liberté politique pour tous ceux qui composaient la même nation, en un mot, le vœu public introduit dans le gouvernement, la justice réglant la loi et la loi dominant l'État : voilà ce que le monde est destiné à voir pour le bien des hommes et l'honneur des sociétés.

L'Angleterre qui avait devancé tous les autres peuples dans la voie des institutions libres, avec beaucoup de droits politiques n'offrait pas assez d'équité sociale. Depuis plus de deux siècles une grande croyance avait été civilement proscrite et un vaste royaume durement asservi. La générosité des esprits et le cri du temps

venaient enfin d'arracher aux tories, qui en avaient été
jusqu'alors les opiniâtres adversaires, l'émancipation
des catholiques et des Irlandais replacés sous la loi commune et admis dans le parlement national. Mais la
constitution électorale du moyen âge subsistait encore.
Cent sept bourgs, dont les deux tiers n'avaient pas deux
mille habitants, envoyaient deux cent treize députés à
la chambre des Communes, tandis que vingt-sept villes
considérables, dont plusieurs avaient au delà de cent
mille âmes de population, n'y avaient pas de représentants. Beaucoup de lois se ressentaient des mêmes
imperfections. Le moment était venu d'étendre la réforme à l'Angleterre, qui avait dans le mécanisme
de son gouvernement un instrument propre à l'opérer sans trouble et le parti whig pour l'accomplir sans
excès.

Ce parti, attaché aux progrès publics, resté toujours
libéral malgré les longues disgrâces de la liberté, arriva aux affaires après la révolution de Juillet 1830.
En prenant possession du pouvoir, il réalisa dans le
gouvernement ce qu'il avait longtemps réclamé dans
l'opposition. Il présenta d'abord ce fameux bill de réforme dont la discussion dura deux ans, qui devait approprier le régime électoral de l'Angleterre à son état
moderne, accorder de nombreux délégués à des villes
populeuses créées ou agrandies par l'industrie et

le commerce, depuis les temps reculés des anciennes convocations, accroître considérablement les manda-taires des comtés, et, réduisant pour l'aristocratie l'exercice d'un droit qu'il étendait pour le peuple, in-troduire un élément démocratique dans le parlement et faire de la chambre des Communes, où se décernait et se retirait le pouvoir, non plus la délégation trop dépendante de la haute noblesse, mais la représen-tation de la généralité du pays.

Dans cette solennelle et longue discussion, M. Ma-caulay, qui avait déjà fait, quelques mois auparavant, son discours de début de la manière la plus distin-guée, parla souvent et éloquemment. Il prononça cinq discours successifs, tous dignes d'être conservés. En ne tenant compte que de son magnifique talent qui l'a fait comparer à Burke, on peut dire avec vérité qu'il se plaça par sa verve, sa fécondité, son élévation, sa puis-sance, au rang des grands orateurs politiques. Il entre vivement dans son sujet et s'en empare. Son argumenta-tion est pressante bien que pompeuse, ferme en même temps qu'oratoire. Dans ses phrases courtes ou pleines, incisives ou harmonieuses, il n'omet rien de ce qui ferait défaut à la démonstration, et ne se livre à aucun déve-loppement qui ralentirait l'intérêt. Il n'abuse pas plus de l'histoire dont il invoque à propos les puissants témoi-gnages, que de l'éloquence dont les traits heureux lui

servent à frapper des coups certains. Ses discours,
très-étudiés, semblent conçus au moment même où
ils sont prononcés : ils ont la perfection du travail et le
mouvement de l'improvisation, et ils unissent l'élégance réfléchie à la liberté soudaine.

Dès qu'il parlait, whigs et tories accouraient sur les
bancs de la chambre pour l'entendre. Sans avoir les
qualités extérieures de l'orateur, il produisait de grands
effets oratoires. Tout le monde s'accordait à le reconnaître. Sur un corps assez massif, c'est ainsi qu'on le
dépeignait, se dressait sa tête forte et expressive. Ses
pieds immobiles restaient comme attachés au sol. Son
bras gauche était jeté derrière lui, et de son bras droit,
par quelques gestes saccadés, il semblait pousser ses
paroles au dehors. C'est dans cette rigide attitude, et
avec un accent d'abord grave, qu'il commençait ces
discours fleuris mais ardents, amples mais impétueux,
qui prenaient peu à peu un mouvement irrésistible.
Alors c'était comme un torrent d'idées fortes, de faits
saisissants, de considérations habiles, de sentiments
généreux, de raisonnements serrés, d'images éclatantes
qui roulaient ensemble sans confusion et emportaient
tout dans leur cours. Ses auditeurs, parmi lesquels il
comptait autant d'adversaires que de partisans, le sui-
vaient saisis ou ravis, et il obtenait, de l'assentiment
charmé des uns pour ses idées, des applaudissements

qu'il arrachait à l'admiration des autres pour ses talents.

Heureux d'être entré au parlement alors qu'une
sorte de révolution civile s'accomplissait en Angleterre
sous une forme légale, M. Macaulay a pu appliquer à
de grands objets ses dons oratoires. Les discours nombreux et entraînants qu'il prononça au sujet de la constitution électorale et de la réforme; le beau discours
qu'il fit sur l'émancipation des juifs, afin que les bienfaits de l'égalité politique s'étendissent à tout le monde
et qu'il n'y eût plus de sujets anglais qui ne fussent
pas citoyens anglais; l'énergique discours par lequel
il combattit le rappel de l'union de l'Irlande, qu'il ne
voulait pas plus séparée qu'opprimée; le discours tout
à la fois resplendissant et habile sur l'état, le gouvernement, et la législation de l'Inde qui frappa à tel point
deux juges expérimentés de l'éloquence parlementaire,
le président de la chambre des Communes et le tribun
O'Connel, qu'ils déclarèrent l'un et l'autre n'avoir jamais rien entendu de si magnifique; tant d'autres discours relatifs à des questions d'une haute portée ou
d'un grand intérêt, à des guerres dans l'extrême Orient
ou à des matières économiques, à la conduite politique
du gouvernement ou à l'instruction améliorée du
peuple, à la protection des lettres ou à la dotation du
séminaire catholique de Maynooth, à la présence de

certains juges dans la chambre des Communes ou au suffrage universel réclamé par les chartistes, et qu'il repoussait pour l'Angleterre au nom de la liberté comme du bon sens : tous ces discours, si goûtés alors de ceux qui les entendirent, plaisent encore aujourd'hui à ceux qui les lisent. Réunies en volume, ces harangues politiques, dont l'art a fait des œuvres littéraires, survivront aux occasions qui les ont inspirées, au temps qui les a produites, par l'éternelle beauté du langage et le charme perpétué de l'éloquence.

Il y eut dans l'existence oratoire de Macaulay une interruption longue, mais volontaire. Il cessa, durant cinq années, de faire des discours en Angleterre pour aller faire un code dans l'Inde. Après le laborieux triomphe du bill électoral, la cité manufacturière de Leeds, appelée pour la première fois à envoyer des députés à la chambre des Communes, l'avait choisi comme son représentant. C'était le témoignage de gratitude non moins que d'admiration d'une grande ville envers un grand talent. Ce talent, si utile aux autres, ne lui avait pas été inutile à lui-même. Devenu d'abord *commissaire du Bureau des faillites*, il avait été ensuite pourvu d'une charge importante par le ministère whig qui l'avait nommé *Secrétaire du Bureau de contrôle*. Le Bureau de contrôle représentait le Parlement et la Couronne auprès de la compagnie des Indes Orien-

tales, république de marchands et de souverains alors
en possession de l'empire du Grand Mogol. Cet empire
immense, qui s'étendait du cap Comorin et des bouches
du Gange jusqu'aux montagnes de l'Himalaya, et qu'ha-
bitaient cent cinquante millions d'hommes divers de
race, de langage, de croyance, de lois, était encore régi,
du fond de la Cité de Londres, par trente directeurs élus
qui nommaient le gouverneur général, choisissaient le
conseil suprême, désignaient les employés, déléguaient
les juges, brevetaient les officiers, percevaient les re-
venus, pensionnaient les nababs dépouillés de leurs
États, les rois et les empereurs descendus de leurs
trônes, et administraient de près, par leurs agents, la
vaste contrée qu'ils gouvernaient de loin par leurs décisions. Cette souveraineté, successivement réduite en
attendant qu'elle fût supprimée, le Bureau de contrôle
placé auprès de la Compagnie pour la surveiller au
nom de l'État, la fit affaiblir par le Parlement au re-
nouvellement de la charte de la Compagnie, en 1833.
Le bill qu'il proposa, et que soutint avec éloquence
M. Macaulay, détruisait pour elle le monopole com-
mercial et amoindrissait sa puissance politique. Il con-
fiait à des agents plus éprouvés et mieux instruits la
direction de l'Inde, à laquelle il devait être donné de
meilleures lois.

L'œuvre de civilisation et de droit proposée par le

bill, M. Macaulay fut chargé de l'accomplir. Nommé cinquième membre du conseil suprême de l'Inde, il reçut la mission de composer un code perfectionné qui la régirait tout entière. En février 1834, M. Macaulay se démit de son mandat de député, et, prenant congé des électeurs de Leeds, il leur dit : « En Asie, comme en Europe, les principes qui m'ont concilié votre faveur seront constamment présents à mon esprit. Lorsque je ferai des lois pour une race conquise à laquelle les bienfaits de notre constitution ne peuvent pas être étendus encore avec sûreté, et à laquelle est inconnue la bénigne influence de notre religion, je n'oublierai jamais que j'ai été élu législateur par les voix non con-craintes et non corrompues d'un peuple libre, éclairé et chrétien. »

Il tint dans l'Inde ces beaux engagements pris en Angleterre. Dans le conseil suprême où il représentait l'autorité législative, par le conseil d'instruction publique qu'il consentit à diriger, avec la commission spéciale dont il avait la présidence et qui était chargée de codifier les lois du pays en les améliorant, il se consacra aux œuvres les plus utiles comme les plus généreuses. La presse soustraite à la censure, dégagée de ses restrictions, fut rendue entièrement libre. Des fonds considérables furent employés, non-seulement aux études du sanscrit et à la publication des livres orientaux,

ce qui profitait à l'érudition de l'Europe, mais à l'enseignement des indigènes dans les langues et les sciences
européennes, ce qui devait servir à l'éducation de l'Inde.
M. Macaulay traça lui même la voie dans laquelle les
Hindous étaient appelés à marcher afin d'acquérir peu
à peu le bienfaisant savoir de l'Occident, de s'élever à
ses lumières morales, et d'aider ainsi le peuple dominateur à civiliser en l'éclairant le peuple que la victoire
et la Providence lui avaient soumis et du sort duquel,
selon les paroles de M. Macaulay, il était responsable
devant les hommes et devant Dieu.

Mais le résultat le plus considérable de son séjour
dans l'Inde fut la préparation d'une loi pénale uniforme. Jusque-là, un corps judiciaire chrétien rendait la justice dans tout le pays et à toutes les popu-
lations d'après un système de droit criminel fondé
sur le code à moitié barbare des mahométans, sur
le code tout à la fois informe et inique des Hindous,
et sur le livre des statuts britanniques qui conservait encore les duretés sanguinaires du moyen âge.
Secondé par deux habiles jurisconsultes d'Angleterre
et par deux habitants expérimentés de l'Inde dans
l'élaboration de la nouvelle loi, M. Macaulay s'inspira
de l'esprit du temps sans oublier la condition du
pays ; il adopta à bien des égards les principes équitables de nos lois françaises, fruits des plus nobles

comme des plus humaines pensées ; et, classant avec justesse les offenses, proportionnant les peines avec équité, voulant pour tout ce qui habitait la même contrée l'égalité devant la même justice, n'admettant pas qu'il y eût des priviléges de caste dans le crime et une aristocratie de race dans les juridictions, il donna à la colonie une législation supérieure, sous bien des rapports, à la législation de la métropole.

Cette œuvre conserve, dans son esprit et dans sa rédaction, l'empreinte des idées et du talent de M. Macaulay. Vingt-six chapitres la composent. L'ordre en est simple, les qualifications des actes y sont précises, les délits aussi clairement déterminés que sagement poursuivis. Dans ce code, le nouveau principe de la justice rétributive préside à tout, le sentiment de la vieille vengeance pénale ne paraît nulle part. Il n'y a aucun oubli des manières si malheureusement variées, soit parmi les hommes en général, soit dans l'Inde en particulier, dont il peut être porté atteinte aux droits de l'État et à ceux des individus, aux propriétés et aux personnes, à la sûreté commune, à la morale publique, à l'intérêt privé, et il n'y a aucun excès dans la punition. L'infraction est frappée d'un châtiment qui lui est proportionné, où la mesure se trouve sans que la faiblesse s'y montre, où la justice ne touche jamais à l'inhumanité. La peine de mort, loin d'être prodiguée comme elle l'était encore dans la législation de l'Angleterre, était restreinte aux cas de meurtre. Celui qui avait disposé de la vie d'un autre perdait justement la sienne, et il expiait par sa mort la mort qu'il avait causée. Aux offenses les plus graves, après le meurtre, était appliquée : pour les Hindous, la transportation au delà de l'*eau noire*, ainsi qu'ils appelaient l'Océan dans leur terreur, et pour les Anglais le bannissement avec captivité. La peine du pilori était supprimée, comme sans effet sur celui qui avait perdu tout sentiment de honte, et d'un effet dégradant sur celui qui conservait encore quelque sentiment d'honneur.

Adopté par le gouverneur et le conseil suprême de l'Inde, approuvé dans les trois présidences de Calcutta, de Madras et de Bombay, ce code est un remarquable travail de législation générale et de législation locale. Cependant l'une de ses dispositions fut appelée le *Black Act*, l'acte noir, par quelques Anglais peu favorables à l'égalité devant la justice entre les maîtres et les sujets, et que d'orgueilleux préjugés de race et de domination rendaient hostiles aux innovations généreuses et humaines qui rapprochaient trop, selon eux, les vaincus des conquérants. Après avoir subi de longues attaques et des dédains immérités, ce code est aujourd'hui promulgué, avec de lé-

gers changements, comme la loi des territoires britanniques dans l'extrême Orient, à l'avantage de la
justice, au profit de la civilisation, pour le bien de
l'Inde et l'honneur de l'Angleterre.

La mission de M. Macaulay était achevée, et un
peu avant le terme des quatre années qu'il devait
passer en Asie, il revint en Europe. Poursuivi de quelques haineuses clameurs, il emportait aussi de douces
satisfactions. Il avait été fidèle aux plus nobles sentiments, il avait suivi ses invariables principes, il
avait fait du bien à des hommes, ses semblables, qu'il
avait voulu améliorer par l'instruction et relever par
la justice, et après s'être montré généreux, il était en
quelque sorte riche. On n'allait pas dans l'Inde pour
rien. Sur les quinze mille livres sterling ou trois
cent soixante-quinze mille francs qu'il touchait chaque année comme membre du conseil suprême et
président de la commission législative, il avait pu,
tout en vivant selon les convenances orientales, éco-
nomiser une modeste mais suffisante fortune. S'il rap-
portait de l'Inde le précieux trésor qui devait assurer
à l'homme de talent son indépendance, il en rappor-
tait des ouvrages plus précieux encore qui devaient
commencer la renommée de l'historien. Au nombre
des travaux qu'il avait préparés sur les bords du
Gange se trouvaient les deux vastes et admirables bio-

graphies de lord Robert Clive et de Warren Hastings,
auxquels l'Angleterre était redevable de la possession
de l'Inde. Sous les couleurs les plus vives en même
temps que les plus vraies, mêlant d'une manière
heureuse les particularités bien saisies de la vie aux
grandeurs magnifiquement rendues de l'histoire,
M. Macaulay avait exposé l'existence singulière et les
entreprises extraordinaires de ces deux commis de la
factorerie de Madras que la fortune et leur génie
avaient transformés en capitaines et en fondateurs
d'État, et qui tour à tour avaient abattu, au moyen
de la guerre et de la politique, l'empire du Grand
Mogol dans l'Hindostan, où ils avaient établi de plus
en plus l'empire de l'Angleterre, en y commandant,
le premier au nom, le second à la place des descen-
dants affaiblis et dépossédés de Timour et d'Aureng-
Zeb. Lord Clive et Warren Hastings, ces deux sortes
de grands hommes d'un esprit si intrépide, d'un caractère si impérieux, d'une gloire si mêlée, moitié
conquérants, moitié organisateurs, ayant uni la perfidie à la victoire et la rapacité à la domination, après
avoir eu l'Inde pour splendide théâtre de leurs aven-
tures, avaient pour brillant historien Macaulay, qui
retraçait en même temps les progrès de la puissance
anglaise en Asie, sous la forme la plus attrayante,
dans deux véritables chefs-d'œuvre.

Ces graves études de politique et d'histoire n'occupaient pas seules Macaulay. Il composait toutes sortes de vers. Tantôt il traitait poétiquement des sujets
réels, tantôt il mettait en ballades de pures imaginations, tantôt il publiait, avec une verve amusante,
des pièces politiques auxquelles il n'attachait pas
même son nom. Un jour, mais quelque temps avant
cette époque, il faisait chez le poëte Rogers l'un de
ces agréables déjeuners qui réunissaient fréquemment
autour d'une table égayée beaucoup de charmants
causeurs et de célèbres convives. Au nombre de ces
derniers étaient Moore et Campbell. Campbell, en
causant, cita quelques vers d'un joli poëme qui avait
paru dans le *Times*, et, s'adressant à Moore d'un
air significatif : — « Vous devez, » lui dit-il, « connaître ces vers ? — Je n'en suis pas l'auteur, » répondit Moore. — « Chacun pourtant vous les attribue. — Je n'y suis pour rien, je vous assure, » ajouta
Moore. Alors Macaulay, rompant le silence, qu'il ne
gardait jamais longtemps dans de semblables réunions, dit : « Ils sont de moi, » et il les récita aux
convives qui les lui demandèrent. Moore parla aussitôt d'une autre pièce, à son gré bien supérieure encore et un peu mordante, sur la candidature de Bankes
à Cambridge, dont il s'était fort égayé et dont il avait
en vain recherché l'auteur. « Elle est également de

moi, » reprit Macaulay. — « Nous découvrîmes ainsi, » ajoute Moore dans ses Mémoires, « une nouvelle et puissante faculté qui s'unissait chez Macaulay à l'abondance variée de talent que nous lui connaissions déjà. »

A tous ses mérites il joignait l'agrément de la conversation la plus intéressante comme la plus animée. Il était surtout un conteur charmant et intarissable. Dans ses entretiens, qui tournaient fréquemment au monologue, il ne se lassait pas de parler de tout ce qu'il avait appris, avec un attrait auquel ajoutait son imagination. Ceux qui l'écoutaient n'étaient certainement pas tentés de s'en plaindre. Cependant, comme il contint un peu plus sa verve, après être revenu de l'Inde, le spirituel Sydney Smith dit assez plaisamment : « J'ai remarqué en Macaulay, depuis son retour, quelques éclairs de silence. » Ce n'étaient que des éclairs. Dinant à cette époque à Bowood chez le marquis de Lansdowne avec une société aimable et choisie dont faisaient partie Moore, Rogers et lord John Russell, Macaulay prodigua les trésors de son savoir et de son esprit, presque sans discontinuité. « Le dîner et la soirée, » écrivait Moore dans son journal, « ont été très-agréables. Macaulay a été prodigieux. Jamais peut-être on n'a uni un si grand talent à une si merveilleuse mémoire. Pour tenter de

rappeler ce qu'il a dit, il faudrait être aussi bien doué
que lui-même. »

Macaulay eut alors une fantaisie savante. Il fut
ramené à la poésie sans s'éloigner précisément de
l'histoire. Il fit un voyage en Italie. Ses classiques
souvenirs s'y ranimèrent et son imagination, secon-
dée par son érudition, lui inspira des vers légendaires
qu'il intitula *Lais de l'ancienne Rome*. Il composa
ainsi de petits poëmes archaïques, sur le combat des
Horaces au temps des rois, sur la tragique aventure
de Virginie au temps des décemvirs, sur la bataille
du lac Régille célébrée à la fête de Castor et de Pol-
lux, sur la prophétie de Capys chantée au banquet du
Capitole, lorsque le consul Curius Dentatus y triompha
du roi Pyrrhus. Ces hardies imitations de chants per-
dus depuis plus de vingt siècles, que le savant et hasardeux Niebuhr considérait comme les sources cachées des premières décades de Tite Live, sans avoir
la vraisemblance de la langue, sans donner l'illusion
de la réalité, étaient comme traversés par un souffle
des vieux temps et offraient quelque chose de la rude
poésie des sujets primitifs.

Au moment où il publiait ce volume de vers en
Angleterre, M. Macaulay était rentré au Parlement ;
il était même arrivé aux affaires. En 1839, les électeurs principaux du pays de ses ancêtres, fiers d'un

compatriote qui entourait de tant d'éclat un nom
écossais, les électeurs d'Édimbourg l'envoyèrent à la
Chambre des communes, et le parti des whigs, alors
au pouvoir, l'appela dans le ministère. Pendant huit
années encore il siégea dans le Parlement, et deux
fois il fit partie du cabinet comme secrétaire d'État
de la guerre et comme payeur général des forces
publiques, la première sous lord Melbourne, la seconde sous lord John Russell. Il conserva sa renommée d'orateur, et il se montra un politique capable.
Dans le gouvernement aussi bien que dans l'opposition, ses discours et ses votes furent consacrés à
toutes les heureuses améliorations sociales opérées
de son temps, favorables à toutes les mesures que
prirent soit les whigs soit les tories dans l'intérêt
de la liberté ou de l'État.

Il déploya sa courageuse équité dans une occasion
mémorable. Au nombre des actes que le chef des
tories, sir Robert Peel, proposa au Parlement avec
une inconséquence habile et auxquels M. Macaulay
adhéra avec une logique libérale, se trouvait le bill
en faveur du séminaire catholique de Maynooth. Il
s'agissait d'allouer une dotation à ce séminaire pour
y élever des prêtres irlandais qui y prendraient, on
l'espérait du moins, des sentiments plus patriotiques
qu'en allant recevoir leur instruction religieuse dans

une école étrangère. M. Macaulay non-seulement
vota la dotation, mais il la soutint de son éloquente
parole. « Au bill proposé, dit-il noblement, et à tout
autre bill qui me paraîtra conçu dans l'intention de
faire de la Grande-Bretagne et de l'Irlande un
royaume uni, je donnerai mon appui. Je le donnerai
sans égard au blâme que je puis rencontrer, sans
égard au risque que je cours de perdre mon siége
au Parlement. Un blâme ainsi gagné, je ne dois pas
hésiter à l'encourir ; quant à mon siége au Parlement,
je ne veux pas le garder par une ignominieuse faiblesse, et je suis sûr que je ne peux jamais le perdre
pour une plus honorable cause. » Il le perdit en effet
bientôt : en souscrivant aux dépenses de l'éducation
catholique, il s'attira les rigueurs de l'intolérance pro-
testante.

Aux élections générales de 1847, M. Macaulay succomba à Édimbourg sous une coalition des vieux
dissidents religieux et des sectateurs de l'Église libre
d'Écosse, qui ne lui pardonnaient pas son vote pour
le séminaire de Maynooth, des radicaux qui l'avaient
trouvé trop conservateur, des tories qui le trouvaient
trop libéral. Le soir de ce revers, qui devait avoir pour
lui des suites immortelles, les pensées de l'homme
politique dégoûté se tournèrent vers les souvenirs de
sa jeunesse, le lieu de sa naissance et la glorieuse

vocation de son esprit. Il composa alors un petit
poëme où se laisse voir, en ce moment décisif, l'état
agité de son âme, et s'annoncent avec grandeur ses
projets :

« Le jour, dit-il, du tumulte, de la lutte, de la dé-
« faite était passé.

« Il était passé avec ses fatigues, ses querelles, ses
« mépris, ses ennuis.

« Je m'endormis, et, dans mon sommeil, je ne vis
« plus qu'une chambre dans un vieux manoir, depuis
« longtemps non visitée. »

Il conte ensuite la poétique histoire des fées qui
apparurent dans cette chambre le jour de sa naissance.
Les rayons de la lune tombaient en plein sur le berceau où, vêtu de blanc, l'enfant goûtait le premier et
doux sommeil de la vie. Les reines des fées, sorties
de l'ombre, s'approchèrent de lui et d'un pas tranquille disparurent aussitôt dans l'obscurité. La reine
du gain s'évanouit nonchalamment sans lui jeter un
regard ; la reine de la mode ne montra qu'un froid
dédain ; la reine du plaisir laissa à peine tomber une
feuille de rose ; la reine du pouvoir passa fièrement
la tête couronnée de pierreries. A la fin parut
une fée plus puissante et meilleure que les autres.

« La glorieuse dame, avec ses yeux de lumière
« et les lauriers qui entouraient son noble front,
« veilla cette nuit auprès du berceau, faisant enten-
« dre, dans une musique étrange, ces douces chan-
« sons :

« Oui, mon bien-aimé, laisse-les partir et se dé-
« rober à l'envi; oui, laisse-les partir; laisse le Gain,
« la Mode, le Plaisir, le Pouvoir, tous ces esprits
« affairés qui règnent dans les basses sphères et sur
« l'heure qui passe, retourner vers leur domaine.

« Sans aucun envieux regret, et sans aucun anxieux
« désir, abandonne les basses sphères et l'heure qui
« passe. A moi est le monde de la pensée, à moi est
« le monde de l'imagination, à moi est tout le passé,
« à moi est tout l'avenir.

« La fortune qui, dans ses jeux, met le puissant à
« bas, l'âge qui change en repentirs les plaisirs de la
« jeunesse, laissent inaltérables les dons que j'ac-
« corde, le sentiment du beau et l'amour du vrai. »

Se présentant comme la consolatrice du génie dans
le malheur, elle lui disait :

« C'est moi qui vins m'asseoir à côté de Bacon,
« lorsque, au jour de sa honte, il comparut devant ses
« juges assombris; c'est moi qui, sur le rivage loin-
« tain de l'exil, calmai les nuits sans sommeil de Cla-

« rendon ; c'est moi qui portai la sagesse et le cou-
« rage à Walter Raleigh dans la solitude de sa prison ;
« c'est moi qui éclairai les ténèbres de l'aveugle Mil-
« ton, avec la flamme descendue du trône de l'Éter-
« nel. »

Le fortifiant à son tour dans sa disgrâce heureuse,
elle ajoute :

« Toi, lorsque les amis reviennent pâles, lorsque
« les traîtres désertent, lorsque, attaqué avec violence,
« ton esprit, justement fier d'avoir aimé la vérité, la
« paix, la liberté, la miséricorde, affronte une Église
« hargneuse et une multitude insensée ;
« Au milieu du bruit de toutes les choses cruelles et
« viles, les hurlements de la haine, les sifflements de
« l'envie, les mugissements de la folie, songe à moi,
« et, avec un dédaigneux sourire, vois passer les ri-
« chesses, les jouets, les flatteries ;
« Oui, ils doivent passer ; ne le trouve pas étrange :
« ils vont et viennent, comme vont et viennent les flots
« de la mer. Laisse-les venir et aller : toi, au milieu
« de tous les changements, fixe un ferme regard sur
« la vertu et sur moi. »

Ce ferme regard qui ne s'était jamais détourné de
l'honnêteté, ne se détourna plus de l'histoire. M. Macaulay avait sur la manière d'écrire l'histoire des

théories qu'il avait depuis longtemps exposées et qu'il essaya alors de réaliser. L'historien devait, suivant lui, offrir tout ensemble le spectacle et l'appréciation des choses passées; reproduire les événements avec une imagination assez puissante pour rendre ses récits animés et pittoresques, sans y ajouter rien de son invention ; juger les faits avec une haute raison, en profond et ingénieux penseur, sans les soumettre à ses hypothèses. Il trouvait qu'en général, parmi les historiens, les uns avaient failli dans la partie narrative, les autres dans la partie philosophique de l'histoire, et il ajoutait : « Être réellement un grand historien est peut-être la plus grande des gloires intellectuelles. »

La gloire si difficile de grand historien, l'a-t-il obtenue? il l'a recherchée, et l'on peut dire méritée, en appliquant un grand talent à un grand sujet. Son ouvrage est consacré à l'histoire d'Angleterre durant la restauration des Stuarts et sous le règne de Guillaume III, époque si mémorable pour son pays, et si instructive pour tous les autres. C'est alors que sont sorties d'une lutte dangereuses les libertés triomphantes de l'Angleterre, qu'a été fondé réellement pour se développer, de génération en génération, ce gouvernement d'un vaste royaume sous le sérieux contrôle d'un parlement, ce régime fort et libre, qui

a obtenu l'admiration des plus grands juges des institutions humaines, qui conserve l'attachement de la
nation reconnaissante à laquelle il a permis de suffire
à toutes les tâches, de surmonter toutes les difficultés,
de traverser tous les périls, et d'accomplir les desseins
les plus hardis comme les plus longs, qu'il a rendue
aussi prospère que bien conduite, ce système représentatif qui n'a pas empêché les grandeurs de l'Angleterre, en facilitant ses progrès, qui fait l'envie des
peuples et deviendra tôt ou tard la forme politique de
l'Europe civilisée.

En moins de deux ans M. Macaulay publia les deux
premiers volumes de son histoire, formant pour ainsi
dire l'épopée de la liberté britannique. Il marque d'a-
bord à grands traits la constitution et les destinées de
l'Angleterre dans les temps qui précèdent le dix-septième siècle, et il expose avec une brièveté savante la
révolution de 1640 et la restauration de 1660. Après
le règne si fortement esquissé de Charles II et avant
sa mort si admirablement racontée, lorsque Jacques II
va monter au trône, dont la défiance nationale a été
naguère sur le point de l'exclure et doit, en trois années, perdre la restauration que son frère avait su
faire durer vingt-cinq ans, M. Macaulay décrit avec sa
pénétrante érudition l'état matériel et l'état moral du
pays vers la fin du dix-septième siècle, et il parvient,

avec l'industrie ingénieuse du plus heureux talent, à
rendre l'Angleterre tout entière à la vie. Il opère en
quelque sorte la résurrection complète d'un peuple.
Les générations ensevelies sont tirées de leurs tombeaux. Replacées dans leurs demeures reconstruites,
distribuées en classes provenues de la conquête ou de
la diversité des conditions sociales, formant des partis
produits par une révolution politique, divisées en
sectes issues d'une réforme religieuse, elles revivent
avec les idées qui les dirigent, les sentiments qui les
agitent, les intérêts qui les touchent, les mœurs
qu'elles revêtent, les buts qu'elles poursuivent. Le
livre de l'historien est souvent comme un théâtre où
les acteurs principaux de l'histoire montent et agissent
sous les yeux du lecteur. Mais par-dessus tout M. Macaulay est peintre. Dans des tableaux qui frappent par
la vigueur du trait, qui éblouissent par l'éclat des
couleurs, il retrace les grandes scènes de cette histoire
émouvante. Il montre la malheureuse et despotique
race des Stuarts recherchant ou exerçant, avec une
fatale opiniâtreté, la puissance illimitée de la couronne. Le pédantesque Jacques Ier en professe la théorie, qu'applique le hautain et tragique Charles Ier, en
provoquant une révolution qui, dans son excès, renverse le trône même et abat la tête du roi. Les fils longtemps bannis du monarque sacrifié reviennent de

l'exil pour régner, l'un en maître dissolu et assez
habile, l'autre en despote violent et incapable. Le premier, spirituel mais léger, dépourvu de dignité et
plein d'agréments, entraîné par le penchant irrésistible de sa race et retenu par des craintes opportunes,
l'aimable, le corrompu Charles II projette sans l'effec-
tuer le rétablissement de l'autorité absolue malgré les
lois du pays, du culte catholique malgré les croyances
de la nation. Il meurt presque regretté, parce qu'ef-
frayé des passions qui éclatent, cédant aux idées qui
dominent, il n'ose pas entreprendre tout ce qu'il a
conçu et s'arrête pour ne pas se perdre.

Le second, le violent, l'implacable Jacques II lui succède dans ses desseins et ne l'imite pas dans ses ména-
gements. D'autant plus résolu qu'il est moins clair-
voyant, il va bien au delà des théories monarchiques
soutenues par son aïeul, des tentatives illégales auxquelles a succombé son père. Il pousse l'autorité jusqu'à la tyrannie. Il viole les lois, change la religion,
proscrit par ses juges, verse le sang par ses soldats
et par ses bourreaux, dispose arbitrairement de la
propriété, chasse des universités ceux qui ne s'y
conforment pas à ses désirs par l'apostasie, éloigne
de ses conseils les ministres qui sont dévoués à la
prérogative royale, mais qui demeurent trop fidèles
à la religion établie, emprisonne les évêques qui pro-

fessent la doctrine de l'obéissance passive, mais qui
lui adressent de respectueuses remontrances en faveur
de l'Église nationale, et lorsque les aveugles excès de
son gouvernement, les furieuses extravagances de sa
volonté ont suscité une conjuration universelle, lorsque apparaît sur le rivage d'Angleterre celui que l'Angleterre appelle comme son libérateur, tout troublé
à la vue du péril, sans courage après avoir été sans
retenue, dépourvu de dignité ainsi que de résolution, abandonné de tout le monde et s'abandonnant
lui-même, il s'enfuit, et va finir sa vie dans l'exil,
où s'éteindra également sa dynastie à jamais dépos-
sédée d'un royaume qu'il a perdu par la tyrannie
et que Guillaume III acquiert et conserve par la liberté.

M. Macaulay fait vraiment assister aux grandes scènes qui précèdent et amènent la chute de Jacques II ;
il expose, sous une forme saisissante et dans leur vérité profonde, les événements qui préparent, qui ac-
compagnent, qui suivent l'élévation de Guillaume III.
Il met et Jacques et Guillaume dans cette vive lumière qui n'éclaire pas seulement leurs projets et
leurs actes, mais qui descend jusqu'au fond d'eux-
mêmes, et les donne entièrement à connaître. M. Macaulay, il faut en convenir, déteste l'un qu'il méprise
trop, et admire l'autre jusqu'à l'aimer. En le sentant

si passionné, on craint qu'il ne soit pas tout à fait
juste. Cependant sa sévérité, un peu extrême à l'égard
de Jacques II, n'arrive pas à l'injustice, et la reconnaissance un peu ardente de l'Anglais envers l'auteur
de la révolution de 1688 ne trouble pas la clairvoyance
du juge. L'équité de M. Macaulay résiste même à l'enthousiasme qu'il éprouve pour cet habile politique qui
semble n'en avoir jamais ressenti pour rien, tant ses
calculs cachent ses ardeurs, profond dans la conduite,
simple dans la gloire, triste dans la prospérité, communiquant peu ses pensées, ne montrant presque jamais ses sentiments, ne révélant pour ainsi dire ses
desseins que par ses actions, ne paraissant pas aimer,
ne cherchant jamais à plaire, vigoureux génie sans
éclat, fier caractère sans attrait, grand homme sans
séduction. Singulière destinée que celle de Guillaume,
qui met ses ambitions dans ses services, devient sta-
thouder, en délivrant la république des Provinces-
Unies de l'invasion ; roi, en débarrassant l'Angleterre du
despotisme ; chef de la ligue militaire d'Augsbourg, en
préservant l'Europe de l'assujettissement. Le maintien
glorieux de la nationalité dans le pays de sa naissance,
le triomphe bienfaisant de la loi dans le pays de son
adoption, le rétablissement de l'équilibre territorial
menacé sur le continent par le redoutable et victorieux
Louis XIV, font de lui, en 1672, le sauveur de la Hol-

lande, en 1688, le libérateur de l'Angleterre, en 1697,
le modérateur de l'Europe.

M. Macaulay, qui fait la part de chacun dans les événements, donne à Guillaume cette part principale qui
revient à sa forte pensée ou à son action prépondé-
rante. On voit, on sent, on trouve partout celui auquel
le superbe Louis XIV, traversé durant plus de vingt
années dans tous ses desseins, accorde le nom de grand
homme, et que l'austère M. Hallam appelle le magna-
nime Guillaume III. Il n'y eut rien de plus périlleux
que ce qu'il entreprit, de plus difficile que ce qu'il
exécuta. Faire une révolution et régler un gouvernement ; montrer en toute rencontre la valeur héroïque
du soldat et le génie puissant du politique ; soutenir
par une âme ardente un corps débile ; être sans eni-
vrement dans les succès et sans abattement dans les
revers ; avoir l'entreprenante énergie de l'ambitieux
et la forte sagesse du fondateur ; recevoir la couronne
et la transmettre ; arriver avec simplicité à la grandeur
et s'y tenir jusqu'au bout comme à sa place : voilà ce
qui explique l'enthousiasme reconnaissant de l'historien anglais pour Guillaume III, et ce qui mérite à
Guillaume III la juste admiration de l'histoire.

Dans cette belle histoire dont le mouvement est épique et la forme éclatante, M. Macaulay démêle les événements d'un pénétrant regard, les expose avec un

talent supérieur, les juge en ferme politique. Ses récits entraînent par la vie qu'il y met, ses tableaux saisissent par la couleur qu'il y répand. Il anime tout ce
qu'il raconte, et au savoir qui aide à être exact il joint
l'art qui permet d'être intéressant. Il fait apprécier en
même temps qu'il fait connaître, et en général sa justice est au niveau de sa clairvoyance. Tout en passionnant l'histoire, M. Macaulay ne l'égare pas. Est-ce à
dire cependant que ses jugements soient sans erreur
et qu'il n'y ait aucun excès dans son talent? Un goût
austère put trouver que ce magnifique édifice n'offrait
pas des proportions toujours harmonieuses. La critique, que n'arrêta pas l'admiration, reprocha à M. Macaulay de présenter, en quelques rencontres, les faits
dans un ordre un peu arbitraire, de les développer ou
de les restreindre selon ses vues, tantôt en donnant
beaucoup de place à de simples épisodes pour produire plus d'effet, tantôt en réduisant à des mentions
bien sèches des événements auxquels l'importance
manquait moins que l'éclat. Elle indiquait quelques
erreurs, échappées à son minutieux savoir, et contestait même dans certains moments l'impartialité de sa
justice, l'accusant d'avoir porté quelquefois dans le
jugement des luttes politiques l'esprit d'un whig, dans
l'appréciation des controverses religieuses les pensées
d'un protestant, dans le récit des guerres continen-

tales les préjugés d'un Anglais. Elle cherchait même des taches à son œuvre, où la forme semblait trop constamment éclatante et dont le langage, de temps à autre, s'éloignait de la noble simplicité du style historique par des familiarités vulgaires ou des magnificences outrées.

Sans doute M. Macaulay est tantôt fort développé, tantôt extrêmement bref dans ses récits ; souvent il disserte au lieu de raconter, d'autres fois il offre le drame des événements avec toutes ses péripéties et met les hommes en scène jusqu'à répéter ce qu'ils disent en les montrant dans ce qu'ils font. Mais cette forme donnée à l'histoire n'en altère point le fond. Elle répond au dessein de l'historien, qui expose succinctement ce qu'il n'est pas nécessaire de retracer avec étendue, et qui présente des relations animées lorsqu'il faut tout reproduire pour tout apprendre. Selon le besoin de son sujet, il décrit, il explique, il raconte, il fait voir, et presque toujours il entraîne par le mouvement qu'il a su répandre dans son œuvre, en même temps qu'il éclaire par la vive lumière qu'il y a portée.

Écrivain de beaucoup d'éclat, M. Macaulay est en général un juge de beaucoup d'équité. Il est attaché au droit, non en whig, mais en Anglais ; il ne condamne pas les méchantes actions et les violences ty-

ranniques par des motifs de parti, mais par des raisons de justice; il poursuit surtout le mal qu'il hait,
en vue du bien qu'il aime, et c'est uniquement par
droiture qu'il s'élève contre la duplicité, par honneur qu'il flétrit la perfidie. Il prononce les peines
et distribue les blâmes de l'histoire, sans ménager
aucune passion répréhensible, sans excuser aucune
faute, sans épargner aucune indignité, qui que ce soit
qui l'éprouve ou la commette. Jamais indifférent sous
prétexte d'être impartial, il considère les faits dans
leurs rapports soit avec l'ordre moral, soit avec l'utilité publique. Il ne porte que des sentiments généreux
dans l'étude du passé, d'où il tire de nobles leçons
tout comme il y montre d'intéressants spectacles. Il
ne cherche pas seulement à saisir l'imagination, il
éclaire la raison, et s'il plaît avec art, il instruit avec
honnêteté.

Le succès de son livre en égala l'éclatant mérite. Il
fut extraordinaire. Dans les six mois de sa publication,
il eut à Londres cinq éditions consécutives, et il en fut
vendu au delà de dix-huit mille exemplaires. Les fils
de l'Angleterre dans les États alors unis d'Amérique
le reproduisirent à de tels nombres qu'il en fut acheté,
en quelques jours, vingt-cinq mille exemplaires sté-
réotypés de l'une des trois éditions qui parurent dans
la seule ville de Philadelphie. Il ne se répandit pas uni-

quement dans tous les pays où se parlait la langue anglaise, il fut traduit, lu, loué partout où une prompte
célébrité le fit parvenir, où son rare agrément le fit admirer.

La gloire acquise par M. Macaulay fut comme un
sujet de confusion pour la ville d'Édimbourg. Cette
ville lettrée, qui s'appelait un peu ambitieusement la
moderne Athènes, après avoir disgracié le politique,
rendit sa faveur à l'historien. Aux élections générales
de 1852, elle le choisit de nouveau pour mandataire,
sans qu'il eût exprimé un désir, fait une visite, écrit
une lettre, paru dans une assemblée, dépensé un
shelling. M. Macaulay alla reprendre son siége au
Parlement, où il fit entendre encore sa voix si longtemps applaudie. Le sujet sur lequel il prononça son
discours de rentrée semblait de médiocre importance.
Il s'agissait de savoir si le *maître des rôles*, cet ancien magistrat de la cour de la chancellerie, pouvait
être élu membre de la chambre des Communes. Un
bill proposait de le rendre désormais inadmissible au
Parlement, en lui appliquant l'interdiction qui frappait
déjà d'autres juges. Approuvé sans difficulté aux deux
premières lectures, ce bill allait traverser non moins
heureusement sa troisième épreuve. M. Macaulay le
combattit. Il sut donner, en invoquant l'histoire, de
la grandeur à cette question, et le bill, prêt à être

accepté par tout le monde avant qu'il parlât, fut rejeté, à une très-forte majorité, après qu'il eut été
entendu. Ce fut le dernier succès de son éloquence.
La maladie qui devait l'enlever quelques années plus
tard lui faisait déjà ressentir ses profondes et douloureuses atteintes. « Bien préparé, le grand orateur,
dit un journal en rendant compte de cette séance,
parla avec un art parfait, avec une habileté consom-
mée. A la fin il poussa son discours avec une rapidité
qui s'accroissait à chaque pensée, jusqu'à ce qu'il devint un torrent des plus riches paroles, entraînant
ses auditeurs avec lui sans leur laisser même le temps
d'applaudir. Mais, après son triomphe, il s'assit comme
épuisé sur son siége. Sa face troublée portait les traces de ses émotions oratoires, sa tête tombait sur sa
poitrine, et, dans le fort ébranlement qu'il avait reçu,
il semblait insensible à l'admiration qui éclatait autour de lui. Évidemment M. Macaulay a des raisons
d'être silencieux dans la chambre, comme l'a été
l'historien Gibbon, et nous devons penser qu'il le
sera, s'il finit son histoire pour sa renommée et
notre plaisir. »

C'est ce que fit M. Macaulay. Ses forces qui décli-
naient ne lui permettaient pas d'assister longtemps
aux fatigantes séances de nuit, encore moins de s'exposer aux agitations des longs discours. Il se démit

en 1856 de son mandat législatif pour se livrer au
pressant travail de son histoire. Un an après, il publia
les deux nouveaux volumes qui embrassent depuis la
révolution décisive de 1688 jusqu'à la paix de Ryswyk
en 1697. M. Macaulay y raconte, durant ces dix années non moins agitées que fécondes, le règne de
Guillaume III, ses établissements en Angleterre, ses
victoires en Irlande, ses difficultés en Écosse, ses
guerres sur le continent, et partout ses dangers si
habilement surmontés, ses triomphes si savamment
obtenus. Dans ce troisième et ce quatrième volumes,
le bel ouvrage de M. Macaulay, plus sobrement conçu
et plus simplement écrit, offre le même intérêt avec
une perfection supérieure, et le génie de l'historien
y acquiert une solidité qui n'ôte rien à son éclat.

Les plus grands honneurs qui puissent être accordés aux grands talents, soit dans les lettres soit dans
l'État, allèrent alors le chercher. Parmi les témoignages qui le flattèrent le plus hors de son pays fut l'élection que vous fîtes de lui comme associé étranger de
l'Institut de France. En Angleterre, il reçut une dignité extraordinaire. Le premier ministre lord Pal-
merston, au nom de la reine et avec l'applaudissement
de la nation, créa M. Macaulay membre de la chambre
des Lords.

Il ne devait pas jouir longtemps de cette grande

distinction, et s'il parut quelquefois dans la haute assemblée, il n'y prit jamais la parole. La carrière de l'éloquence et de la politique qu'il avait volontairement quittée en sortant de la chambre des Communes, ne pouvait pas se rouvrir devant lui par la chambre des Lords où il n'était admis que pour sa gloire. Le peu d'années qu'il avait à vivre, le reste de force qu'il conservait, il les consacra à l'histoire. Il conduisit jusqu'à son terme le règne de Guillaume III, dans un dernier volume entièrement préparé par lui et qui ne fut publié qu'après lui, mais avec une fidélité pieuse, par sa sœur lady Trevelyan. Lord Macaulay finit sa vie en finissant d'écrire celle de son héros, et la mort arrêta sa main au moment où s'achevait le vaste et beau monument qu'il avait élevé à la liberté anglaise.

Depuis plusieurs années lord Macaulay souffrait d'un mal profond qui l'avait vieilli avant l'âge. Il avait une maladie de cœur dont les accès, répétés de loin en loin, reparurent, au commencement de décembre 1859, avec une violence plus menaçante. Il se remit cependant de nouveau. Il put, le 25 décembre, célébrer la fête de Noël avec sa famille et quelques amis, dans son agréable résidence d'Holy Lodge, à Kensington, non loin de cette belle demeure d'Holland-House où s'étaient passés, dans la compagnie de ce qu'il y avait de plus noble par les sentiments et de

plus éclairé par l'esprit, tant de jours charmants
de sa radieuse jeunesse. Contrairement à son humeur
et à son usage, il resta, dans cette cordiale réunion,
préoccupé et taciturne. Il ressentait déjà le ténébreux
travail de la mort, et son silence précédait de peu le
silence sans fin. Quarante-huit heures après, lord Macaulay n'était plus. Le mercredi soir 28 décembre, il
tomba dans une défaillance dont il ne revint pas.

En apprenant cette fin soudaine, l'Angleterre fut
en deuil. Elle perdait dans lord Macaulay l'un des
hommes qui lui faisaient le plus d'honneur, l'un des
écrivains qui jetaient sur elle le plus d'éclat. Les restes
de ce mort admiré furent portés à Westminster sous
les voûtes de la grande abbaye, qui sert de sépulture
aux plus illustres morts de l'Angleterre. Autour du
cercueil étaient les deux représentants du Parlement
britannique, le Grand-Chancelier qui présidait la
chambre des Lords où Macaulay avait été si glorieusement admis, le *Speaker* qui présidait la chambre des
Communes où il avait si éloquemment brillé. Avec
eux tenaient le drap mortuaire plusieurs des personnages les plus importants dans l'État ou dans les
lettres, les plus élevés en dignité comme en renommée. Un cortége d'admirateurs et d'amis, également
attristés, le suivit jusqu'au milieu de ces illustres tré-
passés, qu'il connaissait tous, parmi lesquels l'his-

toire l'avait fait vivre et la mort le rappelait. Il fut, comme il l'avait désiré, déposé auprès de la statue d'Addison.

En déplorant la fin prématurée d'un si brillant esprit, on sentait en Angleterre l'irréparable perte de tout ce qui disparaissait avec lui. Les trésors amassés dans cette vaste mémoire, qui les retrouverait? Les travaux préparés par cette conception puissante, qui les reprendrait? qui continuerait l'histoire qu'il avait étudiée, d'une manière si fine et si profonde, et que seul il était capable de rendre dans ses traits originaux avec une habileté si savante? Aussi les expressions de regret se mêlaient-elles aux hommages de l'admiration. Cette admiration, lord Macaulay la méritait par la noblesse de sa conduite, tout comme par la beauté de son talent. Il a toujours agi conformément à ce qu'il a pensé, et les fermes principes de son esprit élevé ont constamment guidé les droites actions de son irréprochable vie. Il a été un fidèle et prudent appui de la liberté qu'il demandait pour tout le monde, un défenseur persévérant et inflexible de la justice qu'il voulait sous toutes les formes, un ami généreux de l'humanité à laquelle il s'intéressait dans tous ses états. Ni au Parlement comme orateur, ni dans l'Inde comme législateur, ni dans les conseils du gouvernement comme ministre, ni dans les décisions

de l'histoire comme juge, il n'a un seul moment livré
le bon droit, abandonné en aucune rencontre l'équité,
sous aucun prétexte sacrifié l'honnêteté à l'intérêt.
Ses discours comme ses actes, ses pensées constantes
comme sa vie entière portent témoignage de la noblesse de son âme et de la hauteur de son esprit.
L'homme avait de grands charmes, l'écrivain des dons
admirables, et l'historien pouvait encore donner de
beaux livres à son pays et au monde. Tout a dis-
paru prématurément dans la triste nuit du 28 décembre 1859 ; mais il reste de Macaulay des œuvres
impérissables et un nom immortel.

FIN

TABLE

PARIS. — IMP. SIMON RAÇON ET COMP., RUE D'ERFURTH, 1.

www.ingramcontent.com/pod-product-compliance
Lightning Source LLC
LaVergne TN
LVHW021217170726
843501LV00003B/559